KB114326

사
도
세
자
비
밀
의
서書

비운의 왕세자, 죽음의 비밀이 담긴 금등지사

사도세자 비밀의 서書

이수광 지음

아시아

머리말

나는 야위어도 천하는 살찌리라

사도세자 죽음의 미스터리를 둘러싸고 여러 가지 학설이 존재하고 있다. 어떤 이는 개혁정치를 반대하는 노론의 사주로, 어떤 이는 정신병으로 인해 단순하게 처벌을 받은 것으로 주장하기도 한다. 심지어 사도세자가 정신질환을 앓지 않았다고 주장하면서 정조의 개혁이 사도세자의 뜻을 이어받은 것이라고 해석하기도 한다. 이는 사도세자가 대리청정을 하면서 개혁을 하다가 노론과 대립하여 억울하게 죽은 것으로 보는 시각이다. 그러나 사도세자는 대리청정을 하면서 어떤 결정권도 갖고 있지 못했다. 영조는 그야말로 세자에게 군왕으로서 자질을 갖추게 하기 위해 수습을 시킨 것에 지나지 않았다.

사도세자 죽음의 비밀이 담긴 금등지사『비밀의 서』는 사도세자가 죽었을 때 영조가 기록하여 당시의 도승지 채제공에게 맡긴 비밀의 책이다. 이 책의 존재가 알려진 것은 정조가 즉위하고 17년이 되었을 때다.

나는 여러 차례 영조와 정조시대의 이야기를 대중역사서와 소설 속에서 다루면서, 사도세자의 죽음을 정신질환 때문이고 이를 바로잡기 위한 노론의 고육책이었다고 생각했다. 그러나 이 책에서는 한 걸음 나아가 사도세자의 죽음을 기획한 인물이 노론이 아니라 영조 자신이라고 생각하게 되었다.

사도세자가 억울하게 죽었다는 해석은 그의 정신질환 정도가 죽음을 당할 정도가 아닌데도 불구하고 소론을 가까이하고 노론과 대립하여 죽었다는 것이다. 이러한 배경에는 노론의 홍봉한, 김한구, 홍계희와 같은 인물들이 나경언을 사주했고, 그들이 역적이라는 시각이 깔려 있다. 여기에 정조의 등극을 한사코 막으려는 노론 홍인한, 화완옹주, 정후겸 등으로 말미암아 더욱 설득력을 갖게 되었다. 그러나 이들은 사도세자가 죽을 때를 전후하여 크게 활약하지 못했다. 이들은 사도세자가 죽은 뒤 세손인 정조 이산의 등극을 막기 위해 혈안이 되었을 뿐이었다.

노론의 음모설은 정조의 독살설을 주장해온 학자들의 시각과 비슷하다. 정조가 노론과 대립하여 독살되었다는 주장은 정조 어찰이 발견되기 전까지 상당한 설득력을 갖고 있었다. 그러나 정조가 노론의 영수 심환지에게 보낸 어찰을 보면 오히려 책략정치를 한 것이 여실하게 드러나고 있다. 더욱이 정조가 등극한 후에도 노론에 대한 대대적인 탄압은 이루어지지 않았다.

사도세자의 정신질환은 의심할 여지가 없다. 영조는 자식이 정신질환으로 궁녀와 내관을 죽이는 것을 알았다. 그런 정신병자가 보위에 오르면 나라가 망하게 된다. 영조는 사직을 지키기 위해 나경언을 사주하여 흉서를 올리게 했고 사도세자가 나경언과 대질을 하겠다고 하자 오히려 대노한다. 나경언을 국문하여 배후를 밝히겠다는 한익모에게 역정을 내고 파직한다. 결국 나경언은 제대로 조사도 받지 않고 처형당하여 사도세자의 죽음이 미스터리로 빠진다.

"참혹하다. 내가 일찍이 차마 미물을 밟지 못하여 개미같이 하찮은 것 역시 밟지 않았었고, 밤 등불에 나방이 날아들면 손으로 휘저었다."

영조가 사도세자에게 피살된 환시宦寺(내시)들을 불쌍하게 여기고, 죄를 지은 내시들에게 가벼운 형벌을 내리도록 명을 내린 이야기가 실록에 나온다. 영조는 내시들 뿐 아니라 사도세자도 측은하게 여겼다. 사도세자는 정신질환을 심하게 앓고 있었다. 사도세자의 편지 등에도 우울증을 호소하는 이야기가 자주 나온다. 혜경궁 홍씨가 쓴 한중록에는 우울증 뿐 아니라 조증까지도 앓고 있는 것으로 나타나고 있어 말년에는 피해망상에 의한 정신분열 상태로까지 발전했다.

영조는 숙종 시대의 극심한 당쟁을 끊기 위해 탕평책을 실시하고 평생을 거친 음식을 먹으면서 태평성대를 만들기 위해 노력한 임금이다. 흉년이 들자 금주령을 내리고 요즘의 부모들이 아들의 카드빚을 갚아주듯이 사도세자가 시전상인들에게 빌려 탕진한 유흥비를 갚아주었다. 훗날 정조로 등극하는 세손 이산에게는 '나는 야위어도 천하는 살찌게 하라'하고 가르친 임금이다. 그러나 부자 관계로 살필 때 영조는 무서운 아버지다. 사도세자는 영조를 두려워하여 그에게 야단을 맞을 때 기절하기까지 했다.

　사도세자를 밀고한 것은 사도세자의 생모인 이씨였다. 차마 병든 아들에게 처분을 내리지 못하던 영조는 영빈 이씨의 밀고로 피눈물을 흘리며 대처분을 내리게 된 것이다.

　아버지인 영조와 아들인 사도세자, 그리고 사도세자를 그리워하는 정조의 이야기다.

2014년 9월

이수광

차례

금등지사 비밀의 서書

정조 17년(1793) 5월 28일 전 영의정 채제공이 올린 상소 한 장이 조정을 발칵 뒤집어놓았다. 정조는 채제공의 상소를 읽고 망연자실하여 허공을 쏘아보았다. 밖에는 비가 주룩주룩 내리고 있었다. 대궐의 북쪽에 무성한 숲과 잿빛 기와를 하얗게 물들이면서 쏟아지는 빗줄기를 내다보다가 정조는 무겁게 한숨을 내쉬었다.

'채제공이 끝내 상소를 올리다니….'

채제공의 상소를 생각하자 무거운 바윗덩어리를 올려놓은 것처럼 가슴이 답답했다. 채제공의 상소는 사도세자의 억울한 죽음을 낱낱이 밝혀 모함한 역적들을 찾아내어 처벌해야 한다는 내용이었다. 정조는 채제공의 문장이 너무나 절절하여 눈물이 흘러내릴 것 같았다. 사도세자의 죽음을 거론하는 자는 역적이라고 선대왕 영조가 분명하게 못을 박았고, 정조도 그 뜻에 따라 세손 시절 자신을 핍박한 정후겸, 홍인한, 그리고 문성국과 숙의 문씨만 치죄했을 뿐 일체 불문에 붙였다. 그런데 남인의 거두이자 자신과 정치적 입장을 같이 해온 채제공이 그 일을 다시 거론한 것이다.

뒤주에서 죽은 아버지의 죽음이 왜 서럽지 않겠는가. 친아버지인 영조에 의해 뒤주에 갇혀 죽어갈 때 사도세자는 얼마나 고통스러웠을 것인가. 정조가 사도세자를 생각할 때마다 비통해 하는 것은 모함을 당했기 때문이 아니라 영조와의 관계가 악화되어 죽임을 당했기 때문이었다. 물론 그 이면에는 숙의 문씨와 그녀의 오라버니 문성국이 도사리고 있어 보위에 오르자마자 참형에 처하고 '문녀토죄윤음'을 발표하기까지 했다.

'남인이 노론을 몰아내려는 것인가?'

채제공의 상소를 받아들이면 피바람을 불러일으키고 정국을 뒤흔들 것이 분명했다. 정조는 그동안 남인뿐이 아니라 노론도 조정에 발탁해왔다. 노론의 일부 세력이 정조에게 반발하기는 했으나 심환지, 김종수 같은 인물은 오히려 정조에게 협조를 했다. 정조는 그 생각을 할 때마다 속으로 가슴을 두드리면서 울었다.

"…신이 지척에 있는 유수留守로 한 걸음도 움직일 수 없는 까닭은 특별한 뜻이 있어서입니다. 신은 나라를 위해 죽기를 원하는 사람이기에 죽음이 가까워진 이때에 차마 평소의 회포를 가슴속에만 두고 다시 말하지 않아서 끝내 천고에 눈을 감지 못하는 귀신이 될 수가 없다고 생각했습니다. 그래서 감히 두려운 마음을 잊고서 그에 대한 말씀을 소상하게 아뢰려고 하니, 전하께서는 측은한 생각으로 굽어 살펴주소서."

정조는 이에 앞서 영의정을 지내고 영중추부사로 있던 채제공을 수원 유수에 임명하여 화성 축성을 담당하게 했다. 그런데 그가 수원으로 떠나지 않고 상소를 올린 것이다.

"신이 기유년(정조 13년) 현륭원顯隆園(사도세자의 능)을 옮길 즈음에 우리 성상께서 입으신 소맷자락에 묻은 눈물이 피로 변하여 점점이 붉게 물든 것을 우러러 보았습니다. 일찍이 옛 글에서 혈루血淚라는 두 글자가 있는 줄은 알았지만 그것을 직접 목격하지는 못했었는데 부득이하게 임금의 소맷자락에서 직접 그것을 보았던 것입니다. 아 하늘이여, 이것이 무슨 까닭입니까? 진실로 원통함이 하늘에 사무치고 맺힌 한을 펴지 못한 그런 경우가 아니라면 눈에서 흘러내리는 눈물이 어떻게 참으로 피를 이루는 지경에 이르겠습니까?"

정조는 상소문을 다시 읽다가 멈칫했다. 내 눈에서 그때 피눈물이 흘러 내렸던가. 피눈물을 흘렸다고는 생각하지 않았다. 그런데 채제공이 이처럼 표현한 것은 정조의 마음을 움직여 피바람을 불러일으키려는 것이라고 생각했다.

"…전하께서 사도세자의 모함 당한 것을 깨끗이 씻어내는 일이야말로 어찌 당연한 일이 아니겠습니까? 아, 당시 여러 역적들의 참소와 모함 가운데도 세자를 일러 화리貨利(재물)와 성색聲色(유흥)을 탐한다는 말과. 말 달리며 사냥하거나 즐긴다는 말을 만들어낸 것은 죄가 하늘에 사무치는 일입니다. 그런데도 전하께서 이를 선왕조에 속한 일이라 하여 꾹 참고 발설하지 않으신 것은 그런대로 할 말이 있을 것입니다. 그러나 신이 수십 년 동안 마음을 썩이고 뼈에 사무치는 아픔으로 살고 싶지 않았던 까닭은 바로 여러 역적의 무리가 모함하였던 일은 천고에 차마 말할 수 없는 일이었는데도 아직까지 미처 눈을 부릅뜨고 용기를 내서 그 거짓들을 소상하게 파헤쳐 천하에 알리지 못했기 때문입니다. 그런데 전하께서 차마 들을 수 없는 일이라 하여 끝내 듣지 않으시고 신이 차마 말할 수 없는 일이라 하여 끝내 말하지 않았을 경우, 역적들의 모함은 흉악한 무리들 사이에 널리 퍼졌는데, 그것을 밝게 씻어 주는 글이 적막하여 장차 거짓을 진실이라고 하면 어찌하겠습니까? 신이 매번 생각이 이에 이르면 한밤중에도 목이 쉬도록 울곤 합니다."

채제공은 어쩌면 이렇게 사람의 심금을 울리게 글을 쓴 것일까. 상소를 읽는 정조의 눈시울이 붉어져 왔다. 그러나 채제공의 상소는 노론을 몰살 시킬 수 있는 위험한 상소였다. 정조는 무겁게 한숨을 내쉰 뒤에 글을 써서 채제공의 상소를 되돌려 보냈다.

"경이 올린 상소는 차마 들을 수 없고 차마 말할 수 없는 것이었다. 지난 해 5월에 전교를 내릴 적에 눈물 섞인 먹물에 붓을 적시고 통곡을 삼키며 입으로 부르다가 한참 동안 숨이 막혔다가 겨우 소생했던 일을 경은 앞자리에서 보지 않았는가. 그때 영을 내린 것은 내 뜻을 밝게 보이려는 것이었고 그렇게 한 다음에야 천하에 길이 할 말이 남을 수 있기 때문이었다. 그때 한 번도 감당할 수 없는 일을 한 것이요 차마 할 수 없는 일을 한 것인데, 나같이 어리석은 사람으로 그 일을 오늘날 다시 할 수 있겠는가. 경도 그 뒤로는 감히 다시 꺼내지 않았던 것은 곧 몰랐던 바를 알고, 깨닫지 못했던 바를 깨달아 나의 마음을 경의 마음으로 삼았기 때문이었다. 아, 나는 매우 무능하나 알고 있는 것은 천지의 큰 원칙이고 지키고 있는 것은 인간의 윤리이다. 그래서 마음에 부끄러울 것도 없고 남에게 요구할 것도 없다. 말이 여기에 미치니 간장과 피가 거꾸로 치오르는 것을 스스로 억제하지 못하겠다. 경도 나의 이 말을 들으면 아마도 역시 마음이 두렵고 정신이 몽롱해질 것이다. 경은 모름지기 행장

채비를 기다리지 말고 즉일로 상경하라."

채제공은 정조의 답을 읽고 눈을 질끈 감은 뒤에 채제공에게 사관을 보냈다. 정조는 사도세자의 복수를 할 의향이 없었다.

"신이 어제 올린 한 장의 상소가 성상을 슬프게 할 것을 왜 몰랐겠습니까. 그러나 성상의 마음을 슬프게 하는 것은 황송스럽지만 작은 일이고 의리를 밝히는 것은 천지의 큰 법도입니다. 작은 일을 가지고 큰 법도를 방해하는 것은 임금을 섬기는 첫째 의리가 아닙니다. 그래서 감히 다른 것을 돌볼 겨를이 없이 충심을 다해 상소문을 올렸던 것입니다."

채제공이 사관을 통해 정조에게 아뢰었다. 정조는 사도세자의 죽음이 또 다시 논쟁으로 떠오를 조짐을 보이자 가슴이 아팠다. 사도세자가 병이 심해지기 전까지는 그를 유난히 귀여워했었다. 손을 잡고 경회루를 걷기도 하고 영조가 이산을 귀여워하자 질투를 하기 까지 했다. 정조는 그런 일들이 꿈결인 듯 아득하고 희미했다.

피 묻은 적삼이여, 피 묻은 적삼이여,

쏴아아. 밤이 되자 빗줄기가 더욱 굵어지고 있었다. 정조는 도무지 잠을 이룰 수 없었다. 다른 사람도 아닌 채제공이 상소를 올려 금등지사金縢之詞(억울한 일을 기록한 글, 또는 책)를 거론했기 때문에 더욱 잠을 이룰 수 없었다. 정조는 영조가 죽기 전에 사도세자가 죽은 이유를 자세하게 들었다. 그 이야기를 하면서 영조도 울고 정조도 울었다. 그러면서 영조는 사도세자 죽음의 비밀을 밝히라고 주장하는 자들이 나타나면 역적이니

채제공 초상화. 남인의 영수로 사도세자가 죽음을 당할 때 도승지로 있었고 영조의 비망기인 금등을 휘령전에 보관하고 있었던 인물이다. 사도세자 죽음의 진실을 밝히려고 했으나 정조는 거절했다.

경계하라고 말했다. 영조는 사도세자를 처형한 직후에 그 내용을 상세하게 기록하여 도승지였던 채제공에게 주고 사도세자의 사당에 보관하라는 영을 내렸었다. 그러므로 금등은 영조와 채제공, 그리고 사도세자밖에 모르는 비밀이었다.

채제공이 상소를 올리자 조정은 물 끓듯 했다. 특히 좌의정 김종수가 채제공을 맹렬하게 비난하고 노론 계열의 대신들도 채제공을 처벌해야 한다고 강경하게 주장했다. 채제공의 상소를 정조가 받아들이면 노론은 몰살을 당할 것이 분명했다. 노론은 목숨을 걸고 채제공을 비난했다.

김종수는 정조가 즉위하고 얼마 되지 않았을 때 사도세자를 모함한 자들을 죽여야 한다는 영남만인소가 올라오자 노론 대신들을 이끌고 반대하여 물리친 일이 있었다. 이번에도 그는 누구보다도 강경했다. 조정은 팽팽한 긴장감이 감돌았다.

정조는 시임時任(현직), 원임原任(전직) 대신과 문관, 음관蔭官, 무관으로서 2품 이상인 경재卿宰와 내각內閣, 삼사의 모든 대신들을 모두 소집했다.

"경들을 부른 것은 나의 뜻을 확실하게 말하여주기 위해서이다. 요즈음 나타나고 있는 좋지 못한 꼴들을 보고 연석에 올라온 제신들도 어찌 요량하는 바가 없겠는가. 차마 말하지 못할 것을 차마 말하고, 감히 제기하지 못할 것을 감히 제기하는 것은, '의리를 밝히고 윤리를 바루자'라는 글자에 지나지 않고 있다. 전 영의정이 상소한 말을 경들은 정말 어느 사람에게 들었으며 또 무슨 일을 가지고 죄를 삼는가?"

김종수 초상화. 영조의 금등지사로 채제공과 첨예하게 대립한 좌의정 김종수. 그는 노론의 핵심인물로 사도세자에 대한 일을 거론하는 것을 반대했다.

정조가 대신들을 쏘아보면서 물었다. 그의 눈에서는 불이 일어나는 것 같았고 목소리는 분노로 떨렸다. 대신들은 바짝 긴장하여 몸을 떨었다. 영의정 홍낙성, 판중추부사 박종악, 좌의정 김이소 등이 상소를 보지 못하였다고 아뢰었다.

"이 문제에 만일 법을 어긴 사실이 있다면 전 영상이라고 하여 무엇을 아낄 것이며, 혹시 이와 반대가 된다면 또 전 좌상이라고 하여 무엇을 아낄 것인가. 전 영상의 상소 가운데 한 구절의 말은 곧 아무해某年(사도세자가 죽은 해)의 큰 의리에 관한 핵심인데, 내가 양조兩朝(경종과 영조)의 미덕을 천양하고픈 마음이 있으면서도 감히 한 번도 이를 제기하지 못한 이유는 참으로 이 일이 아무해에 관계된 것이어서 감히 말하지도 못하고 또 차마 제기하지도 못하고 있는 것이다."

정조의 목소리는 점점 비감해졌다. 정조는 채제공과 김종수 누구도 처벌하고 싶지 않다고 말하고 있는 것이다.

"전 영상의 상소 가운데는 비非 자 한 구절로 말머리를 꺼내고 즉卽 자 한 구절로 말을 끝맺었는데, 즉 자 이하의 내용은 아무해의 일과 관계되는 지극히 중대한 일이었다. 가령 전 영상이 국가를 위하여 한 번 죽기로 작정하고 미덕을 천양하려는 애타는 마음과 피 끓는 정성에서 한 말이라 하더라도 내가 감히 말하지 못하는 것을 전 영상이 감히 말하였으니 그 겉면만을 얼핏 본다면 그의 죄는 용서하기 어려운 것이다. 그러나 전 영상이 남이 감히 말하지 못하는 것을 감히 말한 것은 대체로 곡절이 있어서였다. 전 영상이 도승지로 있을 때 영조께서 휘령전에 나와 사관을 물리친 다음 도승지만을 앞으로 나오도록 하여 어서御書 한 통을 주면서 신위의 아래에 있는 요褥 자리 속에 간수하도록 하였었다. 전 영상의 상소 가운데 즉 자 아래의 한 구절은 바로 금등金縢(사도세자를 죽인 뒤 영조가 전말을 기록한 글을 넣어 둔 상자) 가운데의 말인 것이다."

대신들의 얼굴이 하얗게 변했다. 금등지사는 억울한 일을 기록한 비밀의 책을 넣어둔 상자를 말한다. 마침내 소문으로만 떠돌던 그 비밀의 책의 존재가 밝혀진 것이다.

"내가 처음 왕위에 오른 병신년 5월 13일 문녀文女(숙의 문씨)의 죄악을 드러내어 공포할 적에 전 영상 채제공이 윤음을 교정하는 일에 참여하여 아뢴 것이 있었고 승지와 한림을 보내어 이를 받들어 상고한 일까지도 있었다. 지금 물러가기를 청하는 상소에서 죽음에 임박하여 이런 진실을 말한 것은 전 영상만이 이 사실을 알기 때문에 그 혼자서 그 일을 말한 것이니, 이는 속에서 우러나온 충성과 의리의 발로라고 함이 옳을 것이다."

대신들은 비밀의 책에 어떤 내용이 들어 있는지 귀를 기울였다.

"전 좌상은 이런 본 내막을 모르기 때문에 단지 그 표면에 나타난 것만을 의거하여 지난 여름 이후로는 감히 말하지 못할 의리로써 성토한 것이니 이 또한 속에서 우러나온 충성과 의리에서 발로된 것이다. 금등 속의 말은 하나는 자식을 사랑하는 마음이요 하나는 지극한 효성에서 나온 것이니 이 얼마나 미덕인가. 단지 감히 말하지 못할 일이라는 이유 때문에 차마 제기하지 못하고 장차 묻힌 채 드러나지 못하게 되었던 것이 지금 전 영상의 상소로 인하여 그 단서가 발로되었고 그대로 잠자코 있을 수 없게 된 것이다."

정조는 금등 가운데의 두 구절을 베낀 종이를 여러 대신들에게 보여주었다.

> 피 묻은 적삼이여,
> 피 묻은 적삼이여,
> 동桐이여 동이여,
> 누가 영원토록 금등으로 간수하겠는가.
> 천추에 나의 품으로 돌아오기를 바라고 또 바란다.

정조가 대신들에게 보여준 금등의 내용이다. 금등에는 사도세자의 죽음을 애통해하는 영조의 부정이 잘 표현되어 있었다. 그런데 차마 말하지 못하고, 차마 들을 수 없는 것은 무엇인가. 정조는 금등지사로 영조의 애타는 부정은 보여주고 있지만 사도세자 죽음의 원인이 된 죄에 대해서는 밝히지 않고 있다.

정조는 채제공과 김종수 두 사람의 주장이 다 옳다고 주장했다. 이는 사도세자가 반역을 일으키려고 했기 때문도 아니고 노론과 대립하다가 그들로부터 모함을 받아 죽은 것도 아니라는 뜻이다. 사도세자는 정신 병이 극심했고, 영조는 대의멸친을 위해 자신의 아들을 죽일 수밖에 없었다고 말하고 있는 것이다. 차마 말할 수도 없고 차마 들을 수도 없는 것은 사도세자의 광증이었다.

"오늘 분명히 밝혀두는 것은 대체로 '대고大誥'의 뜻을 모방하여 사람마다 그 뜻을 충분히 알고 있었으면 하는 생각에서이다. 지금으로부터는 다시 이를 빙자하여 이러쿵저러쿵 시끄럽게 구는 일이 있으면 사람마다 성토할 것이다. 오늘 이후로 사리를 천명할 책임은 오로지 경들에게 있는 것이다."

정조는 금등에 대해서 더 이상 언급하지 말라고 선언했다. 비밀의 책에 있는 내용을 실록에 기록하지 않았으나 대신들은 충분히 납득했다.

"아, 금등의 글이 나오자 두 임금의 덕이 더욱 빛나고 성상의 효성에 유감이 없게 되었습니다. 선왕의 어제御製는 하늘에 있는 해와 별 같아 애당초 우리 전하가 일언반구라도 따로 언급하실 필요가 없었던 것이니, 이는 하늘을 두고 감히 말할 수 없다는 지극한 효성과 정밀한 의리에 꼭 들어맞는 일로서 진실로 효도와 우애가 신명을 통하지 않고는 어떻게 그렇게까지 진선진미할 수가 있겠습니까. 죽지 않고 살아 이 일을 보게 되니 기쁨과 슬픔이 엇갈려 한없이 속으로 대뇌이고 있습니다. 가령 거듭 일어나는 세상의 변고를 두고 말하더라도 의리에 대해 이미 입에 올릴 거리가 없기에 흉악한 계획을 꾸밀 마음도 내지 못할 것이니, 영원히 환란을 막는 일이 지금으로부터 시작되었다고 할 것입니다."

대신들이 통곡하고 아뢰었다. 대신들은 왜 통곡한 것일까. 이는 금등의 책에 사도세자의 죽음을 애통해 하는 영조의 심정이 적나라하게 표현되었기 때문이었다. 노론의 모함이었다거나 사도세자가 역모를 일으키려고 했고 정조가 이에 대해 복수를 하려고 했다면 이처럼 통곡하지 않았을 것이다. 정조는 사도세자의 일을 거론하지 않겠다고 천명한 것이다.

1장

임금이
장가를 보내주지 않는다고
신경질을 부리다

영조 임금이
새벽에 간선을 보다

침전의 동창이 희끄무레하게 밝아오기 시작했다. 밖에서는 새들이 왁자하게 지저귀고 있다. 여느 날과 다름없이 새들이 지저귀는 소리로 대궐의 아침이 열리고 대궐의 하루가 시작된다. 한여름이라 새벽인데도 공기가 서늘하지 않고 눅눅한 기분이다. 영조는 눈을 뜬 채 천장을 멀뚱멀뚱 바라보았다. 날이 밝기가 무섭게 눈이 떠진 것은 늙어서 잠이 없어졌기 때문인가. 눈이 침침하고 기운이 쇠하기는 했으나 스스로 늙었다고 생각한 적은 없었다.

　오늘은 특별한 날이다. 어릴 때 혼례를 올린 정성왕후와 50년 동안이나 해로를 했으나 죽어서 중전의 자리가 비어 이제 새로운 왕비를 간택하는 날인 것이다. 어려서 혼례를 올릴 때는 남녀의 일을 알지 못해 의전에 실수하지 않으려고만 했었다. 그러나 이제는 두 번째 부인을 뽑아 혼례를 치러야 했다. 초간택과 재간택을 치를 때 규수들의 얼굴을 보았었다. 그 중에 눈이 번쩍 뜨이는 처녀가 있었다. 나이는 16세고 눈망울이 초롱초롱했다. 그 처자를 생각하자 영조는 소년처럼 가슴이 설레었다.

'내가 늙어 망령이 난 것인가'

영조는 스스로에게 자문해 보았다. 그렇지가 않았다. 재간택에 뽑힌 규수가 너무나 예쁘고 사랑스러웠다.

영조는 자리에서 일어나려다가 멈칫했다. 침전 밖의 네 귀퉁이에는 궁녀들이 직숙을 하고 있다. 일찍 일어나면 그네들이 간선을 하는 날이라 일찍 일어난다고 비웃을 것 같았다. 그네들의 비웃음을 사지 않기 위해서는 일부러 약간 늦게 일어나야 한다.

1759년(영조 35) 6월 9일 묘시, 영조의 계비 삼간택이 있는 날이었다. 조정의 관리들은 모두 묘시에 등청한다. 가례도감이 설치되었으니 도제조를 비롯하여 당상에서 낭청, 서리들에 이르기까지 등청을 서두르고 있을 것이다.

'임금이 체신없이 일찍 일어날 수는 없을 터….'

영조는 날이 밝아 오는 시간이 유난히 길게 느껴졌다.

날이 밝으면 승정원에서 당직을 하던 승지와 주서가 찾아와 문후를 올린다.

"승지 아무개, 주서 아무개 문후 드리옵니다."

승지와 주서가 절을 올린다.

"야내평안호夜內平安呼(밤새 별 일 없었느냐)?"

임금이 승지와 주서를 살피면서 묻는다.

"대내大內(대궐)가 두루 평안하였습니다."

승지와 주서가 대답을 한다. 밤새 대궐 안에 이상이 없었다는 보고다. 승지와 주서가 돌아가면 임금은 책을 읽는다. 이것이 임금이 묘시에 하는 일이었다. 그러나 오늘은 삼간택을 하는 날이다. 평소에 시작하는 왕의 하루와는 전혀 다르다. 평소의 일정은 모두 취소되고 삼간택에 대한 일만 다룬다.

"이번 가례 시에 초간택과 재간택은 6월 5일 전에 하고, 삼간택은 6월 초순 안으로 할 것으로 이미 연석筵席에서 결정하셨습니다. 간택할 길일을 일관日官을 시켜 가리도록 하였더니 초간택은 오는 6월 2일 묘시, 재간택은 동월 4일 묘시, 삼간택은 동월 9일 묘시가 모두 길하다고 하였습니다. 이 일시日時로 정하여 거행하는 것이 어떻겠습니까?"

5월 6일 예조에서 아뢰자 영조는 허락했다. 그렇게 하여 왕의 하루가 시작되는 묘시, 꼭두새벽에 간택을 실시하게 된 것이다.

대부분의 국왕들이 아침 묘시卯時(새벽 5시부터 7시까지)에 기상을 하는데 이는 높고 낮은 관리들도 예외가 아니었다.

태종 때는 관리들이 묘시에 등청하고 유시酉時(오후 5시부터 7시 사이)에 퇴청하는 묘사유파법卯仕酉罷法이 법으로 제정되기도 했다. 이는 너무나 빠른 시간이어서 조선의 하루는 밤 12시가 조금 지나서부터 시작된다고 할 수 있을 것이다.

『세종실록』에는 묘유법을 위반한 자들에 대한 처벌에 대해서도 논하고 있다.

관리들로서 조령條令을 범한 자를 논란함에 있어 많은 차이와 착오를 일으키고 있는데, 그 두드러진 착오의 한 예로서 하루 결근한 관리는 대명률 가운데 아무 이유 없이 공석에 참예하지 않은 조문에 따라 1일에 태형 10대로 이를 논단하고, 늦게 출근한 자와 일찍 파하고 돌아간 관리는 묘사유파법을 위반했다는 죄로 태형 50대로 논단하고 있으니, 이는 결근한 자는 그 죄가 오히려 가볍고, 늦게 출근하였거나 일찍 퇴근한 자가 도리어 무거운 것이다. 그러므로 이를 잘 살펴서 형벌을 가해야 한다.

세종이 형조에 내린 영이다. 이유 없이 제 시간에 출근하지 않거나 조퇴를 하는 관리를 엄벌에 처하고 있다는 사실을 알 수 있다. 세종의 지시는 태만한 관리에게 행하는 형벌이 형평에 맞지 않은 것을 고쳐서 벌을 주라고 하고 있는 것이다.

조선의 제21대 국왕인 영조는 역대 어느 국왕보다도 장수했고 오랫동안 재위에 있으면서 백성들의 삶을 윤택하게 만들기 위해 노력한 임금이다.

기름진 땅의 백성이 재주가 없는 것은 안일하기 때문이고 메마른 땅의 백성이 모두 재주가 있는 것은 근로하기 때문이다. 더구나 삼대三代의 임금은 근로로 다스렸거니와, 안일로 다스렸다는 말은 듣지 못하였다.

『조선왕조실록』《영조 행장》에 있는 글이다. 영조는 항상 아침에 일어나 30분 정도 명상을 하고 죽을 들었다. 그는 평생을 거친 음식과 거친 옷을 입고 검소하게 지내면서 부지런하게 정사를 보았다.

아들이 아버지를
두려워하다

세자 이선은 잠이 깼으나 선뜻 눈을 뜨지 않고 밖의 동정에 귀를 기울였다. 한여름이라 묘시 초밖에 되지 않았는데 방안이 부옇게 밝아오고 있었다. 이제는 기상을 해야 할 시간이다. 아버지 영조는 이미 침전에서 일어나 하루의 일과를 시작했을 것이다. 영조보다 늦게 일어나면 책을 잡힐 것이고 불호령이 떨어질 것이다.

영조는 평생 늦잠을 잔 일이 없다. 그러나 세자 이선은 밤에 잠을 이루지 못하고 새벽에야 잠이 들었다. 잠을 이루지 못하고 엎치락뒤치락 하다가 잠이 들었으니 미명에 일어나는 것이 여간 어려운 일이 아니다. 눈꺼풀은 천근처럼 무겁고 몸은 물에 젖은 솜뭉치처럼 무거웠다. 세자 이선은 억지로 일어나 앉았다.

오늘은 영조의 삼간택이 있는 날이다.

영조는 이미 66세가 넘은 노인이다. 그러한 노인이 새 장가를 간다는 사실이 이선은 마땅치 않았다.

'어머니를 중전으로 책봉하면 좋을 텐데….'

이선은 영조가 야속했다. 그의 생모는 영빈 이씨였다. 영빈 이씨는 이선을 낳아 동궁이 되게 했고, 화평옹주, 화협옹주, 화완옹주 등 딸도 셋이나 낳았다. 영빈 이씨를 왕비에 책봉해도 문제가 없는데 굳이 새 장가를 들기 위해 처녀를 간선하는 것을 이해할 수 없었다.

영조는 이미 초간택과 재간택을 마쳤고 오늘은 삼간택을 하는 날이다. 재간택에서 뽑힌 처녀는 16세로 노론 김한구의 딸이라고 했다. 이선

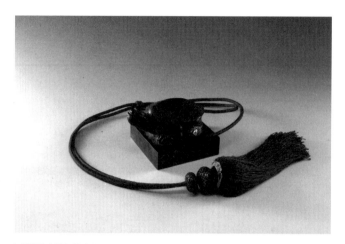

영빈 이씨 인장. 영빈 이씨는 사도세자 이선의 생모이다. 사도세자가 폐위되고 기어코 죽음을 당할 때도 크게 동요하지 않았다. ⓒ국립중앙박물관

은 어쩐지 그가 마음에 들지 않았다. 노론이 서서히 정권을 장악해 가고 있었다. 영조는 탕평책을 실시하고 있었다. 영조가 즉위한 뒤에 노론은 노론 4대신이 억울하게 죽임을 당했다고 하여 이를 주도했던 소론을 대대적으로 숙청했다. 김일경, 목호룡 등 소론 강경파들을 죽이고 정권에서 숙청했다. 이 사건으로 소론은 노론에 이를 갈게 되었다.

영조는 노론을 복권했으나 조정을 당파싸움에 휘말리게 둘 수 없었다. 그는 노론 강경파를 파면하고 소론도 등용했다. 조정은 노론과 소론이 같이 정사를 보게 했으나 사사건건 부딪쳤다. 영조는 대리청정을 주장했던 노론 4대신이 무죄이지만 경종 제거 음모에 가담했던 죄인의 친척인 이이명과 김창집은 유죄라는 기유처분을 내렸다. 그러나 다음해에 이인좌의 난이 일어났다. 이인좌와 영남인들은 영조와 노론이 경종을 죽였다고 비난하면서 영조를 임금으로 인정하지 않았다.

노론은 끊임없이 신임의리를 주장하여 노론 4대신의 무죄를 주장했다. 신임의리는 경종 때 영조를 보호하기 위해 노론 4대신이 죽음을 당하고 대대적으로 숙청 당한 일을 말하는 것이다. 목호룡의 고변으로 노론 4대신을 비롯하여 수많은 노론 인사들이 숙청을 당했다. 영조는 16년이 지난 뒤에야 경신대처분을 내렸다. 노론 4대신은 억울하게 죽었지만 역심이 있었다는 것이 분명하다는 영조의 결론이었다. 영조는 이와 함께 이 문제를 두 번 다시 거론하지 말라고 명을 내렸다. 그러나 노론은 영조를 죽음에서 구하고 왕으로 등극시킨 공로가 있기 때문에 자신들이 정권의 우위에 있어야 한다고 주장했다.

'대체 노론은 언제까지 정권의 우위에 있겠다는 것인가?'

이선은 노론의 행태에 분개했다. 영조가 계비로 맞아들이려는 처녀의 아버지가 노론이라는 사실에 반발심이 일어났다.

이선은 낮게 기침을 했다.

"저하…."

동궁전 상궁이 낮게 불렀다.

"대조께서는 기침하셨느냐?"

"예. 승전색이 아뢰었습니다."

"들라."

이선이 명을 내렸다. 문이 열리고 동궁전 상궁과 무수리들이 들어왔다. 그들이 수건을 물에 적셔 그의 얼굴과 손발을 닦았다. 머리를 빗어 상투를 틀고 옷을 갈아입히기 시작했다. 특히 옷을 갈아입히는 의대 상궁과 궁녀들은 공포에 떨며 한껏 조심하고 있었다. 이선이 의대병이 있기 때문에 옷을 갈아입게 하는 것이 여간 까다롭지 않았다. 그러나 이선은 오늘따라 화를 내지 않고 있었다. 의대 상궁과 궁녀들이 조심스럽게 물러갔다. 이선은 의관까지 갖추자 동궁전 동온돌에서 나와 섬돌로 내려섰다.

해는 뜨지 않았으나 대궐은 이미 날이 훤하게 밝아 있었다. 오늘도 날이 몹시 더울 것이다.

"저하, 오늘은 삼간택이 있으니 문후를 들지 말라는 영입니다."

대전에서 내시가 달려와 아뢰었다.

"알았다."

이선은 갑자기 화가 치밀어 올랐다. 어제 아침 영조는 문후를 자주 올리지 않는다고 그에게 질책을 했다.

'대체 어디에 장단을 맞추라는 말인가?'

이선은 대전 내시가 물러가는 것을 보고 옆에 있던 운혜를 발로 찼다. 동궁전 내시와 궁녀들이 당황망조하여 어찌할 바를 몰라 했다.

"마마, 기침하셨습니까?"

서온돌에서 세자빈인 홍씨가 세손 이산을 데리고 나오면서 인사를 올렸다. 이산은 이제 일곱 살로 영조가 귀여워하고 세자빈 홍씨도 어여삐 여기고 있었다.

"빈궁은 좋겠소. 대조께서 어여삐 여기시니…."

이선은 세자빈 홍씨에게 미소를 보냈다. 세자빈 홍씨의 친정아버지 홍봉한도 노론이고 그녀의 작은 아버지 홍인한도 노론이었다.

"망극하옵니다."

홍씨가 당혹스러운 표정으로 대답했다. 열 살에 혼례를 올렸으니 그녀와 이미 10년을 넘게 살았다. 그녀는 원손을 낳았으나 두 살 때 죽었고 이산만이 무럭무럭 자라고 있었다.

"문후는 드릴 필요가 없소."

"대조께서 노여워하시면…."

"대조께서 이미 그리하라 명을 내렸소."

이선이 차갑게 말했다. 홍씨는 머리를 조아리고 물러갔다. 이선이 기분이 좋지 않을 때는 가까이 하지 않는 것이 좋다고 생각했다.

'저하께서 하루빨리 안정을 찾아야 할 텐데….'

세자빈 홍씨는 걸음을 떼어놓는 일이 쓸쓸했다. 세자 이선의 광증이 점점 심해지고 있었다. 눈빛은 어둡고 때때로 알 수 없는 광기를 내뿜었다.

'어릴 때는 그토록 영특하셨는데….'

이선을 생각하자 영조가 떠올랐다. 심약한 이선은 영조를 두려워했고 고양이 앞에 쥐처럼 영조 앞에서 쩔쩔맸다.

"대조께서 나의 부왕이냐? 내가 대조의 아들이냐?"

이선은 자신이 영조의 아들이 아닌 모양이라고 자조했다. 그런 모습을 볼 때마다 홍씨는 이선이 측은하여 눈물이 흘러내렸다.

이선은 영특하고 총명하여 두 살이 되었을 때 세자에 책봉되었다. 글을 가르치기 시작하자 '王'이라는 글자를 보고 영조를 가리키고 '世子'라는 글자를 보고 자신을 가리켜 영조를 기쁘게 했다. 글자를 쓰기 시작하여 천지왕춘天地王春이라는 글자를 쓰자 대신들이 다투어 갖고 싶어 했다.

당시 영의정은 소론의 이광좌였다. 이광좌는 원교체라는 서체를 개발했을 정도로 필법이 뛰어난 인물이었다. 이선은 어릴 때부터 학문에 열중했다. 천자문을 읽다가 사치할 치侈 자를 읽고는 자신이 입고 있던 반소매 비단 옷이 사치한 것이라고 말했다.

"비단과 무명 중에서 어느 것이 더 나으냐?"

영조가 이선에게 물었다.

"무명이 더 낫습니다. 앞으로는 무명옷을 입겠습니다."

이선은 망설이지 않고 대답했다. 영조는 그런 이선을 보고 크게 기뻐했다.

이선은 총명하고 영리했으나 무인 기질을 갖고 있었다.

"세자 저하께서 효종을 닮았으니 종사의 끝없는 복입니다."

조현명이 이선을 칭송했다.

이선은 활을 잘 쏘고 말을 잘 탔다. 효종이 쓰던 청룡원월도와 철퇴를 15세 때 자유자재로 다루었다.

이선은 병서와 무예에도 능숙해 24세 때 『무기신식武技新式』이라는 책을 엮기도 했다. 『무기신식』은 명나라의 유명한 장수인 척계광戚繼光이 편찬한 『기효신서紀效新書』와 선조 때 한교韓嶠가 편찬한 『무예제보武藝諸譜』를 참고한 무예서이다. 곤봉棍棒, 등패籐牌, 낭선狼筅, 장창長槍, 당파鐺鈀·쌍수도雙手刀를 주로 기술했다. 죽장창竹長槍·기창旗槍, 예도銳刀(왜검), 교전월도交戰月刀, 협도挾刀, 쌍검雙劍, 제독검提督劍, 본국검本國劍, 권법拳法, 편곤鞭棍 등 열두 가지 무예를 새로 만들어 도식을 그려서, 찌르고 치는 자세를 보여주었다. 이선은 책을 편찬한 뒤에 군사들을 훈련시킬 때 연습하게 했다.

우리나라는 좁아서 군사를 쓸 땅이 없다. 그러나 동쪽으로는 왜倭

와 접하고, 북쪽으로는 오랑캐와 이웃하였으며, 서쪽과 남쪽은 큰 바다이니, 바로 옛날의 중원中原인 셈이다. 지금은 비록 변경에 경보가 없지만, 마땅히 위험에 대비하는 태세를 구축하여야 한다.

《어제 장헌대왕 지문》에 있는 정조의 글로 이선이 국방에 남다른 관심을 기울인 것으로 기록하고 있다. 이선이 홍역에 걸렸을 때는 혜경궁 홍씨에게 제갈량의 《출사표》를 늘 읽어달라고 부탁할 정도로 관심이 많았다. 옷차림도 평소에는 군복을 자주 입었다.

"중국의 한 문제와 무제 중 누가 더 훌륭하다고 생각하느냐?"

이선이 13세였을 때 영조가 물었다.

"문제입니다."

"그렇지 않을 것이다. 나를 속이고 있다."

영조가 탄식을 했다.

"네가 지은 시 중에 '호랑이가 깊은 산에서 울부짖으니 큰 바람이 분다虎嘯深山大風吹'는 구절이 있어 기가 매우 승하다는 것을 알 수 있었다."

영조가 말했다. 이선의 시는 오히려 호탕한 기질을 보여주는 것이지만 영조는 이선을 나무라고 있다. 이는 조선이 성리학을 받아들이고 문을 높이고 무를 낮추면서 비롯된 것이다.

"쾌快라는 한 글자가 네 병통이니 경계하고 경계하라."

영조가 이선에게 당부했다.

임금이 장가를 보내주지 않는다고
신경질을 부리다

영조는 이번 가례를 생각하자 약간 쑥스러운 생각이 들었다. 나이가 많아서가 아니라 중전이 죽었는데도 왕비를 들일 생각을 하지 않는 대신들에게 호통을 쳐서 가례가 억지로 이루어졌기 때문이다. 민간의 속담에 억지 장가라는 말이 있는데 자신이 그 꼴이라고 생각하자 은근하게 노여움이 일어났다. 그는 몇 달 동안을 대신들이 먼저 이야기를 꺼낼 때를 기다렸다. 그러나 눈치 없는 대신들은 영조가 새 장가를 가고 싶어하는 것을 전혀 모르고 있었다.

'참으로 고약한 자들이다. 임금이 마누라가 없는데 나서는 자가 없는가?'

영조는 대신들이 괘씸했다. 한 번 새 장가를 들어야 하겠다고 생각하자 잠조차 오지 않고 입맛도 소태처럼 썼다.

영조는 5월 4일 마침내 특단의 조치를 내렸다. 그는 효소전에 들어가 부복하고 예조에 영을 내렸다.

"예조는 내가 구주口奏(구두)로 아뢰는 말을 자세히 들으라. 주서는 구주를 상세히 기록하라."

영조가 엄중하게 영을 내렸다. 대신들은 어리둥절했으나 일제히 머리를 조아려 대답했다. 구주는 글이 아니라 입으로 고하는 말이다. 그러자 영조가 효소전에 꿇어 엎드려 말하기 시작했다.

신이 아홉 살이 되던 해부터 우리 자성慈聖(인원왕후)을 받들었고 11세에 정성왕후를 얻어 함께 용루龍樓에서 승환承歡하였습니다. 지난봄에 정성왕후가 먼저 돌아가고 자성께서는 춘추가 이미 높으시어 매양 옛날과 같지 않으시다는 탄식을 하셨습니다. 제왕은 위로 종사를 받들고 있으니, 필서匹庶(서민)와 다름이 있습니다. 천지에 땅이 없으면 어찌 하늘이 있겠습니까?『소학』에 이르기를, '부인은 집안에서 음식을 주관한다.'고 했습니다. 대궐 안에서 진전眞殿(대궐의 큰 잔치)을 받드는 일은 또한 태묘와 같은데 중궤中體의 일을 지금 누가 주관하겠습니까? 사서인士庶人(민간인)들은 혹 며느리에게 맡기겠습니다마는 대궐 안은 그렇지 못합니다. 아! 옛날 내전內殿(왕비, 부인을 일컬음)이 있었을 때에 어찌 몸소 그 예를 봉행하려 하지 않았겠으며 신도 어찌 아뢰려 하지 않았겠습니까? 이 도리를 후세에 영구히 전해야 할 것이니, 어찌 감히 사서인과 같이 며느리에게 맡기겠습니까?

『영조실록』에 있는 글이다. 영조의 말은 왕비가 없어서 대궐의 제사를 받들 수 없고, 이는 사가와 달리 며느리(세자빈)에게 맡길 수 없어서 장가를 가겠다는 말이었다. 영조를 따라 꿇어 엎드려 있던 예조판서 홍상한을 비롯하여 대신들은 깜짝 놀랐다. 임금이 장가를 가겠다고 노골적으로 선포하고 있는 것이다. 그것도 대신들에게 말하지 않고 효소전에 아뢰고 있으니 기가 막혀 입이 벌어졌다.

"수작酬酢이 어려워서 글로 써서 신의 뜻을 보였는데, 심기가 삭막하여 형용할 수가 없었습니다. 재상들이 보고도 알기가 어렵다고 하기 때문에 재차 글을 써서 보였으나 뜻이 오히려 소통하지 못하였는데, 소통되지 않는 말을 전하여 듣게 할 수가 없어서 그 초草를 도로 들여오게 하였으며, 또 재상과 종백宗伯(임금의 친척 어른)을 불러서 다시 글을 써서 보이고 승정원일기에도 기록하도록 명하였습니다."

영조는 자신의 생각을 대신들에게 은밀하게 글로 말했는데 이들이 알지 못한다고 개탄했다. 대신들은 소름이 끼치는 기분이 들었다.

"하물며 영모당永慕堂(숙빈 최씨)의 자교慈教를 생각해 보매, 적의翟衣(왕비의 옷) 한 벌을 얻었을 때에 하교하기를, '반드시 그 입을 사람이 있기에 그런 것이다.'라고 하였으니, 그 입을 사람이란 곧 곤위壼位(왕비)를 가리키는 것입니다. 자성의 하교가 여기에 미치셨는데 지금에 이르러 생각하니 마음이 찢어질 지경입니다. 오직 우리 자성께서는 이 곤위를 바루는 뜻을 가지고 제1위位에 아뢰시면 조상의 영혼이 반드시 흔희欣喜(크게 기뻐하다)할 것으로 생각됩니다."

영조의 말에 예조판서 홍상한은 이마를 바닥에 짓찧었다. 장가를 가고 싶어 하는 임금의 마음이 이처럼 간절한데 몰랐으니 대신으로서 자격이 없는 것이다.

"이 일은 어찌 예관의 청하는 바에 의하겠는가? 대신이 직접 청하는 것이 마땅한데 지금 그렇게 하지 않으니, 좌우상의 일이 진실로 개탄스럽다."

영조는 좌의정과 우의정을 비난했다.

"이미 효소전에 아뢰었으니 그 아뢴 말을 마땅히 써서 내리어 반포하게 하고 무릇 모든 일을 거행토록 하라."

영조는 왕비를 맞아들이는 일을 거행하라고 지시했다. 예조는 부랴부랴 하례의 인사를 올리고 가례도감을 설치했다. 대신들은 다투어 영조에게 축하 인사를 올렸다.

"정성왕후와 더불어 50년 동안 해로하여 함께 주갑周甲을 지냈으니 무슨 마음으로 새 장가를 가겠느냐? 그러나 나라에는 하루도 곤위를 비워 둘 수가 없고 자성의 하교도 또한 어떻게 감히 어기겠느냐? 정을 억누르고 인내하면서 전중殿中에 구두로 아뢰었던 것인데, 나의 마음은 비록 이와 같다고 하더라도 뭇 신하의 도리로서는 그렇지 못할 것이다. 곤위가 비어 있는 것을 보고서 그 임금이 늙었다고 하여 청하지 않았으니 이는 신하의 분의가 없는 것이다. 대례가 겨우 끝나고 처음으로 법전法殿에 올라 마침 곤위를 바르게 하라고 명이 있은 때를 당하여 대관大官의 지위에 있으면서 일부러 알지 못한 것처럼 하여 하례하는 말도 없고 위로하는 말도 없었으니, 신하된 책임과 의리가 있다고 하겠느냐? 영부사 유척기는 빨리 문외 출송의 율을 시행토록 하라."

영조는 원로대신인 영부사 유척기가 자신이 장가가는 것을 축하하지 않고 일부러 모른 체 했다고 하여 문외출송이라는 벌을 내리기까지 했다. 대신들에게 날벼락이 떨어진 것이다.

자나 깨나
생각이 더욱 간절하였다

해가 떠오르기 시작했다. 공기 속에 여름 햇살의 열기가 느껴졌다. 풀숲에서는 영롱한 이슬이 마를 것이고 들에서는 부지런한 농부들이 일을 하러 나올 것이다. 대궐에서는 내관과 궁녀들의 움직임이 분주해진다.

영조는 묘시정이 가까워져서야 일어났다. 낮은 기침을 하자 대령하고 있던 궁녀와 내관들이 들어와 머리를 조아렸다. 내관은 매화틀(요강)을 내가고 궁녀들은 세숫물을 받쳐 들고 들어왔다.

"전하, 침수 편히 드셨사옵니까?"

정6품 상침尙寢상궁이 영조에게 인사를 건넸다. 상침상궁은 왕의 잠자리와 옷을 입고, 음식을 먹을 때 가까이에서 시종한다.

"음."

영조가 고개를 끄덕거렸다. 아랫것들의 인사에 일일이 답을 하지 않는 것이 관례다.

"세안을 모시겠습니다."

세안은 세수를 말한다. 전선典膳상궁과 전설典設상궁을 거느리고 무수리들과 함께 시종을 한다.

영조가 손을 내밀자 궁녀들이 세숫대야의 물에 수건을 적셔서 짠 뒤에 손을 닦았다. 이어 전선상궁이 수건을 다른 물에 적셔서 짜자 상침상궁이 받아서 영조에게 건넸다. 영조가 수건을 받아서 손수 용안을 닦았다.

세안을 마치자 수건과 세숫물을 받아든 궁녀들이 뒷걸음으로 물러갔다. 상침상궁이 머리를 빗고 상투를 틀었다. 영조는 잠자코 궁녀들의 시중을 받는다. 궁녀들의 몸에서 지분 냄새가 풍기고 은은하게 사향 냄새가 풍긴다. 궁녀들이 풍성한 치마 속에 사향주머니를 차고 있기 때문에 나는 냄새다.

"의대입니다."

시중을 드는 지밀상궁은 모두 40대의 궁녀들이다. 어릴 때부터 궁녀로 일을 했기 때문에 시중을 드는 일이 익숙하다. 영조는 속옷부터 차례로 갈아입었다. 임금의 속저고리와 바지는 비단緋緞(천연 실크)으로 만들어지기 때문에 잠자리 날개처럼 가볍고 부드럽다.

대신들은 영조가 장가를 가겠다고 선언하자 부랴부랴 가례도감을 설치하고 사대부 규수들의 단자를 받았다.

초간택은 6월 2일 묘시에 실시되었다. 하필이면 꼭두새벽에 초간택을 하는 일이 떨떠름하기는 했으나 일관들이 길일이라고 하여 어쩔 수가 없었다.

초간택이 실시되었을 때 처녀들은 모두 방석에 앉아 있었는데 한 규수만이 홀로 서 있었다. 자신의 어린 색시를 직접 고르던 영조가 의아하여 그 까닭을 물었다.

"너는 어찌 방석에 앉지 않는 것이냐?"

"아버님 이름이 방석에 씌어 있어서 감히 앉을 수가 없습니다."

김씨가 또렷한 목소리로 대답했다. 방석에 간택에 참여하는 규수 부친의 이름을 붙여 놓았기 때문에 그녀는 아버지의 이름을 깔고 앉을 수가 없다고 답변을 한 것이다. 영조는 규수의 말에 감탄하면서 얼굴을 살폈다.

"누구의 여식인고?"

"유학 김한구의 딸입니다."

유학 김한구라면 아직 벼슬조차 하지 않는 선비의 딸이다. 영조는 풋내가 나는 규수들에게 질문을 했다.

"이 세상에서 가장 깊은 것이 무엇인고?"

규수들은 다투어 깊은 산과 물이라고 대답했다. 영조는 김한구의 딸을 쏘아보았다.

"사람의 마음속입니다. 다른 것은 깊이를 잴 수 있으나 사람의 마음속은 깊이를 잴 수 없습니다."

김한구의 딸 김씨가 대답했다.

"영특하다!"

김씨의 대답에 영조는 무릎을 쳤다. 발이 가리고 있으나 단아한 모습이 어여쁘다.

"세상에서 어떤 꽃이 가장 아름다운고?"

영조가 다시 질문을 던졌다. 규수들은 자신이 알고 있는 꽃 이름을 댔다. 김씨는 다소곳한 목소리로 면화라고 대답했다. 김씨는 사람들이 따뜻한 옷을 만들어 입는 면화가 가장 아름답다고 하여 백성을 사랑하는 마음가짐을 은연중에 드러낸 것이다.

"고개를 들라."

영조가 명을 내렸다. 다소곳이 고개를 숙이고 있던 규수가 고개를 들었다. 영조는 규수와 눈이 마주치자 가슴이 찌르르 울리는 것 같았다. 눈매는 서늘하고 피부는 옥같이 희다. 어쩌면 저렇게 아름다운 아이가 있는 것일까. 영조는 갑자기 눈앞이 환해지는 것 같았다. 그날부터 영조는 잠을 이루지 못했다. 대신들을 재촉하여 사흘 만에 재간택을 보았다. 당연히 김한구의 딸을 재간택에 뽑았다.

그날은 비가 내렸다. 밤새 내리던 비가 그치지 않아 대궐이 물걸레처럼 젖어 있었다. 재간택 날 영조는 규수들이 인사를 올리자 장난기가 발동했다. 내관들에게 규수들을 데리고 중희당 밖으로 나가 기왓골이 몇 개인지 세어 보라고 영을 내렸다. 황당하기 짝이 없는 영이었다. 궁녀들과 내관들이 당황했으나 임금의 영을 따르지 않을 수 없었다. 규수들을 데리고 밖으로 나왔다. 규수들은 빗속에서 기왓골을 세느라고 중희당 지붕을 쳐다보았다.

'허, 총기가 대단하구나.'

영조는 김한구의 딸에게 다시 한 번 감탄했다. 다른 규수들이 모두 빗속에서 지붕을 쳐다보고 기왓골을 세느라고 여념이 없는데 김한구의 딸은 추녀 밑에서 추녀에서 떨어지는 낙수에 팬 땅을 헤아리고 있었다.

『금계필담』에 있는 이야기다. 『금계필담』은 정순왕후의 총명한 모습을 보여주고 있다. 위인들에게는 항상 전설이나 설화가 따른다고 하지만 조선시대 이처럼 왕비의 영민한 모습을 적은 기록은 야사에서도 흔치 않다.

영조는 당연히 김한구의 딸을 재간택에서 뽑았다.

"왕비의 자리는 잠시도 비우기를 용납하기가 어려우니 이렇기 때문에 자나 깨나 생각이 더욱 간절하였다. 이에 옛사람의 덕을 취하는 깨우침을 따라서 먼저 어진 이를 선택하였고 성군의 근본을 바루는 다스림을 힘써서 내조할 사람을 구하고자 하였다."

영조는 부인에 대한 생각이 자나 깨나 간절했다고 실토하고 있다.

아버지와 아들

이선은 세자빈 홍씨와 아들 이산을 데리고 아침 문안을 드리기 위해 영조의 침전 앞에 이르렀다. 영조는 문안을 그만 두라고 했으나 삼간택을

하는 날 문안을 올리지 않을 수 없어서 다시 생각을 가다듬어 침전 앞에
이른 것이다. 침전 앞은 고요했다. 내금위 갑사들은 멀리 떨어져 번을
서고 있고 내시와 궁녀들이 침전 앞에 늘어서 있었다. 날은 아직 완전히
밝지 않고 있었다. 동산으로 해가 떠오르지 않아 한여름의 청정한 기운
이 대궐을 감싸고 있었다.

대전 내시가 고했으나 영조는 들어오라는 영을 내리지 않고 있었다.

'대조께서 오늘도 나를 냉대하시는구나.'

이선은 영조가 아무런 반응이 없자 가슴이 뛰기 시작했다. 눈에서 핏
발이 서기 시작하는 기분이었다.

"저하의 손을 잡아 드려라."

홍씨가 속삭이듯이 낮게 말했다. 그러자 세손 이산이 이선의 손을 잡
고 생긋 웃었다. 이선은 다리를 떨다가 비로소 조금 안정이 되는 기분이
들었다. 그때 내금위장이 침전으로 들어오는 것이 보였다. 그는 이선을
보자 당혹스러운 표정으로 허리를 깊숙이 숙였다. 이선은 눈을 지그시
감았다. 승지와 주서는 침전으로 들어가 지난밤에 궐내가 평안했다고
아뢰었다. 영조가 처음 보위에 올랐을 때는 자객이 대궐까지 침입했으
나 이제는 그 모든 것이 안정되었다.

"성내는 모두 평안했는가?"

영조가 내금위장에게 묻는 소리가 밖에까지 들렸다. 이선은 영조의
동정에 촉각을 곤두세웠다.

"성내가 두루 평안했습니다."

내금위장이 머리를 조아려 아뢰었다.

"규수들은 도착했는가?"

"예."

"수고하였다. 물러가라."

"예."

내금위장이 뒷걸음으로 침전에서 물러나와 이선에게 허리를 숙여 인사를 하고 승정원으로 돌아갔다. 이선은 세자빈 홍씨의 얼굴을 힐끗 쳐다보았다. 홍씨는 우울한 표정으로 침전 쪽을 바라보고 있었다. 대궐의 아미산에서 다시 새소리가 요란하게 들린다. 오늘따라 하루의 시작을 알리는 새소리가 더욱 시끄러웠다.

"전하, 세자 저하 내외분이 문후 들었사옵니다."

지밀상궁이 밖에서 다시 아뢰었다.

"들라."

영조가 마침내 영을 내렸다. 이선은 그때서야 홍씨와 이산을 데리고 영조의 침전으로 들어가 절을 올렸다. 영조는 이미 단정하게 서안 앞에 앉아 있었다. 이선은 한 치의 흐트러짐도 보이지 않는 영조를 보자 전신이 팽팽하게 긴장되는 것을 느꼈다.

"전하, 침수 평안하게 드셨습니까?"

이선이 무릎을 꿇고 앉아서 문안 인사를 올렸다. 목소리가 떨리고 침이 마르는 것 같았다.

"평안하였다."

영조는 세자 이선과 세자빈 홍씨를 힐끗 보고 무표정하게 내뱉었다. 이선은 영조의 목소리가 삭막하게 귓전을 울리는 것을 느꼈다.

"전하, 오늘은 삼간택 날입니다. 어질고 현명한 배필을 맞이하실 것이니 하례 드립니다."

홍씨가 조심스럽게 아뢰었다.

"잘 알았다."

이선은 영조와 나눌 이야기 거리가 없어서 눈빛이 흔들렸다. 영조도 그와 이야기하는 것을 좋아하지 않았다. 어색한 침묵이 흐르고 이선은 영조의 시선을 피하여 벽을 응시했다.

"세손은 무엇을 읽고 있느냐?"

영조의 목소리가 한결 부드러워졌다.

"소학을 읽고 있습니다."

"소학은 학문의 시작이다. 반드시 외우도록 하라."

"예. 할바마마."

이산이 밝은 목소리로 대답했다.

"물러가도록 하라."

영조가 영을 내렸다.

"예."

이선은 절을 하고 영조의 침전을 물러나왔다. 영조가 삼간택을 하는 날이라 책망을 하지 않고 있다. 영조의 침전을 나오자 날아갈 것 같았다.

"소학을 읽고 있으니 대견하구나."

이선은 동궁전으로 돌아오면서 이산의 손을 꼭 잡았다. 영조는 이선이 어릴 때처럼 손자인 이산을 귀여워하고 있었다. 이선은 아들 이산의 손을 잡고 걸으면서 어릴 때의 일을 생각했다.

이내 경춘전에 이르렀다.

경춘전 담장에는 용이 그려져 있었다.

"이것이 무엇인지 아느냐?"

이선이 아들 이산에게 물었다.

"용입니다."

"그렇다. 네가 태어날 때 용이 날아드는 꿈을 꾸었다. 네가 태어났을 때 너무나 기뻐서 손수 그린 것이다."

이선이 아련하게 생각에 잠기면서 말했다.

아버지인 영조와의 관계가 언제부터 악화되었는지 알 수 없었다. 영조의 눈빛을 대할 때마다 이선은 가슴이 벌렁거렸다.

"우리나라의 조정 관리들은 예로부터 당파의 논의가 있는데 어떻게 하면 그만두게 할 수 있는가?"

영조가 이선에게 물은 일이 있었다.

"똑같이 보고 함께 등용하면 될 것입니다."

이선이 망설이지 않고 대답했다. 영조의 질문은 어떻게 하면 탕평을 실시할 수 있느냐는 것이었고 이선의 대답은 노론과 소론을 차별하지 않고 등용하면 된다는 것이다. 영조가 그 말을 듣고 흐뭇해했다.

"서연에 나와 글을 읽는 것과 연회에 참가하여 음악을 듣는 것이 어느 것이 더 좋습니까?"

세자 빈객 이종성이 물었다.

"글을 읽는 것은 이치를 탐구하자는 것이고 음악을 듣는 것은 곧 어른을 모시고 즐기려는 것이니, 글을 읽는 것이 좋은 일임은 분명하고 음악을 듣는 것도 좋은 일이다."

영조가 상훈常訓을 지어서 읽으라고 명했다. 상훈은 일상생활에서 경계하고 조심해야 할 것을 적은 책이다. 이선은 막히지 않고 상훈을 읽고 그 뜻을 상세하게 설명했다.

"글자의 음을 더듬거리지 않고 읽어내고, 부연해서 대답을 하는 말에도 근거가 뚜렷하니, 이야말로 신령이 말없이 돕고 요속(僚屬)된 자들이 잘 인도한 덕분이다."

영조는 만족하여 세자의 스승과 동궁전 관리들을 칭찬했다. 한번은 이선이 영조를 모시고 대궐의 후원에서 벼를 심는 것을 구경했다.

"농사짓는 일이 어째서 힘들다고들 하는가?"

영조가 이선에게 물었다.

"무더운 여름에 물이 펄펄 끓듯이 뜨거운데도 농사꾼들은 농기구를 가지고 일을 하니 그 고생스러움을 짐작할 수 있습니다."

이선은 공손히 대답했다. 이선은 어린 나이인데도 농사짓는 사람들의 고충을 이해하고 있었다. 영조가 농사짓는 풍경을 보고 시를 지어보라고 명을 내렸다. 이선이 그 자리에서 시를 지어 바쳤다.

"수구(首句)는 가뭄을 걱정하여 비가 내리기를 바라는 것이고 낙구(落句)는 나더러 덕을 닦으라고 권면하는 것이다. 내 나이가 벌써 쉰을 넘어섰는데도 세자로부터 더 힘쓰라는 말을 들었으니, 부끄럽기도 하고 한편으로는 갸륵하기도 하다."

영조는 이선이 지은 시를 읽고 감탄하여 말했다. 영조는 이선이 관례를 치를 때까지 칭찬을 아끼지 않았다.

"세자가 근래에 다시 글 읽기에 열중하여, 비록 밤이 이슥해진 후에도 일어나 앉아 독서를 하고 있다. 내가 잠이 오지 않을 때 세자의 글 읽는 소리를 듣노라면, 기운이 솟는다."

이선은 영조가 칭찬을 할 때마다 기분이 좋아 학문을 더욱 열심히 했다. 그러나 부자지간이 점점 멀어지게 되었다. 이선은 어릴 때부터 세자

로서 교육을 받았다. 친 어머니 영빈 이씨와 떨어져 창덕궁의 저승전(儲
承殿, 낙선재)에서 홀로 지냈다. 언제나 내시와 궁녀들에 둘러싸여 외로운
생활을 했다. 그를 돌보는 내관과 궁녀들은 모두 경종의 수하에 있던 자
들이었다. 그들은 영조를 증오하고 있었다. 순정과 세정이라는 궁녀는
영조의 혈족을 독살하려고 하다가 발각되어 처형을 당했다. 그러나 영
조는 경종을 독살했다는 의심을 받고 싶지 않았다. 그는 일부러 경종이
머물던 저승전을 동궁의 처소로 정하고 이선을 그 곳에 있게 했다.

이선은 자애로운 부모가 너무나 그리웠다. 그러나 동궁전의 내관과
궁녀들은 법도가 아니라면서 영빈 이씨가 이선을 만나는 것까지 방해
했다. 이선은 부모를 그리워하면서 밤마다 악몽을 꾸었다.

이선이 천연두를 앓았을 때의 일이다. 대궐까지 천연두가 침범하자
이선은 경덕궁으로 피하여 지내게 되었다. 그는 대신들을 만날 때마다
영조에게 문안을 드리지 못하는 것이 괴롭다고 말했다. 이는 영조가 보
고 싶다는 뜻인 것이다.

"어린 나이에 부모를 사랑하는 마음씨가 갸륵하다."

영조는 즉시 경덕궁으로 찾아가 이선을 만났다.

"전하, 신을 대궐로 돌아가게 해주십시오."

이선은 울면서 영조에게 매달렸다.

'사내가 어찌 이리 심약한 것이냐?'

영조는 이선을 대궐로 돌아오게 했다.

한번은 이선이 친히 보리를 심었다. 영조가 그 모습을 보고 기이하게
생각했다.

"심을 만한 것이 많은데 기이한 꽃이나 특이한 나무를 심지 않고, 꼭

보리를 심은 의도는 무엇인가?"

영조가 이선에게 물었다.

"보리는 곡물이므로 그것이 열매를 맺는 것을 보려고 합니다."

이선이 대답했다. 영조가 그 말을 듣고 크게 기뻐했다.

'대조께서는 옛날과 달라졌어.'

이선은 걸음을 멈추고 뒤를 돌아보았다. 영조가 있는 침전이 마치 괴물이 살고 있는 것처럼 음산해 보였다.

내 마누라가
더 예쁘다

문을 열자 날이 번하게 밝아 있었다. 동녘 하늘에 붉은 노을이 번지고 있다. 한여름이라 해가 일찍 뜨는데 오늘따라 늦게 떠오르고 있다. 영조는 세자 이선 내외가 돌아가자 잠시 생각에 잠겼다. 이선이 자신에게 불만을 가지고 있는 것 같아 불쾌했다. 세자빈 홍씨의 가려한 얼굴도 떠올랐다. 스무 살을 넘긴 지 얼마 되지 않아 꽃처럼 아름답다. 그러나 김한구의 딸에 비교하면 조금 떨어진다. 김한구의 딸이 이제 막 피어나는 꽃이라면 세자빈 홍씨는 만개한 꽃이다.

'내 색시가 더 예쁘구나.'

영조는 속으로 그렇게 생각했다. 영조는 삼간택이 있기 때문에 독서는 하지 않고 곧바로 중희당으로 옮겼다. 내관과 궁녀들이 두 줄로 서서 그를 인도했다. 중희당에는 삼간택에 오른 세 규수가 들어와 있었다. 그

정순왕후 생가. 유학 김한구의 딸인 정순왕후 김씨는 정조와 사이가 나쁘지 않았다. 드라마와 소설이 그녀를 노론의 중심인물로 그리는 바람에 노론의 배후 인물처럼 되었다. 저자 촬영.

녀들은 지난밤부터 한숨도 잠을 이루지 못했을 것이다.

영조는 중희당에 좌정했다.

삼간택이 시작되자 규수들이 차례로 들어와 절을 올렸다. 대전 내관과 제조상궁이 옆에서 아무개의 딸 규수 아무개라고 보고를 한다. 영조는 두 규수를 몇 마디 물어보지 않고 내보냈다. 그들이 물러가자 중희당에는 김한구의 딸만 남게 되었다.

"고개를 들라."

영조가 김씨 규수에게 영을 내렸다. 규수가 다소곳이 고개를 드는 모습이 발 사이로 보였다.

"밖이 덥지는 않았느냐?"

"예."

김씨 규수가 조용한 목소리로 대답했다. 영조는 발 사이로 김씨 규수를 바라보다가 가슴이 찌르르 울리는 것을 느꼈다. 재간택에서 이미 중전으로 뽑았다. 삼간택은 형식적인 절차일 뿐이다. 저 어린 규수가 내 색시라고 생각하자 소년처럼 가슴이 설레는 것을 느낄 수 있었다.

"글을 읽었느냐?"

"언문을 조금 익혔습니다."

"진문眞文(한문)도 보느냐?"

"내훈內訓을 보고 있습니다."

『내훈』은 인수대비가 여성들의 규범과 덕행의 수행을 위해 지은 책이다.『내훈』을 읽는다면 한문도 어지간히 공부를 한 모양이다.

"물러가라. 쉬이 다시 보자구나."

영조가 영을 내렸다. 김씨 규수가 조심스럽게 일어나서 뒷걸음으로 걸어 나갔다.

마침내 삼간택이 끝난 것이다. 영조는 김한구의 딸을 왕비로 결정했다. 그러나 신하들의 눈치를 보지 않을 수 없었다. 삼간택이 끝이 나자 합문 밖에서 대기하고 있던 대신들이 들어와 부복했다.

"김한구의 따님으로 정하였는데 대신들의 의견은 어떠한가?"

영조가 대신들의 면면을 살피면서 물었다. 내가 마누라를 골랐는데 어떠냐는 뜻이다.

"신들이 어찌 논할 수 있겠습니까?"

대신들이 황망하여 어쩔 줄을 모르면서 아뢰었다.

"총기가 뛰어나고 어진 규수다. 자색 또한 나무랄 데가 없다."

미모도 뛰어나다는 뜻이다.

"신들이 들으니 항아와 같다고 합니다."

대신들은 어쩔 수 없이 맞장구를 쳤다.

"항아가 있다고 한들 어찌 곤전에 비교하겠는가? 곤전이 훨씬 낫다."

영조의 말에 대신들은 입이 쩍 벌어졌다. 민간에서는 마누라를 자랑하면 팔불출이라고 하는데 영조는 아직 혼례도 올리지 않은 어린 신부를 자랑하고 있었다.

"신 등이 삼가 성교를 받드니 진실로 신령과 사람의 소망에 합당합니다. 이는 실로 온 나라 신민의 복이니, 흔변欣抃(기쁨의 극치)의 지극함을 이기지 못하겠습니다."

영의정 김상로, 좌의정 신만, 우의정 이후 및 예조판서 홍상한이 빈청에 모여서 아뢰었다. 국혼을 6월 22일 오시가 길하다고 하여 날을 잡고 정사를 열어 김한구를 돈녕 도정으로 임명했다. 왕비의 아버지에 대한 예우다.

영조는 대신들이 물러가자 우두커니 생각에 잠겼다.

'중전을 노론의 여식으로 결정했으니 불만이 없을 것이다.'

영조는 회심의 미소를 지었다. 임금은 혼인도 정략적으로 해야 한다. 그가 늙은 나이에 굳이 꽃다운 처녀와 국혼을 올리기로 한 것도 그와 같은 생각 때문이었다. 노론은 정성왕후가 죽자 은근히 왕비를 노론 가문에서 간택하고 싶었으나 영조가 고령이었기 때문에 차마 말을 꺼내지 못했던 것이다. 그러나 누구도 그의 깊은 시중을 헤아리지 못하고 있었다.

2장

문장이 아름다우나
알맹이가 없다

경종이
죽은 원인

밖에는 눈보라가 몰아치고 있었다. 한겨울인데도 아침부터 굵은 빗줄기가 내리더니 저녁나절이 되자 눈보라로 바뀌어 있었다. 대궐의 잿빛 기와며 앙상하게 헐벗은 나뭇가지들에 날렸다.

영조는 침전 밖에서 몸을 떨고 있는 아들 이선을 응시했다. 이선은 내가 이러고 있는 까닭을 알고 있을까. 내가 형인 경종을 독살했다는 누명을 벗어던지기 위해 얼마나 몸부림치고 있는지 짐작이나 하고 있을까. 화병 때문에 내관과 궁녀들에게 함부로 매질을 하고 대궐 밖으로 돌아다니는 이선을 생각하면 부아가 치밀고 눈에 핏발이 섰다.

영조는 보위에 오른 뒤로 성군이 되려고 부단히 노력했다. 이복형을 죽였다는 누명에서 벗어나는 길은 탕평책을 실시하는 것이라고 생각했다. 그래서 자신을 죽이려고 한 소론까지 등용하여 탕평책을 실시해 왔으나 노론과 소론은 목숨을 걸고 싸우고 있었다.

'사람들이 어찌 나의 진심을 모르는 것인가?'

영조는 경종을 생각할 때마다 주먹이 불끈 쥐어졌다. 경종은 장희빈의 아들이고 그는 숙빈 최씨의 아들이었다. 숙종이 죽자 소론의 지지를 받은 경종이 즉위했다. 그러나 경종은 불과 3년도 보위에 있지 못하고 죽었다. 이때 경종이 독살을 당했다는 소문이 파다하게 나돌았다.

영조는 경종을 독살했다는 더러운 누명을 벗어나기 위해 자신의 적이었던 소론을 발탁하면서 탕평책을 실시했으나 소론과 노론은 대립을 멈추지 않고 있었다.

아들은 그러한 사정을 전혀 모르고 있었다.

'아들이 대신들을 능가하지 못하면 그들의 허수아비가 된다.'

영조는 아들 이선을 어릴 때부터 엄격하게 키웠다. 그런데 기이하게 아들이 그를 두려워하고 있었다.

'세자가 나를 무서워하는 것은 무슨 까닭인가?'

영조가 세자의 장인인 홍봉한에게 물었다. 홍봉한과 홍인한 형제들이 모두 노론이었다.

"어릴 때 부모의 자애로움을 받지 못했기 때문입니다. 부모가 자애롭게 대하면 나아질 것입니다."

영조는 홍봉한의 말을 듣고 아들 이선과 친하게 지내려고 노력했다. 그러나 이상하게 이선이 가까이 다가오지 않았다.

"세자가 무뚝뚝한 것 같지 않소?"

영조는 이선의 생모인 영빈 이씨에게 물었다. 이선은 영빈 이씨가 낳았으나 국법에 따라 정성왕후를 어머니라고 불렀다.

"아직 자랄 때라 그런 것 같습니다."

영빈 이씨가 안타까워하면서 말했다. 영빈 이씨는 무던한 여인이어서 세자 이선을 비롯하여 여러 옹주를 낳았다. 정성왕후가 정실이기는 했으나 왕자나 옹주를 여럿 낳은 것은 영빈 이씨였다. 그는 성품이 조용하여 한 번도 투기를 하지 않았다.

'효장세자도 저와 같을 것인가?'

영조는 첫째 아들 효장세자가 있었으나 어릴 때 요절했다. 효장세자는 영특하고 총명하여 지극히 사랑했다. 그러나 열 살이 되었을 때 요절하여 영조의 가슴을 아프게 했다.

'이런 짓을 언제까지 되풀이해야 하는가?'

영조는 눈보라가 몰아치고 있는 전각 밖에 서 있는 아들을 보면서 눈살을 찌푸렸다. 그가 또 선위 명령을 내려 조정대신들이 벌벌 떨고 있었다.

영조는 왜
선위파동을 일으켰는가

세자 이선은 임금의 정전인 인정전을 쏘아보았다. 그는 영조의 심중을 도무지 이해할 수 없었다. 영조가 눈보라가 몰아치고 있는데 선위 명령을 내려 조정대신들이 고통스러워하고 있었다.

영조 28년(1752) 12월 12일의 일이었다. 영조는 나흘 전인 12월 8일 대소 업무를 동궁으로 들이라고 하여 대신들을 경악하게 만들고 조정을 마비시켰다. 대신들은 일조차 하지 못하고 영조의 선위를 말리느라고 정신이 없었다.

휘이잉.

눈보라는 더욱 자욱하게 몰아치고 있었다. 바람이 옷깃을 파고들고 손발이 떨렸다.

'이번에는 왜 이렇게 오래 걸리시는 것일까?'

이선은 눈보라가 몰아치고 있어서 괴로웠다.

'아버지는 나를 힘들게 하시려는 거야.'

이선은 입술을 피가 나도록 깨물었다. 영조에게 한 번도 따뜻한 말을 들을 수 없었는데 선위파동까지 일으켜 야속했다. 영조는 비정하고 변덕이 심했다. 딸들은 몹시 귀여워했으나 하나뿐인 아들인 이선에게는 얼음가루가 날릴 것처럼 쌀쌀했다.

영조는 그가 다섯 살인 1743년 영조 15년 1월 11일 선위파동을 일으켰다.

아! 내가 즉위한 지 15년이 되었다. 소민小民을 말하면 덕이 백성에게 입혀지지 못하였고, 시상時象을 말하면 명령이 신하를 따르게 하지 못하였고, 기강을 말하면 한심하다 할 만하고, 세도世道를 말하면 근심스럽기가 날로 심해지니, 임금 노릇하기가 어렵다 하겠다. 아! 임금의 자리를 나는 초개처럼 여기는데, 황형皇兄(경종)에게 후사가 있어 우리 집을 삼가 지키게 하는 것이 바로 내 본심인데, 열조列祖께서 도우시어 다행히 원량元良이 있어 이제는 다섯 살에 차서 이미 종묘에 술을 따라 올릴 수 있게 되었다. 아! 효장세자가 살아있다면 어찌 오늘까지 기다리겠는가? 내가 짐을 벗더라도 어찌 백성을 소홀히 하겠으며, 군국軍國의 긴요한 일도 어찌 걱정하지 않겠는가? 본디 옛 법이 있으니, 묘당廟堂을 시켜 전례에 의거하여 거행하게 하라.

『영조실록』의 기록이다. 임금이 멀쩡하게 살아 있으면서 선위나 전위 파동을 일으키는 것은 세자에게 불만이 있거나 신하들이 마음에 들지 않았을 때 일으킨다. 사도세자 이선이 불과 다섯 살이었을 때 일으킨 영조의 첫 번째 선위파동은 정권을 잡고 있던 소론에 대한 불만이었다. 영의정 이광좌는 영조의 탕평책에 반발하여 동작나루에 물러나 있었다.

"대소업무를 동궁전으로 들이라. 세자에게 선위할 것이다."

영조가 승정원에 비망기를 내렸다. 이선은 불과 다섯 살의 세자인데 임금의 자리를 물려주겠다고 하는 것은 누가 보더라도 억지였다. 그때 승지 오언주가 비망기를 거둘 것을 청하면서 주강에 참석한 신하들에게 알렸다. 신하들이 비망기를 보고 경악하여 선위 비망기를 거둘 것을 청했다.

"신이 청대請對해야 마땅하겠으나, 일이 매우 급하므로 감히 지레 들어왔습니다."

오언주가 떨리는 목소리로 아뢰었다.

"내가 덕이 없기는 하나 온 마음을 다하여 사직을 받들려고 했다. 사람이 누구인들 형제가 없겠는가마는, 어찌 나와 같은 자가 있겠는가? 즉위한 이래로 반드시 시상時象을 바로잡으려 하였으나, 대고大誥한 뒤에도 오히려 옛 모양으로 되돌아갔으니, 지난 15년 동안을 점검하면 이룬 것이 무엇인가? 내가 태상太上 두 자를 들을 수 있고서야 돌아가서 뵐 낯이 있을 것이다."

영조는 경종과의 일을 거론하고 세자에게 선위하여 태상왕이 된 뒤에
야 경종을 볼 낯이 있을 것이라고 했다. 참찬관인 서종옥을 비롯하여 대
신들이 일제히 선위 비망기를 거둘 것을 청했다. 경종을 지지했던 소론
인 이광좌를 겨냥한 말이었다.

"신은 탑전榻前에 두고 물러가겠습니다."

오언주가 아뢰었다.

"열 번 올리더라도 내가 열 번 내리겠다."

영조가 단호하게 말했다. 영조의 선위파동에 조정이 발칵 뒤집혔다.
영조가 선위 비망기를 내리자 조정대신들과 종친들이 달려와 황급히
선위 비망기를 거두어달라고 청했다.

대신들이 선위 명령을 거두어 달라고 청하자 대리청정을 하라는 영
을 내렸다. 다섯 살의 어린아이에게 대리청정을 하라는 것도 어불성설
이었다.

"오늘 이 일은 한때 갑자기 나온 것이 아니다. 사람이 누구인들 부자
형제가 없겠는가마는, 어찌 나와 같은 자가 있겠는가? 효장세자가 살아
있다면 내가 태상왕이 된 지 오래였을 것이다. 오늘 이 일을 하고서야
세자를 대리代理하게 한다는 말이 그칠 것이다."

영조는 대신들 앞에서 자신의 뜻을 굽히지 않았다.

"조정에 있는 신하들이 누구인들 성심의 근본이 이러한 줄 모르겠습
니까? 신들은 지난 일을 다 잊었는데 전하께서는 오히려 깊은 속마음에
두셨으니, 이런 망극한 일이 어디 있겠습니까?"

우의정 송인명이 아뢰었다.

"사람들은 내가 영의정을 부르고 싶기 때문이라고 생각하겠으나, 내

가 어찌 영의정 한 사람을 위하여 이런 일을 하겠는가?"

영조는 노론과 소론의 손을 잡게 하기 위하여 온갖 노력을 다했다. 그러나 소론의 영수인 이광좌는 영조의 말을 듣지 않고 동작나루 밖으로 물러나 있었다. 이에 영조가 선위파동을 일으킨 것이다.

"신이 전하께서 고심하시는 것을 모른다면 먼저 주륙을 당해야 할 것입니다. 온 나라 안이 소란스러워진 뒤에 하교를 도로 거두신다면 무슨 이로울 것이 있겠습니까?"

"이미 나를 임금으로 대우하지 않는데 무슨 소란스러울 일이 있겠는가?"

영조는 송인명의 말을 들은 체도 하지 않았다. 영의정 이광좌가 동작나루에 있다가 그 소식을 듣고 황급히 달려왔다.

"전하 어인 거조이십니까? 선위를 하시면 장차 나라가 망할 것입니다."

영의정 이광좌가 아뢰었다. 이광좌까지 와서 선위 명령을 거둘 것을 청했으나 그는 완강했다. 이광좌는 이조판서 조현명 등 수십 인과 함께 전殿에서 내려가 관冠을 벗고 머리를 땅에 짓찧었다.

"신의 죄는 죽어 마땅합니다."

이광좌가 마침내 머리를 조아리고 사죄했다. 대신들도 일제히 통곡했다. 대신들은 다섯 살의 세자인 이선에게도 비망기를 거두어 달라고 청할 것을 요구했다.

"전하, 비망기를 거두어 주세요."

이선은 대신들의 청에 따라 울면서 호소했다. 세자 이선은 불과 다섯

영조 어진. 숙빈 최씨의 아들인 영조는 조선의 국왕들 중 가장 장수했으면서도 백성들을 위해
선정을 펼치려고 노력했다. 그는 '나는 야위더라도 천하는 살찌게 해야 한다'라고 주장하여 조
선 국왕의 모범을 보여주었다. 그러나 아들에게는 가혹하고 무서운 아버지였다. 아버지와 아
들의 갈등이 사도세자에게 정신병을 일으키게 한 것으로 추정된다.

살이었다. 그는 영문도 모르고 선위파동에 휘말려 하루 종일 무릎을 꿇고 앉아 있어야 했다. 날씨는 살을 엘 듯이 추웠고 영조는 내다보지도 않고 있었다. 그때 이선은 선위가 얼마나 무서운 것인지 알았고, 영조가 아버지가 아니라 절대 권력을 가지고 있는 조선의 임금이라는 사실을 깨달았다.

'아아 임금은 왜 선위파동을 하는 것인가?'

이선은 선위파동을 일으킨 영조가 무섭고 싫었다.

영조는 위로 대비를 근심시키고 아래로 세자를 괴롭힌다는 이유로 마침내 선위 비망기를 거두었다.

"추웠느냐? 세자는 이러한 일도 겪어야 한다."

그날 밤 늦게 영조가 동궁전으로 찾아와서 위로했다. 이선은 혹독한 추위 때문에 부들부들 떨었다. 영조가 와서 위로를 했으나 낯설게 느껴졌다. 그날 밤 이선은 악몽을 꾸었다. 눈을 감으면 검은 그림자가 머리맡에 앉아 있었다. 그가 놀라서 소리를 질러도 아무도 오지 않았다. 그의 옆에는 아버지도 없고 어머니도 없었다.

이선은 밤새도록 공포에 떨면서 울었다.

영조의 선위 비망기는 노론을 반대하는 소론에 대한 비난이었다. 소론은 노론과 손을 잡겠다고 영조에게 약속했으나 이루어지지 않았다.

1743년 영조 19년 11월 29일에도 선위파동이 일어났다. 그것은 이선이 아홉 살 되었을 때의 일이었다.

"언로가 막힌 것이 요즈음보다 심한 적이 없어서 장주章奏(임금에게 아뢰는 말이나 글)의 사이에 한마디 말이라도 뜻에 거슬리면, 전하께서 문득 당론으로 의심하여 신하를 물리치고 내쫓고 가시나무로 울타리를 치는 것 같았습니다. 심지어는 유배를 보내고 차꼬로 다스리기도 하였습니다. 이러므로 대각(臺閣)에서는 결단하지 못하고 우물쭈물하는 것이 습속을 이루었고, 조정에서도 풍도와 기절이 사라지고 꺾였는데, 점차 변하여 풍속이 허물어지고 세도가 점점 낮아졌으니, 어찌 크게 걱정스러운 것이 아니겠습니까?"

사헌부 정언 조중회가 상소를 올렸다. 조중회의 상소는 여러 가지가 있었으나 이번 것은 영조가 탕평책을 실시한다고 신하들이 올린 상소가 마음에 들지 않으면 함부로 내쫓고 벌을 내리기 때문에 언로가 막혔다는 상소였다. 조중회의 상소는 영조의 탕평책에 대한 불만이었다. 영조가 분노했다.

"조중회가 나를 몹시 모욕하였으니, 대개 다시는 이 자리에 임어하지 않겠다."

영조는 몹시 노하여 여러 신하들을 대하여 책상을 치고 눈물을 흘리면서 말하고 세자 이선에게 선위하겠다고 선언했다.

"모든 대소업무를 동궁으로 들여보내라."

영조가 심술을 부리듯이 대신들에게 영을 내렸다. 대신들이 당황하여 황급히 만류했다. 영의정 김재로와 우의정 조현명이 조중회의 상소로 인하여 의금부에서 죄를 기다리고 있다가 입대했다.

"조중회는 한낱 망령된 사람인데, 성덕에 무슨 관련이 있기에 이렇게 하교하십니까?"

좌의정 송인명이 아뢰었다.

"이는 나이가 젊어서 명예를 얻기 좋아한 소치입니다."

조현명도 아뢰었다. 영조는 자신이 조중회에게 직접 죄를 주지 않고 여러 신하로 하여금 먼저 죄를 청하게 하려고 했다. 대신들은 조중회를 중형에 처하자니 차마 못할 일이고 죄를 주지 않자니 영조의 노여움이 더욱 격렬해질 것 같아 어찌할 바를 모르고 있었다. 이선은 또 다시 영조의 침전 앞에서 빌어야 했다.

'아아, 너무 춥다.'

이선은 몇 시간 동안 무릎을 꿇고 추위에 떨었다. 이빨이 딱딱 부딪치고 뺨이 얼어터지는 것 같았다.

'아버지의 심술에 나만 고생을 하는구나.'

이선은 속으로 그렇게 생각했다.

"아바마마, 선위 명령을 거두어주십시오."

이선은 차가운 멍석 위에서 무릎을 꿇고 절을 올리면서 빌었다.

"양의 명령을 거둔다."

영조는 밤이 깊어서야 선위 명령을 거두었다.

"직책이 언관에 있으면서 임금을 모욕한 사람을 보고도 청토請討할 의리를 알지 못하니, 이러한 대관臺官은 내가 그 낯에 먹칠을 하고 싶다. 조중회는 내가 마땅히 처분하겠다."

영조는 선위 명령을 거두면서 조중회를 신랄하게 비난했다. 조중회의 상소에 그가 얼마나 분노하고 있는지 알 수 있는 대목이다.

영조는 이후에도 여러 선위파동을 일으켰다.

박하원의 대천록에 의하면 문녀로 인하여 비롯되었다는 사실을 알 수가 있다. 문녀는 효장세자의 부인인 현빈의 궁녀에 지나지 않았으나 갑자기 영조의 후궁이 되어 잉태를 했다.

'전하께서 나를 총애하시니 내가 아들을 낳으면 세자가 될 수 있다.'

문녀는 엉뚱한 꿈에 부풀었다. 그녀는 세자 이선의 생모인 영빈 이씨에게 인사도 올리지 않고 대들었다. 이와 같은 사실이 대비 인원왕후에게 알려졌다. 인원왕후는 즉시 문녀를 잡아다가 세자 이선과 영빈 이씨가 보는 앞에서 매를 때렸다. 영조는 그 사실을 알게 되자 인원왕후에대한 불만으로 선위파동을 일으킨 것이다.

사도세자의 반격

쏴아. 눈보라가 사납게 몰아쳤다. 이선은 몸을 바짝 웅크리고 침전을 노려보았다. 영조가 또 선위파동을 일으키고 있었다. 아아, 부왕은 어찌이 추운 겨울에 선위파동을 일으키고 있는 것인가. 변덕이 죽 끓듯 하는영조 때문에 이선은 속에서 불이 일어나는 것 같았다.

이선은 영조가 선위 선언을 하여 조정을 발칵 뒤집어놓자 짜증이 났다. 임금이 선위하겠다고 선언하면 대신과 세자는 무조건 반대를 해야한다.

"선조의 피붙이라고는 나 한 사람뿐이었는데, 그때 자전께서 이 말씀을 하셨으니, 내가 어찌 감동하지 않았겠는가? 심유현이 밖에서 흉측한말을 만들어내고 대궐 안에까지 흘러 들어온 말이 있었다. 그러함에도내가 지금까지 살아왔으니, 역시 모질다고 하겠다."

영조가 대신들에게 말했다. 여러 대신들이 선위 선언을 거두어 달라고 간곡하게 청했다. 영조의 선위 선언이 계속되자 대신들도 고통스러워했다.

"이는 왕위를 전하는 것이 아닌데 왜 이렇게도 굳이 간쟁한단 말인가?"

"어찌하여 이러한 하교를 하십니까?"

"그렇다면 한 마디로 결정할 수 있다. 시약청을 설치하겠는가, 전교를 받들어 따르겠는가?"

"두 가지 하교를 모두 받들어 따를 수가 없습니다. 이나 저나 하나를 따를 경우에는 무상 불충한 신하가 되고 말 것입니다."

박문수가 반대했다.

"임금의 명이 중한가, 견제하는 중신重臣이 중한가? 중신이 주도한 이 일은 견제하는 데 가까우니, 경들은 모름지기 받들어 따라야 할 것이다."

"전하께서 그 명을 받들어 따를 수 없다는 것을 훤히 알고 계시면서 일부러 이러한 하교를 하시는 것은 무엇 때문입니까?"

"전교를 빨리 도로 거두셔야 할 것입니다."

영부사 김재로가 아뢰었다.

"오늘 경들에게 사과하겠다. 처음에는 약을 복용하고 편안히 지내려고 하였는데, 승지가 한사코 간쟁하여 격발되었고 또 눈을 부릅뜨고 견제하는 자가 있었다. 신축년에 내가 세제世弟가 되지 않았다면 어찌 이런 일이 있겠는가?"

영조는 왕이 된 것까지 탓하고 있었다. 대신들은 더욱 황송하여 어찌할 바를 몰라 했다.

"이 종이를 불사르더라도 내 마음은 어찌 불사를 수가 있겠는가?"

영조는 전교를 불살랐으나 명은 거두지 않았다. 영조의 선위 선언은 며칠 동안 계속되었다.

12월 14일 약방, 정원, 옥당, 대신, 재신들이 청대하고, 영의정 이종성은 시골에서 들어와 대궐 문 밖에서 명을 기다리고 있었다. 임금이 선화문에 나아가 여러 신하들에게 입시하라고 명을 내렸다. 이종성을 불러 입시하라고 하였는데, 이종성이 사은숙배하지 않고 들어오자, 임금이 큰소리로 즉시 사은숙배하고 들어오라고 명을 내렸다. 이종성이 나가서 사은숙배하고 들어왔다. 영조가 《육아편蓼莪篇》을 읽었다. 그리고 『춘방일기春坊日記』를 가져오게 하여 승지로 하여금 세제로 책봉되었을 때 사양하였던 상소인 《사세제책봉소辭世弟册封疏》 세 편을 읽도록 하였는데, 밤 3경에 이르렀다.

왕세자 이선이 팔짱을 끼고 영조의 앞에 서 있었는데, 임금이 손으로 휘저으며 돌아가라고 명을 내렸다. 이선이 영조 앞에서 팔짱을 끼고 있는 것은 전례가 없는 일이다.

"너는 무엇 하러 나왔느냐?"

"선위 명령을 거두어 주십시오."

영조의 영에 이선이 반발하듯이 말했다. 영조가 깜짝 놀라 이선을 쏘아보았다. 이선도 지지 않고 영조를 쏘아보고 있었다.

휘이잉. 눈보라가 더욱 세차게 몰아쳤다. 침전 앞에서 몸을 떨던 대신들이 기묘한 모습에 넋을 잃었다.

"내가 시를 읽을 것인데, 네가 눈물을 흘리면 효성이 있는 것이므로 내 마땅히 너를 위해 내렸던 전교를 거두겠다."

이선은 영조의 말을 이해할 수가 없어 눈을 부릅떴다. 영조가 『시경』의 육아시를 읽기 시작했다. 이선은 입술을 지그시 깨물었다. 밤은 점점 깊어가고 눈보라는 그치지 않고 있었다. 영조가 육아시를 읽어 끝에 이르자, 이선이 앞에 엎드려서 눈물을 흘렸다.

"전하께서 친히 동궁에게 하교하셨는데, 동궁의 효성이 지극하였습니다. 거두겠다고 하신 명을 식언食言하시면 안 됩니다."

김재로가 아뢰었다. 그러나 영조는 자신의 말을 따르지 않았다.

"너의 도리는 들어가라고 한 말을 들었으면 들어가면 될 뿐이다. 무엇하러 오래 앉아 있느냐? 들어가라."

영조가 이선을 쏘아보면서 영을 내렸다. 이선은 안으로 들어가는 체했다. 여러 신하가 일제히 전교를 회수한다는 명을 내리라고 청했다.

"어렵다. 어렵다."

영조는 손을 내저었다.

"동궁이 들어간 줄로 알았는데 아직까지도 물러가지 않고 기둥 뒤에 있으면서 내가 들어가기만을 기다리고 있다. 그러니 여러 신하들은 잠시 물러가 나를 괴롭히지 말라."

영조가 다시 말했다.

"신들이 비록 죽을지라도 전교를 거두지 않으시면 물러가지 않겠습니다."

이종성이 아뢰었다.

"그렇다면 선조先祖 때에 대신이 이러한 전교를 받들어 따른 것도 모두 잘못된 일이란 말인가?"

"이러한 전교를 받들어 따른 것은 정말로 잘못된 일이었습니다."

"이는 선조께서 하신 일을 불만스럽게 여긴 것이다."

"감히 선조께서 하신 일을 불만스럽게 여기는 것이 아니라 이 전교를 받들어 따르는 것을 부당하다고 여길 뿐입니다. 왜 그렇게도 지나치게 말씀하십니까?"

박문수가 아뢰었다.

"영성군 박문수를 제주도에 안치하라. 그가 어찌 감히 이렇게 할 수 있단 말인가? 옛날에 거행하였던 일을 경들은 불만스럽게 여기는 것인가? 옛날에 처분한 일을 불만스럽게 여기면 이것이 신하인가, 역적인가? 모두가 임금을 견제하는 것에 불과한 것이니 매우 괴이하고 고약하다. 영상, 좌상, 우상은 해도海島에다 안치하라."

영조가 명을 내렸다. 대신들의 얼굴이 하얗게 변했다.

"오늘 입시한 대신과 승지를 모두 해도에다 안치하라. 남소위장南所衛將을 가승지로 차출하니 전교를 쓰라."

영조는 승지까지 유배를 보내라는 영을 내렸다.

"특별히 문에 나와 마음을 터놓고 하교하였는데, 감동하기는커녕 옛날에 하교한 것에 대해 감히 불만스러운 마음을 가지고 있구나. 이를 신칙시키지 않는다면 임금이 있고 나라가 있다고 할 수 있겠는가? 오늘 입시한 대신은 중도부처中道付處하고 재신은 모두 멀리 귀양 보내며, 승지와 유신은 모두 먼 변방으로 귀양 보내라."

영조는 살벌한 영을 내렸다.

"신이 너무나도 불초한 사람으로 외람되게 대리하라는 명을 받들고 나서 주야로 걱정하고 두려워하였습니다. 그런데 꿈속에서도 전혀 상상할 수도 없는 차마 듣지도 못할 하교를 갑자기 받고 나니 가슴이 덜컥 내려 앉아 마치 깊은 연못으로 떨어진 것과도 같아 어찌할 바를 모르겠습니다. 아! 신이 불효하고 무상하여 어젯밤에 성상의 마음을 감동시켜 돌이키지 못한 채 오늘에 이르렀으니, 이는 실로 신의 죄입니다. 당장 땅이라도 뚫고 들어가고 싶으나 되지를 않습니다. 아! 성상의 계책이 충실하시어 교화가 팔도에 두루 미치었는데, 갑자기 망극한 분부를 내리시니, 마음속이 녹아내리는 것만 같아 놀랍기 그지없습니다. 잠시라도 어찌 차마 물러갈 수 있겠습니까? 감히 만 번 죽음을 무릅쓰고 문 밖에 거적자리를 깔아 놓고 엎드려 우러러 성상의 마음을 번거롭게 하고 있으니, 신은 더욱 죽을죄를 지었습니다. 삼가 원하건대, 성상께서는 정원에 내린 하교를 빨리 거두서서 종사를 중히 하소서. 그러면 더없는 다행이겠습니다."

세자 이선은 상소를 올리고 차가운 땅바닥에 꿇어 앉아 울었다.

"왕세자의 상소를 도로 내주어라."

영조가 승지 유복명에게 명을 내렸다.

"왕세자가 상소를 도로 내준다고 하여 허둥대며 어찌할 줄을 몰라 지금 땅에 엎드려 명을 기다리고 있습니다."

"왜 이처럼 나를 괴롭힌단 말인가? 즉시 들어가라는 뜻으로 전하라."

"매양 이처럼 차마 듣지 못할 하교만 내리시는데 어떻게 감히 물러가겠습니까? 잠시 소견召見을 허락하여 달라는 뜻으로 감히 아룁니다."

"차가운 데에 앉아 있으므로 냉기가 올라올 것이니, 즉시 들어가라."

영조가 명을 내렸다. 영조의 선위 명령 때문에 이튿날도 대궐은 뒤숭숭했다. 세자 이선과 대신들은 눈보라 속에서 무릎을 꿇고 있어야 했다. 결국은 대비 인원왕후가 눈보라 속에서 나와 선위 명령을 거둘 것을 청하게 되었다. 영조의 선위파동은 인원왕후가 개입한 뒤에야 간신히 끝이 났다.

세자 이선을 동궁전으로 돌아오자 내시와 궁녀들에게 화풀이를 했다. 내시들을 몽둥이로 두들겨 피투성이로 만들고 궁녀들의 머리채를 휘두르고 발로 짓밟았다. 이선은 언제부터인가 폭력적으로 변해 가고 있었다. 그러나 영조는 선위를 거두면서 비망기를 내렸다.

신료들이 뜰에 모이고 서민들이 문을 지키면서 나를 3일 동안이나 괴롭혔다. 나 같은 부덕하고 무능한 사람이 어찌하여 이러한 대우를 받는단 말인가? 볼 낯이 없고 마음이 더욱 부끄럽다. 군인과 백성의 상소를 보고 부로들의 소리를 들을 때 나도 모르게 눈물이 줄줄 흐른다. 이는 나 때문에 그런 것이 아니라 옛날 선왕께서 베푸신 깊은 사랑과 두터운 은택이 백성들의 피부를 적시었기 때문이다. 아! 백성들은 이와 같이 하는데 나는 30년 동안이나 정사를 하면서 백성들에게 혜택을 입히지 못한 채 하루아침에 백성들을 저버렸으므로 마음에 슬피 느껴져 그러한 것이다. 그리고 아비는 자애롭고 자식은 효도하는 것은 곧 오륜 중에 하나인데도 원량이 간곡히 청하였으나 윤허하지 않았으며, 대신을 공경하고 예로 신하를 부려야 한다는 말이 성인의 가르침 속에 있는데도 엄동설한에 하루 종일 추운 데에 있으면서 응답하지 않았으니, 이 또한 무슨 마음에서이겠는가? 이는 마음이 괴로운 것이고 이는 지극한 아픔인 것이다. 차라리 어질지 않고 자애롭지 않으며 예절이 없을지언정 결코 효성스럽지 못하고 공경스럽지 못하였던 마음을 저버리지는 않겠다. 아! 여러 신하들이 이미 나를 이해해주지 않고 우리 자전에게 가서 호소하자, 자전의 마음이 지나치게 움직여 망극한 분부를 내리셨으므로 다른 것은 돌아볼 겨를이 없어서 여를 타지 않은 채 돌아와 눈물을 흘리며 자전의 뜻을 받들어 따랐다. 이 세상을 우러러 보고 굽어볼 때 이 사람은 왜 이런단 말인가? 앞으로 내 뜻을 이루지 못하고 돌아가게 생겼다. 자전의 분부를 비록 받들어 따르지마는, 후일에 무슨 얼굴로 돌아가 뵐 것이며 또한 무슨 면목으로 우리 형님을 뵐 수 있겠는가? 생각이 여기에 이르고 보니, 나도 모르게 목을 놓아 서럽게 운다. 아! 금년의 일은 옛날의 일과 비할 바가 아니니, 정말 다시 즉위하였다고 하겠다. 임금의 거취를 모호하게 할 수 없기 때문에 특별히 글에 나의 마음을 담아 유시하노라.

이선은 한 겨울의 눈보라 속에서 선위 명령을 거두어 달라고 청했다. 선위 명령은 세자인 그와 연결될 수밖에 없었고, 죄를 짓지 않았는데도 눈보라 속에서 무릎을 꿇고 있어야 했다.

이선은 가슴 속으로 영조에 대한 불만이 팽배해졌다.

대리청정이 시작되기 전까지 이미 영조는 여러 차례나 선위하겠다고 말하고는 했다. 어린 이선은 선위파동 때마다 긴장하고 두려워하면서 철회를 애원했다. 영조가 새 왕비를 맞이하면 선위파동을 일으키지 않을까. 이선은 인정전을 바라보면서 드넓은 대궐에 자신이 혼자 버려진 듯한 기분이 들었다.

열여섯 살의 새색시
정순왕후

해가 떠오르기 시작하는 모양이다. 어느새 진시 초가 되었는가. 문으로 햇살이 스며들어 방안이 환했다. 한여름이라 진시 초밖에 되지 않았는데 안팎이 환하게 밝았다.

영조는 수라상을 받기 시작했다. 동온돌은 국왕의 침전이고 서온돌은 왕비의 처소다. 왕이 수라상을 받을 때는 왕비와 세자가 들어와 수라를 잘 드시는지 살핀다. 이를 친선親膳, 또는 침선寢膳을 돌본다고 한다. 동뢰례同牢禮(첫날밤 행사)를 올린 지 하루밤에 되지 않는 왕비 정순왕후는 약간 물러나 앉고 세자 이선과 세자빈 홍씨는 앞에서 멀리 떨어져 않는다.

영조는 상당히 검소한 국왕이다.

내가 일생토록 얇은 옷과 거친 음식을 먹기 때문에 자전께서는 늘 염려를 하셨고, 영빈映嬪(영조 후궁 이씨)도 매양 경계하기를, '자기 스스로에게 너무 박하니 늙으면 반드시 병이 생길 것'이라고 하였지만, 나는 지금도 병이 없으니 옷과 먹는 것이 후하지 않았던 보람이다. 모든 사람의 근력은 순전히 잘 입고 잘 먹는 데서 소모되는 것이다. 들자니, 사대부 집에서는 담비가죽으로 만든 이불과 이름도 모를 호화스러운 반찬이 많다고 한다. 사치가 어찌 이토록 심하게 되었는가?

영조가 스스로 한 말이다. 그는 흉년이 들 때는 항상 반찬 가지 수를 줄였고 옷도 검소하게 입었다. 대궐의 벽이 낡고 허물어져도 좀처럼 수리를 하지 않았다. 오늘처럼 12첩 반상을 모두 받는 것은 드문 일이었다. 국왕들은 하루에 다섯 끼를 먹었는데 그는 세 끼만 먹었다.

세자 이선은 이복형인 효장세자가 일찍 죽고, 영조의 나이 40세가 넘어서 태어났기 때문에 애지중지하여 태어난 지 1년 만에 왕세자에 책봉되고, 10세 때 홍봉한의 딸과 혼례를 올렸다. 어려서부터 영특하여 3세 때『효경』을 읽고,『소학』의 예를 실천했다.

영조는 오늘따라 아들과 며느리가 신경에 거슬렸다. 새색시로 맞이한 왕비가 세자보다 열 살이나 적다. 공연히 아들 내외를 보는 것이 면구스러운 것이다. 그러나 임금은 무치다. 임금이 하는 일은 부끄러운 것도 없고 수치스러운 것도 없다. 임금은 결점이 없는 사람인 것이다.

영조는 세자를 보자 저절로 한숨이 나왔다. 세자를 애지중지 키웠으나 울증을 앓고 있다. 거의 매일 같이 약방에서 진찰을 한다. 그러나 영조가 지금 관심이 가는 것은 세자가 아니라 왕비였다. 어리디 어리면서도 살결이 뽀얗게 희고 눈이 가을호수처럼 서늘하다. 깨물어주고 싶을 정도로 귀엽고 사랑스러운 여인이다.

'참으로 가려하구나.'

영조는 열여섯 살의 왕비, 정순왕후를 흘깃 보고 입언저리에 미소를 매달았다. 꽃으로 치면 봉오리요, 만개하지 않은 꽃이다. 지난밤 66세인 영조는 풋풋한 꽃봉오리인 그녀를 꺾었다. 정순왕후는 그에게 안겨서 소리를 죽여 울었다. 그 모습이 애처로우면서도 풋풋한 살 냄새가 흡족했다.

수라상 왼쪽에서는 상궁이 분주하게 수라상의 기미를 본다.

"전하께오서 가례를 올리시니 날씨조차 화창합니다. 소자가 하례를 올립니다."

세자 이선이 온화한 표정으로 말했다. 영조는 세자 이선의 말에 눈살을 찌푸렸다. 최근 들어 이선의 얼굴만 보고 있어도 짜증이 났다. 그의 나이 어느덧 66세가 아닌가. 역대 군왕들은 늙으면 세자에게 선위를 했다. 왕자의 난 때문이기도 했지만 태조 이성계는 정종에게 선위를 했고 태종은 세종에게 선위를 했다. 선위를 하지 않은 왕들은 세자에게 대리청정을 하게 했다. 영조도 세자에게 대리청정을 하게 했으나 그가 정사를 보는 일이 마음에 들지 않았다.

"중전은 세자에게 어미가 된다. 효성을 다해야 할 것이다."

영조는 하지 않아도 될 말을 한다. 열여섯 살의 정순왕후는 이선보다 나이가 어리지만 어엿한 영조의 부인이니 어머니가 되는 것이다.

"명심하여 받들어 모시겠습니다."

이선이 머리를 조아려 대답했다.

"중전은 세자를 보니 어떤가?"

영조가 정순왕후에게 물었다. 정순왕후는 한순간 당황한 표정이었다.

"세자 저하를 뵈오니 풍채가 의젓하고 기상이 늠름하여 전하를 빼어 닮은 듯하옵니다."

정순왕후가 이선에게 덕담을 했다. 열여섯 살의 어린 나이인데도 말투가 예절에 어긋나지 않는다. 김한구가 딸 교육을 잘 시켰구나. 영조는 새삼스럽게 정순왕후가 흡족했다.

"이제 대혼이 끝났으니 반교를 내려야 할 것이다."

영조가 이선에게 말했다. 반교는 나라에서 어떤 특별한 일이 있을 때 그 사실을 백성들에게 반포하여 널리 알리는 것이다. 영조가 왕비를 맞아들였으니 그 사실을 백성들에게 알려야 하는 것이다. 왕비는 국모로 백성들의 어머니가 된다.

"그러하옵니다."

"반교를 보았느냐?"

"대제학 김양택이 썼습니다."

"나에게 올리라."

영조가 고개를 끄덕거린 뒤에 수라를 들기 시작했다. 김양택은 율곡 이이의 제자인 김장생의 5세손으로 숙종의 장인인 김만기의 손자이기도 하다.

"예."

세자 이선이 머리를 조아렸다. 영조는 수라를 들면서 눈을 흘겼다. 세자 이선이 처음 태어났을 때 애지중지하면서 키웠는데 언제부터인지 그의 하는 짓이 미워지고 있었다. 세자에게 걸핏하면 화를 내고 세자는 그 때문에 어쩔 줄을 몰라 했다.

영조는 사도세자에게 엄격하게 교육을 한 뒤에 15세가 되자 대리청정을 맡겼다. 어린 나이로 대리청정을 하면서 사도세자는 영조로부터 혹독한 단련을 받기 시작했다. 성군을 만들려는 영조는 틈틈이 사도세자가 학문을 하는지 하지 않는지 감시했고 정사를 제대로 보는지 보지 않는지 감시했다. 영조는 세자 이선이 조금만 기대에 어긋난 짓을 하면 혹독하게 질책했다. 이에 이선은 아버지인 영조에게 책을 잡히지 않기 위하여 전전긍긍했다.

세자 이선은 대리청정을 하게 되자 백성들의 환곡還穀에 대하여 남은 것은 덜고 부족한 것은 보태는 '부다익과不多益寡'의 정사를 베풀어 백성들의 고통을 줄이고, 서민을 괴롭히는 대동大同, 군포軍布의 대전代錢, 방납防納을 금지시켰다. 그러나 이러한 일련의 정책들은 정권을 잡고 있던 노론의 정책과 배치되는 것이었다. 영조는 이선이 자신의 허락도 받지 않고 일련의 정책을 추진하자 대노하여 꾸짖었다.

'대리청정을 맡겨 놓고 어찌하여 화를 내시는가?'

이선은 영조가 화를 내는 것을 이해할 수 없었다.

영조는 정성왕후가 살아있을 때부터 상궁 문녀를 총애했다. 이선에게 상궁 문녀는 사악한 여인이었다. 문녀는 영조의 총애를 받자 아들을 낳기를 간절하게 빌었다. 그러나 그녀는 잇달아 딸만 둘을 낳았다. 일개 궁녀에 지나지 않았으나 딸을 둘이나 낳아 소원이 되고 훗날 숙의에 봉해졌다.

문녀가 낳은 화령옹주는 심정지의 아들 심능건에게 시집을 보내고 화길옹주는 호군 구현겸의 아들 구민호에게 시집을 보냈다. 그녀에게는 문성국이라는 오라버니가 있었고 문성국은 훗날 영의정이 되는 노론의 김상로와 결탁했다.

문녀는 이선이 세자인데도 불구하고 자주 그를 모함했다. 영조는 문녀를 통해 이선의 동정을 살피려고 했다. 문녀는 자연스럽게 이선의 비행을 영조에게 고하게 되고, 영조는 그럴 때마다 이선을 질책했다. 이선은 문녀 때문에 매일 매일이 괴로웠다.

'내가 너를 반드시 죽일 것이다.'

이선은 상궁 문녀에게 이를 갈았다. 문녀는 이선이 자신을 증오하는

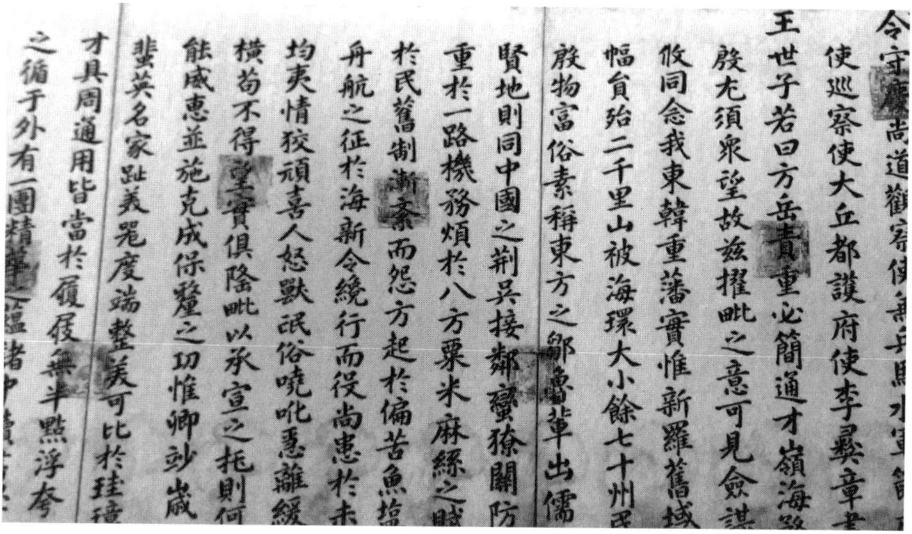
令守慶尚道觀察使兼兵馬水軍節
使巡察使大丘都護府使李彝章
王世子若曰方岳責重必簡通才嶺海路
殷尤須衆望故玆擢毗之意可見僉諶
攸同念我東韓重藩實惟新羅舊域
幅員殆二千里山被海環大小餘七十州
殷物富俗素稱東方之鄒魯輩出儒
賢地則同中國之荊吳接鄰蠻猺關防
重於一路機務煩於八方粟米麻縷之賦
於民舊衡漸紊而怨方起於偏苦魚塩
舟航之征於海新令繞行而役尚患於赤
均夷情狡頑喜人怒獸泯俗曉叱悪離綏
横苗不得望實俱隆毗以承宣之托則何
能咸惠並施克成保釐之功惟卿妙歲
蜚英名家趾美罷度端整美可比於珪璋
才具周通用皆當於履艮無半點浮夸
之循于外有一團精華蘊諸中

경상도 관찰사 이이장에게 내린 사도세자의 하령. 이이장은 사도세자가 뒤주에 갇힐 때 직언을 올린다가 영조의 노여움을 사서 효수하라는 명령까지 내렸으나 취소되었다.

것을 알게 되자 공포에 사로잡혔다.

영조는 평범한 아버지처럼 세자의 학문에 많은 관심을 갖고 있었다. 이선이 학문에 열중하면 기뻐하고 무예에 관심을 기울이면 질책했다.

"어제 내가 우연히 휘령전에 갔더니 세자가 보는 서책이 책상 위에 쌓여 있었는데 내가 보지 못했던 것이 많았다"

영조가 세자 보덕 윤동승에게 말했다.

"세자가 박학해 국한됨이 없으며, 덕성합德成閤(창경궁 안에 있던 전각)이 매우 좁아 한낮에는 매우 더운데도 어려운 부분을 질문하면서 고달파하는 기색이 없었습니다."

윤동승이 아뢰었다.

"원량이 매우 총명해 읽기만 하면 곧 욀 수 있을 것이다."

"강학을 부지런히 잘할 뿐 아니라 다섯 차례 우제虞祭를 행하면서 슬픔과 공경하는 마음이 모두 극진했고, 제사를 지내며 주선함에 조금의 실수도 없었으며, 대수롭지 않은 작은 절차도 강구講究하지 않는 것이 없었습니다. 예절이 적합한 데 돌아가게 하려고 힘썼으므로 신들이 서로 마주 보며 감탄했습니다."

"그렇다면 얼마나 다행스러운가?"

영조가 안도하는 표정으로 말했다. 이선에게 질책을 하면서 그의 건강이 조금만 좋지 않아도 걱정했다.

"내 마음이 안절부절못해 안정되지 않는다."

이선이 천연두를 앓게 되자 영조가 근심했다.

"천연두는 본디 날짜가 있어 보름도 넘기지 않는데, 내 마음은 하루가 한 달 같다. 참으로 산에 들어가 알지 못한 채 조금 낫기를 기다려 돌아오고 싶지만 그렇게 할 수가 없다."

아버지로서 영조의 마음이 잘 나타나 있는 대목이다.

저승전의 화재

이선은 노론이 정권의 우위에 있어야 한다는 노론의 주장을 반대했다. 영조가 탕평책을 실시했으나 노론은 파당을 이루고 목숨을 걸고 싸우고 있었다.

1755년 나주벽서사건이 터졌다.

"간신들이 조정에 가득해 백성이 도탄에 빠졌다."

나주벽서의 내용이다. 범인은 영조가 즉위하고 얼마 되지 않았을 때 숙청당해 귀양을 간 소론 윤취상의 아들 윤지였다. 나주벽서사건으로 소론이 또 다시 대거 숙청당하고 노론이 정권을 장악하게 되었다. 영조의 탕평책은 허망하게 물거품이 되었다. 소론의 영수 이종성은 사건에 연루되었다고 사직을 청했으나 이선은 만류했다.

"탕평은 서로 화합하는 것이다."

이선은 유배된 소론 인물을 사형시키고 처벌을 강화해야 한다는 노론의 주장을 모두 거부했다. 그러자 노론이 강력하게 반발했다. 이선과 노론은 격렬하게 대립했다. 이 일로 훗날 이종성은 세손 이산을 목숨 걸고 보호하게 된다.

이선은 이종성, 서명응, 서명선 등 소론 인물과 가까운 관계를 유지하면서 노론의 송시열, 송준길의 문묘배향이나 김창집의 석실서원 배향 요청을 거부했다. 이런 과정을 거치면서 노론은 이선에게 큰 불만을 갖게 되었다. 그들은 문녀를 통해 세자의 비행을 영조에게 고하기 시작했다. 그러한 일이 반복되자 영조와 이선의 부자 관계가 악화되기 시작했다. 영조의 질책이 엄중해지고 이선은 영조와 눈을 마주치지 않으려고 하게 되었다.

창덕궁 저승전의 행랑에서 화재가 일어난 일이 있었다. 그런데 세자가 불을 질렀다는 소문이 대궐에 파다하게 퍼졌다. 문녀가 그와 같은 일을 영조에게 고했다. 영조는 대신들 앞에서 사도세자를 불러 책망했다.

"네가 불한당이냐? 불은 왜 지르느냐?"

영조가 눈을 부라리면서 이선에게 호통을 쳤다.

"전하, 신은 불을 지르지 않았습니다."

창경궁 경춘전. 동궁전으
로 사용되었다. 사도세자
는 저승전에서 거처하다
가 이곳으로 처소를 옮겼
다. 저자 촬영

이선은 억울하여 간신히 항변했다. 영조의 목소리가
천장이 무너질 듯이 쩌렁쩌렁 울리고 있었다.

"닥쳐라! 온 궁궐이 다 알고 있는데 아니라고 하느냐?"

"신은 억울합니다."

"이놈! 누구에게 눈을 부릅뜨고 항변을 하느냐?"

이선이 항변을 하면 할수록 영조는 언성을 높였다.

영조의 책망을 받은 사도세자는 가슴이 답답하여 터질 것 같았다. 그
는 속에서 끓어오르는 분노를 참지 못하고 저승전 앞의 우물로 뛰어들
었다. 이선이 우물에 뛰어들자 대궐이 발칵 뒤집혔다.

"요즘 일어나는 일들을 내게 와서 말하는 자가 없으니 믿을 만한 조신
朝臣이 없다."

"소천小天이 무서운 존재라서 감히 그리하지 못하는 것입니다."

김상로가 대답했다. 소천, 작은 하늘이 무섭다는 것은 세자가 무섭다는 뜻이다.

"세상에 그런 도리가 어디 있겠습니까. 전하께서 저러한 신하를 두었다가 장차 어디에다 쓰시렵니까?"

승지 이이장이 김상로의 말에 분개하여 아뢰었다. 저승전의 화재는 나뭇단에 불똥이 튀어 일어난 것으로 훗날 밝혀졌다. 그런데도 세자 이선이 불을 질렀다는 소문이 대궐에 파다하게 퍼진 것이다. 그날 이후 이선은 심화를 앓기 시작했다. 하루 종일 우울해 있거나 분노를 제어할 수 없게 되었다. 가슴속에 울화가 쌓이다보니 대궐을 나가 자유롭게 지내

창덕궁 낙선재. 낙선재는 저승전으로도 불리며 사도세자가 어린 시절을 보낸 곳이다. 경종이 이곳에서 살았다고 하여 혜경궁 홍씨는 불길하게 생각했다. 경종이 거느리던 내시와 궁녀들이 사도세자의 수발을 들었다.

고 싶었다.

세자는 정신이 온전하지 않았다. 그는 갑자기 기분이 좋아지거나 침울해지고는 했다. 그가 침울하게 지낼 때는 서연을 열지 않고 정사를 돌보지 않았다. 하루 종일 우두커니 누워 있거나 공연히 슬퍼했다.

문녀는 제 오라버니 문성국과 함께 궁녀들을 시켜 세자를 감시했다. 이선은 어디를 가도 문성국이 감시의 눈을 번뜩이고 있다고 생각했다.

"답답하다."

이선은 어느 날부터인가 가슴을 두드리기 시작했다. 영조에게 좀처럼 문안을 드리러 가지도 않았다. 영조에게 문안을 드리러 가면 따뜻한 말을 하는 것보다 눈을 부릅뜨고 책망하는 일이 더 많았다.

"저하, 서연을 여셔야 됩니다."

"내가 가슴이 답답하다고 하지 않느냐?"

"하오면 바깥바람을 쏘이십시오."

내시가 이선에게 은밀하게 말했다.

"바깥?"

"대궐 밖으로 미행을 해보시는 것이 어떠합니까?"

내시의 말에 이선은 귀가 솔깃해졌다. 영조가 알면 불호령이 떨어질 것이 뻔했으나 밤에 변복을 하고 대궐을 빠져 나갔다. 아버지 영조와 문녀 남매와 멀리 떨어져 있다고 생각하자 이선은 그렇게 상쾌할 수가 없었다. 꽉 막혀 있던 가슴이 시원하게 뚫리고 온 몸이 날아갈 것 같았다.

"저기가 무엇을 하는 곳이냐?"

세자가 청사초롱이 밝혀진 집에 이르러 물었다.

"기루이옵니다."

"기루가 무엇을 하는 곳이냐?"

"술을 마시는 곳이옵니다."

"술을 마시는 곳? 그렇다면 들어가 보자."

이선은 기루에 들어가 꽃 같은 기생들의 접대를 받으면서 술을 마셨다. 기생들이 술을 마신 뒤에 노래를 부르고 춤을 추자 무릉도원에 온 것 같았다. 기생들은 교태와 아양을 떨면서 이선을 황홀하게 했다. 그러나 그가 대궐을 나가 기루에 출입하는 사실을 영조가 알게 되었다. 영조는 대노하여 눈을 부릅뜨고 이선을 꾸짖었다. 영조가 얼마나 사납게 꾸짖었는지 이선은 온 몸을 사시나무 떨 듯 떨었다.

'이는 모두 문 상궁이 고자질을 한 탓이다. 궁녀들도 문 상궁의 하수인들이다.'

이선은 문 상궁에게 더욱 이를 갈았다. 그러나 한 번 기루에 출입하자 끊을 수가 없었다. 이선은 영조의 질책을 받으면서도 밤이면 몰래 대궐에서 나가 시정잡배들과 어울렸다. 기루에 출입하고 여승과 정을 통했다. 영조는 그럴 그때마다 혹독하게 나무랐다. 그러한 일이 거듭되자 세자는 마침내 반성문을 쓰기에 이르렀다.

…나는 불초 불민한 사람으로 효성이 얕아서 침선을 돌보는 절차를 때맞추어 하지 못하였고 양 혼전魂殿의 제향도 정성을 다하지 못하였으니, 자식 된 도리에 진실로 어긋난 점이 많았다. 이것이 누구의 과실이겠는가? 바로 나의 불초함이다. 대조大朝(영조)께서 전후로 가르치시기를 거듭 간곡하게 하신 것은 진실로 자애로운 마음과 사물에

부응하는 지극한 뜻에서 나온 것인데, 내가 불초 불민함으로 인하여 만분의 일도 우러러 본받지 못하였고 작년 5월 스스로 반성하겠다고 한 말도 역시 한두 가지도 실천한 일이 없다. 생각이 이에 이르니 지극히 황공하고, 부끄러움이 갑절이나 되어 비록 땅속으로 들어가고 싶으나 이루지 못하겠다. 강학을 돈독하게 하지 못하고 정사를 부지런하게 하지 못한 데에 이르러서는 어느 것도 나의 허물이 아닌 게 없는데, 어제 양 대신이 반복하여 권고했기 때문에 더욱 나의 불초하고 불민함을 깨달았다. 두렵고 송구스러워 추회막급追悔莫及이다. 지금부터 스스로 통렬하게 꾸짖고 깨우쳐 장차 모든 일에 허물을 보충하여 단호하게 종전의 기질과 습관을 바꾸려고 하는데, 만약 혹시라도 실천하여 행하지 못하고 작년과 같이 된다면, 이는 나의 과실이 더욱 심한 것이다. 오호라! 조정의 신료들은 나의 이 뜻을 체득하여 일마다 바로잡아 주어야 한다. 이것이 나의 바람이다.

조선왕조에서 어떤 세자가 이와 같이 통렬한 반성문을 쓴 일이 있는가. 세자 이선의 반성문은 그처럼 처절했다. 이선은 이와 같은 반성문을 승정원에 하령했다. 세자의 지시는 하령이라고 부른다.

문장이 아름다우나
알맹이가 없다

영조는 세자가 자신을 반성하는 글을 승정원에 내렸다고 하자 크게 기뻐하고 글을 가져오게 하여 몇 번이나 되풀이하여 읽고는 칭찬했다.

"기특하고 기특하다. 조선이 흥하겠구나! 비록 태갑太甲이 허물을 뉘우쳤다 하여도 이보다 나을 수는 없겠고, 내가 동짓날 반포한 윤음보다 낫다. 지금 양복陽復(봄기운이 올라오는 때)의 날을 당하여 이러한 하령이 있으니, 땅속에서 올라오는 따뜻한 기운보다 낫다. 마땅히 서둘러 반포하되 그 과실은 드러내지 말고 그것을 능히 고쳤다는 것을 드러나게 하라."

영조는 승정원에 영을 내린 뒤에 대신들을 입시하라는 영을 내렸다. 영조의 전교에는 아들의 잘못을 공개하지 말라는 아버지로서의 부정까지 나타나 있다. 그는 이선을 불러 대신들 앞에서 크게 칭찬을 하려고 했다. 그러나 반성문을 다시 읽으면서 곰곰이 생각하자 반성문에 잘못을 뉘우쳤다는 말은 있어도 무엇을 잘못했다는 알맹이가 없었다.

"옛날부터 허물을 뉘우치는 임금은 반드시 자기가 잘못한 곳을 나타나게 하기를 한나라 무제의 '윤대輪對의 조서詔書'와 같이 한 다음에야 백성이 모두 믿는 것인데, 지금 네가 뉘우친 것은 어떤 일이냐? 대체 무엇을 뉘우친다는 것이냐?"

영조가 이선을 불러서 물었다. 윤대는 서역의 소국小國으로 한나라 무제 때 이곳을 점령하여, 흉노를 제압하려고 군사를 크게 일으켰으나 실패하여 말년에는 결국 포기했다. 한나라의 대신 상홍양桑弘羊이 윤대를 개발하여 둔전屯田을 설치하고 군사를 보내 지킬 것을 건의했다. 그러자 무제는 왕년의 정벌 정책이 백성을 피폐하게 만들었음을 뉘우치고, 백성을 휴식시키고 농업에 전념해야 한다는 조서를 내렸는데 이것을 '윤대의 조서'라고 부른다. 이선은 대답을 하지 못하고 쩔쩔맸다.

"네가 뉘우친 것이 무엇이냐? 가까이 와서 말하라. 어서 말하라."

영조가 눈을 치뜨고 호통을 쳤다. 영조 앞에 쭈뼛쭈뼛 다가온 이선은 몸을 떨면서 대답을 하지 못했다. 이때 판부사 유척기, 좌의정 김상로, 우의정 신만, 좌참찬 홍봉한 및 양사_{兩司}의 장관이 모두 입시하여 대궐 안에서 대기하고 있었다. 영조는 대노하여 이선이 반성을 한 것이 거짓이라고 몰아세웠다. 초경에 영조가 최복_{衰服}(허름한 옷)을 입고 걸어서 숭화문_{崇化門} 밖에 나와 맨땅에 엎드려 통곡했다. 궁녀들과 내시들이 당황하여 어찌할 바를 몰랐다.

세자 이선도 최복을 입고 영조의 뒤에 엎드려서 쩔쩔맸다. 임금과 세자, 아버지와 아들이 머리를 풀어 헤치고 허름한 옷을 입은 채 맨 땅에서 통곡을 하자 대신들은 당황하여 엎드려 울면서 물었다.

"전하, 어이하여 이러한 거조를 하십니까?"

대신들이 물었으나 영조는 대답을 하지 않았다. 대신들이 난감해 하면서 잇달아 연유를 물었다.

"승지가 동궁의 하령을 가지고 와서 아뢴 데에 뉘우쳐 깨달았다는 말이 있으므로 얼른 지나쳐 보고는 놀라고 기쁨을 금치 못하여 장차 경들을 불러 자랑하고 칭찬하려고 하였는데, 자세히 보니 진정으로 반성한 곳이 없었다. 그리하여 동궁을 불러 물었으나 대답하지 못하였다."

영조가 비로소 통곡을 하면서 말했다. 영조의 말은 이선의 반성문이 아름다워 기뻐서 대신들에게 자랑을 하려고 했으나 곰곰이 다시 읽어 보니 알맹이가 없다는 것이었다.

아버지가 무서워
기절을 하다

영조는 반성문에 알맹이가 없다는 이유로 맨땅에서 곡을 하고 있는 것이다. 대신들은 황당하기 짝이 없었다. 세자가 잘못했다고 하여 임금이 최복을 입고 대궐 뜰에 꿇어앉아 통곡하는 것은 전례가 없는 일이다. 영조는 두 눈에서 불이라도 뿜을 듯이 세자 이선을 노려보고 있다. 이선은 쥐구멍이라도 들어가고 싶은 심정이었다.

"동궁께서 평일에 너무 엄하고 두려운 까닭에 우러러 말씀 드리지 못한 것입니다. 삼가 바라건대, 빨리 방으로 들어가시어 신 등을 불러 조용히 하교하소서."

대신들은 화가 나는 일이 있으면 자신들에게 말하라고 영조를 구슬렸다. 영조는 대신들의 주청에 아랑곳하지 않고 승지에게 선위한다는 교지를 쓰라고 명을 내렸다.

임금 자리를 세자에게 물려주겠다는 청천벽력과 같은 영이다. 임금이 살아 있으면서 선위를 한 것은 태종 이방원과 몇몇 임금뿐이었다. 태조 이성계도 정종에게 선위를 했지만 이는 왕자의 난으로 인해 어쩔 수 없는 것이었다. 역대 임금들은 세자가 마음에 들지 않을 때면 선위한다는 영을 내린다.

선조도 몇 번이나 광해군에게 선위한다는 영을 내렸으나 본심은 아니었다. 결국 선조는 죽은 뒤에 독살설이 뒤를 따랐다. 선조의 핍박을 견디지 못한 광해군이 선조를 독살했다는 주장이었다.

"어서 선위 교지를 쓰라."

영조가 승지를 재촉했다. 승지가 붓을 던지고 죽어도 감히 못 쓰겠다고 아뢰었다. 영조는 펄펄 뛰었다. 대신들이 영조에게 거듭 노기를 풀고 일어나 좌정할 것을 아뢰었다.

영조는 펄펄 뛰다가 마지못해 편전으로 들어가 좌정하고 여러 신하들에게 들어오라고 명을 내린 뒤에 다시 이선에게 입시하라고 영을 내렸다. 이선이 눈물을 비 오듯이 흘리면서 영조 앞에 들어와 부복했다.

"네가 이미 추회막급하다고 일렀는데, 그 뉘우치는 내용을 말하지 않으니, 남의 이목만 가린 것에 불과하다. 네가 진실로 과오를 반성하였느냐?"

영조는 책상을 마구 두드리면서 고성으로 이선을 책망했다. 대신들이 깜짝 놀랄 정도로 큰 목소리였다. 이선은 땅에 꿇어 엎드려 울음을 터트렸다.

"전하, 자식을 가르치는 데는 귀천에 차이가 없으므로 시험 삼아 민간의 일을 가지고 말씀 드리겠습니다. 부형이 만일 지나치게 엄격하면 자식이 두려워하고 위축되어 말을 못하고 받들어 모시는 사이에 저절로 잘 맞지 않고 어긋남을 면치 못하며 심지어 그것이 질병으로 발전되기까지 하는데, 만일 자애가 온화함을 위주로 하여 도리를 열어 깨우쳐 준다면 은혜로운 뜻이 모두 온전하여지고 부자의 정이 통하여 서로 믿음을 줄 것입니다. 지금 전하께서는 지나치게 엄격하시기 때문에 동궁이 늘 두려움과 위축된 마음을 품고 있으니 전하를 뵐 때 머뭇거림을 면치못합니다. 삼가 바라건대, 지금부터는 심기가 화평하도록 힘쓰시고 만일 지나친 잘못이 있으면 조용히 훈계하여 점점 젖어 들도록 이끌어 주신다면, 하루 이틀 사이에 자연히 나아져가는 효험이 있을 것입니다."

유척기가 공손히 아뢰었다. 영조는 대꾸를 하지 않았으나 비로소 사나운 눈빛이 풀어지기 시작했다. 그러나 이선은 아직도 전신을 부들부들 떨고 있었다.

"가르쳐 깨우치게 하는 도리는 비유하자면 의원이 약을 쓰는 것과 같으니 어찌 한 첩의 약으로 효험을 기대할 수가 있겠습니까? 연달아 복용하여 그치지 않아야만 자연히 차도가 있을 것입니다."

우의정 신만이 아뢰었다.

"동궁께서 평상시에도 입시하라는 명령만 들으면 두려워서 벌벌 떨며 비록 쉽게 알고 있는 일이라도 즉시 대답하지 못하였던 것은 대개 군부에게 기뻐함을 얻지 못하였고 너무 엄격한 데에 연유하여 그러한 것입니다."

세자의 장인인 홍봉한이 아뢰었다. 대신들이 줄줄이 노여움을 풀어달라고 영조에게 아뢰자 비로소 영조가 이선에게 물러가라고 영을 내렸다. 이선은 영조 앞에서 몸을 일으켜 비틀대면서 물러가기 시작했다. 대신들은 위태롭게 걷는 이선을 보고 눈살을 찌푸렸다. 이선은 뜰로 내려가다가 정신을 잃고 쿵 하고 쓰러졌다.

"저하."

대신들이 깜짝 놀라 이선에게 달려갔다. 유척기가 급히 의관을 불러 진맥하도록 청했다. 영조가 내다보고 혀를 차다가 의원을 부르라는 영을 내렸다. 의원이 황급히 달려와 이선을 진맥했다. 이선은 엄청난 충격을 받아 맥도脈度가 통하지 않아 약을 넘기지 못했다.

"저하, 정신이 드시옵니까?"

이선은 의원들이 청심환을 복용시키자 한참 있다가 비로소 말을 할 수 있게 되었다.

"그렇다."

이선이 기운 없는 목소리로 대답했다. 영조는 이선이 혼절했다는 말을 듣고 진노를 풀고 선위하겠다는 영을 거두었다. 그것이 얼마 전의 일이었다. 영조는 이선이 점점 눈에서 벗어나고 있었다.

손자가
아들보다 낫다

왕궁의 아침이라고 해서 여염과 크게 다를 것은 없다. 다만 임금은 특별한 일이 없는 한 누구와도 수라를 같이 들지 않는다. 왕비와 세자는 임금이 수라를 든 뒤에야 각자의 처소로 돌아가 아침 식사를 한다.

영조는 아침 수라를 끝내자 편전으로 옮겨 김양택이 올린 반교문을 살피기 시작했다.

"왕은 말하노라. 내가 30년 동안 보위에 있으면서 정사는 풍교風教의 근본을 돈독히 하였고, 육례六禮를 이루니 진실로 하늘과 사람의 소망에 화합하였다. 나라의 경사를 밝게 드러내어, 팔방에 널리 반포한다."

30년 동안 임금 노릇을 하면서 특별한 잘못이 없이 나라를 이끌었고 이제 국가의 경사스러운 혼례를 올려 널리 알린다는 뜻이다.

"생각건대 제왕이 나라를 다스리는 요령은 실로 후비의 아름다운 덕에 달려있다. 우虞나라가 오교五教(오륜)로 다스린 공적은 오로지 아황과 여영(순 임금의 두 부인)이 가도家道를 바로잡은 데에서 말미암았고, 주周

나라 이남二南(주남과 소남)의 풍속을 돈후하게 한 아름다움은 또한 태사太姒(주나라 문왕의 부인)가 교화를 도운 데 힘입은 것이다."

김양택은 나라를 잘 다스리는 것은 왕비가 현명하고 덕이 있기 때문이라고 우나라와 주나라의 예를 끌어들여 설명하고 있다.

"돌아보건대 과인은 배필을 잃었으니, 가만히 내조할 사람이 없음을 탄식하였다. 근래에 상사喪事를 여러 번 겪어 대궐에서 편안한 생각을 갖지 못했는데, 만년晩年에 정사의 궐유闕遺를 보충하지 못했으니, 중궁이 텅 비어 있는 것을 어이 하겠는가? 천도는 홀로 운행할 수 없으니 오직 박후博厚하고 광대함이 서로 도와야 하는 것이요 왕비의 자리는 잠시도 비울 수가 없기 때문에 자나 깨나 생각이 더욱 간절하였다. 이에 고인의 덕을 취하는 깨우침을 원용하여 먼저 어진 이를 선택하였고 성왕聖王의 근본을 바루는 다스림을 힘써서 내조할 사람을 구하고자 하였다."

김양택은 영조가 훌륭한 덕을 갖춘 왕비를 구하려고 노력했다고 밝혔다. 영조는 김양택의 글이 마음에 들었다. 대제학다운 글 솜씨다.

"왕후 김씨는 교목세신喬木世臣(명문)의 가문에 태어나 맑고 삼가며 부드럽고 화평한 품행은 진실로 양좌良佐에 합당하며, 유한하고 곧고 조용한 성품은 휘음徽音을 이음에 마땅하다. 이에 좋은 날을 가려, 아름다운 전례를 갖추었노라. 금년 6월 22일 신미辛未에 옥책과 금보를 내려 왕후의 위호位號를 바루었다. 일월이 함께 빛나는 모습을 드리웠으니 엄연히 항려伉儷의 존귀함을 이루었고 종고鍾鼓는 서로 화합하는 소리로 아뢰었으니 정가正家의 법도를 이루었다. 이는 다만 한 사람만의 흔행欣幸(기쁨과 행복)이 아니고, 장차 팔방으로 더불어 유신할 것이다. 도道는 부부에서 발단되는 것이니 지금부터 다시 시작되겠고, 정사는 은혜를 베푸는 데에 힘쓸 것이니 군품을 사랑하여 고루 입히리로다. 잡범과 죽을 죄 이하는 모두 용서하라. 아! 나라를 다스리고자 하면 가정을 먼저 잘 다스려야 하는 것이니 어찌 위엄 있는 교훈을 조금인들 소홀히 하겠는가? 교화는 가까운 데로부터 먼 데에 미치게 하는 것이니 두려워하고 조심하는 마음을 게을리 하지 말기를 바란다. 새로운 계책으로 윤리를 돈독하게 힘쓸 것이며, 끊어지지 않는 복록을 영세토록 누리기를 바란다. 이에 교시하는 바이니, 모두들 상세히 알도록 하라."

영조는 가만히 고개를 끄덕거렸다. 김양택은 김장생의 5대 손이고 숙종의 장인인 김만기의 손자다. 전형적인 노론 가문 출신이다.

'김한구가 당색에 휘말리지 않아야 하는데….'

영조는 우두커니 밖을 내다보았다. 어린 왕비의 친정아버지인 김한구는 서인이면서도 노론 계열이다. 그때 세손 이산과 세손의 스승 남유용이 들어와 문안 인사를 올렸다. 손자인 세손 이산을 본 영조의 얼굴에 온화한 미소가 떠올랐다. 남유용은 예문 제학의 벼슬에 있으면서 세손을 가르치고 있다.

"저 사람이 누구냐?"

영조가 남유용을 가리키면서 이산에게 물었다. 이산은 훗날 정조가 되는 인물이다.

"남유용입니다."

이산이 낭랑한 목소리로 대답했다.

"임금 앞에서는 이름 자를 피하지 않기 때문에 스승의 이름을 말했느냐?"

"예."

이산이 조용한 목소리로 대답했다. 영조는 이산에게 『동몽선습』을 외게 했다. 그러자 이산이 틀리지 않고 외웠다.

"읽는 소리가 쇳소리처럼 쩡쩡하다. 경이 가르칠 때 불통한 적이 있는가?"

글을 가르치면서 시험을 볼 때 불합격한 적이 있느냐는 물음이다. 세자나 세손을 가르칠 때 스승들이 시험을 본다. 불통은 시험에 통과하지 못하는 것을 말한다.

"늘 잘 외기 때문에 하생을 내리고 싶어도 할 수가 없었습니다."

하생은 낙제를 시키는 것을 말한다.

"이런 때에 너의 스승이 외방에 나가기가 어렵다."

영조가 이산에게 말했다. 세손 이산의 교육이 중요하기 때문에 남유용에게 다른 벼슬을 내릴 수 없다는 말이다.

"예."

"안 씨 가훈顔氏家訓(안자)에 이르기를, '자식은 아기 때부터 가르치라教子嬰孩'고 하였으니, 경은 성심을 다하여 보도하도록 하라. 원손의 기질이 점점 전보다 나아지니 이는 곧 경의 힘이다. 항상 이와 같다면 종사에 다행한 일일 것이다."

영조가 남유용에게 영을 내렸다. 남유용이 절을 하여 사례했다.

"승지는 들으라. 눈앞의 급선무 중에 세손을 보도하는 것보다 큰 것은 없다. 사부 남유용은 교도하기를 잘하여서 성취시킬 희망이 있다. 마땅히 격려하고 장려하는 뜻을 보이기 위하여 호피 한 벌을 특별히 하사하라."

영조는 갑자기 눈물을 흘렸다. 그가 눈물을 흘리자 대신들이 당황하여 웅성거렸다. 영조는 왜 눈물을 흘린 것일까. 그는 세자가 결코 온전하지 않을 것이라는 사실을 예감하고 있었는지 모른다.

"원손의 타고난 자질이 탁월하고 성조聖朝의 가법이 엄정하여 그 가르침이 쉽게 주입됩니다. 신이 무슨 힘이 되겠습니까?"

남유용이 황공하여 머리를 조아렸다. 남유용은 바른말을 잘하고 청백했으며, 문장과 글씨에 뛰어나 조선의 사기를 편찬할 인물이라는 평가를 받았다. 세손 이산의 스승이었기 때문에 정조가 보위에 오른 뒤에도 그 은혜를 잊지 않고 스승으로 대우했다.

"나는 말을 배울 때부터 남유용에게 배웠다. 내가 어로魚魯를 구분할 수 있었던 것은 참으로 이 사람에게 힘입었던 것이다."

정조는 남유용의 아들 남공필을 소견한 뒤에 남유용의 부인에게 옷감과 음식을 하사했다. 조선시대는 한문을 공부했기 때문에 어리석은 자를 일컬을 때 어로를 구분하지 못한다고 했다. 어로를 구분하지 못하는 것은 다른 말로 숙맥菽麥이라고 하는데 콩과 보리를 구분하지 못한다는 말이다.

"앞으로는 예모禮貌를 간결하게 하고 일차日次를 건너뛰지 말게 하라."

일차는 세손을 가르치는 전강殿講을 말한다.

"삼일에 한 차례씩 하는 것은 너무 가까운 것 같습니다."

"대저 글은 많이 읽는 것이 중요하다. 내가 일찍이 『소학』을 백여 번쯤 읽었기 때문에 지금도 기억하여 욀 수가 있다."

"보도하는 방법은 과독課讀에만 전념하는 데에 있지 않고 관감觀感의 여하에 달렸습니다. 옛날 선정신先正臣 조광조는 중묘조中廟朝 때에 문학

文學하는 선비 십 수 명을 뽑아 보도하는 임무를 맡기도록 청하였습니다."

"많은 사람을 널리 뽑게 되면 기품이 고르지 않아서 바르게 기르는 도리를 잃을까 두렵다."

세손에게 스승이 여럿이면 오히려 바른 교육이 이루어지지 않을 것이라고 거절한 것이다.

"경이 걸양乞養하다가 이루지 못하였으니, 마땅히 그 사정도 생각하여야 하겠다."

영조는 남유용의 아들 남공필을 수령守令에 임명하라고 명을 내렸다. 남유용이 세손을 가리키느라고 큰 벼슬을 못해 가난하니 아들을 수령에 임명하라는 영이다.

세손 이산과 남유용이 절을 하고 물러갔다.

영조는 문득 조영순의 얼굴을 떠올렸다. 조영순은 영의정 이천보를 탄핵했다가 제주도 대정으로 귀양을 갔다. 그러나 그는 영조를 지키기 위해 목숨까지 잃은 노론 4대신의 한 사람인 조태채의 손자다. 조태채가 죽음을 당했으니 손자인 조영순에게 빚이 있는 셈이다.

'놈들은 노론이라고 위세를 부리고 있어.'

영조는 조영순이 노론이기 때문에 당쟁을 일삼고 있는 것이라고 생각했다. 세자는 그를 파직하라고 지시했고 영조는 유배를 보냈다. 그러나 1년이 지나자 노론이 그를 구명하고 있다. 조영순을 용서하고 싶지만 그렇게 되면 대리청정을 하는 세자의 체면을 깎는 것이 된다. 세자는 대리청정을 하면서 노론과 은밀하게 대립하고 있다.

영조가 희정당으로 나가자 약방에서 입진했다. 영조가 가벼운 감기

증상이 있었기 때문에 내의원의 의원들이 들어와 진맥을 한 것이다. 우의정 이후, 이조판서 이창수가 따라 들어와 문안을 드렸다.

"전하께서 만약 조영순의 조부를 생각하신다면 어떻게 차마 버리겠습니까? 조영순이 상서한 내용은 죄를 줄 만한 단서가 없습니다. 전하의 처분이 지나치게 무겁습니다."

우의정 이후가 투정을 부리듯이 아뢰었다.

"이 판부사李判府事(이천보)의 거조가 너무 지나쳤기 때문에 나도 또한 따라서 처분이 과중하였다."

영조가 웃으면서 대답했다.

"처분은 비록 대신의 지나친 거조에서 연유되었다고 하더라도 어떻게 하여 큰 벌을 내리십니까? 신은 그윽이 애석하게 여깁니다."

이조판서 이창수가 아뢰었다. 노론은 영조에게 투정을 부리듯이 말하고 있다.

"알았다. 그날의 하교를 멈추게 하라."

영조는 조영순의 유배를 풀어주었다. 이후와 이창수가 물러가자 희정당이 조용해졌다. 세자가 대리청정을 하고 있기 때문에 승지들이 들어와 조참을 하지 않았다. 그러나 이후와 이창수가 조영순의 일을 거론한 것은 무엇인가 까닭이 있다. 대리청정을 하고 있으니 세자에게 아뢰어야 한다. 왜 그들은 조영순의 일을 영조에게 아뢴 것일까. 영조는 그 사실을 곰곰이 생각하기 시작했다. 이것이 당쟁의 시작이라면 무서운 일이 일어날 것이다.

조선의 당쟁은 선조 때 시작되어 광해군, 인조, 효종, 숙종으로 이어지면서 조정을 들끓게 했다. 특히 숙종 때는 남인과 서인의 대립으로 인현왕후가 폐위되었다가 복위되고, 희빈 장씨가 사사되면서 수많은 대신들이 옥사에 휘말려 목숨을 잃거나 유배를 갔다.

영조는 즉위하면서 탕평책을 실시해 왔다. 그러나 영조의 목숨을 구하고 영조를 보위에 올리느라고 많은 희생자를 배출한 노론은 자신들이 정권의 우위에 있어야 한다고 은밀하게 주장해 왔다. 영조는 그들의 주장을 묵시적으로 받아들여 노론을 우대해 왔다. 그러나 세자는 다르다.

세자는 노론이 정권의 우위에 있는 것을 반대하고 소론과 남인까지 등용시키려고 하고 있다. 세자의 정책도 노론의 정책과는 판이하게 다르다.

'세자는 너무 서두르는 것이 아닌가?'

노론은 뿌리가 깊다. 뿌리 깊은 나무를 베어내는 것은 쉬운 일이 아니다. 그들은 임금인 경종과 대립하여 승리를 거두었다. 영조는 그때 일을 생각하자 소름이 끼쳤다.

영조가 노론에 진 빚

숙종과 장희빈의 아들 경종은 후사를 낳지 못했다. 경종이 태어났을 때도 원자를 정호하는 문제로 서인들이 철퇴를 맞았다. 기사환국己巳換局으로 서인들의 영수인 송시열이 사사되고 김수항 등이 파직되었다. 이후 남인이 장희빈을 끼고 득세했으나 인현왕후가 복위되면서 남인이 철퇴를 맞았다. 이를 갑술환국甲戌換局이라고 부르는데 남인인 민암, 이의징이 사사되고 권대운, 목내선, 김덕원, 민종도, 이현일, 장희재 등이

의릉(경종릉). 조선 제20대
왕 경종과 그의 계비 선의
왕후 어씨의 능이다. 경종
은 희빈 장씨의 소생이다.
노론의 압박으로 이복동
생인 세제 연잉군에게 대
리청정을 맡기고 물러날
위기에 몰리기도 하였으
나, 소론의 지지로 다시 친
정하고 일거에 노론 4대신
등 노론 세력을 숙청한 신
임사화를 단행했다.
ⓒ박영호

유배를 갔다. 그러나 숙종이 죽고 경종이 즉위하면서 사
정이 달라졌다. 이때는 서인이 정권을 장악하고 있을 때
였으나 경종이 남인 출신 장희빈의 소생이었기 때문에
남인들이 서서히 기지개를 켜고 일어서고 있었다.

　서인은 숙종 말기에 노론과 소론으로 분당되었다. 송
시열을 중심으로 하는 노장파를 노론이라 하고, 한태동
을 중심으로 하는 소장파를 소론이라고 불렀다. 노론과 소론은 경종 치
하에서 극렬하게 대립했다.

　경종은 뒤를 이을 자식이 없었다. 남인은 경종에게 양자를 들여 남인
정권을 세우려고 했고 노론은 연잉군을 세제로 세워 노론 정권을 이어

가려고 했다. 그리하여 남인과 노론이 첨예하게 대립하게 되었는데 소론이 노론에 반대하고 나선 것이다.

"전하의 춘추가 한창이신데도 후사를 두지 못하시니, 삼가 엎드려 생각건대 우리 자성께서는 커다란 슬픔으로 슬퍼하여 병을 앓으면서도 근심하는 생각이 더하고, 하늘에 계신 혼령께서도 지극히 정성스럽게 돌아보며 민망하고 답답하게 여기실 것입니다. 지금 국세가 위태롭고 인심이 흩어졌으니, 마땅히 국가의 대본을 생각하여 종사의 지극한 계책으로 삼아야 할 것인데도, 대신들이 오히려 세자 세우기를 청하는 일이 없으니, 신은 삼가 개탄하는 바입니다. 바라건대 전하께서는 조속히 자성께 품하시고, 아래로는 대신들과 의논하여 사직의 큰 계책을 결정하소서."

노론 출신 정언 이정소가 상소를 올렸다. 아들이 없는데 후사를 정하라고 상소를 올린 것이다. 경종은 대신들에게 상소를 내려 보내 의논하라고 지시했다. 이에 노론인 김창집과 이건명이 빈청에 나아가, 원임 대신과 육조판서, 의정부의 좌우참찬과 판윤, 삼사의 장관을 불러 회의를 했다. 그들은 회의를 마치자 경종을 청대했다. 경종이 시민당에서 대신들을 인견했다.

"저사의 춘추가 한창이신데도 아직까지 후사가 없으니, 신은 외람되게 대신의 자리에 있으면서 밤낮으로 우려하였으나, 다만 일이 지극히 중대한 까닭에 감히 아뢰지 못하였습니다. 이제 대간의 말이 지극히 마땅하니, 누군들 다른 의논을 제기할 수 있겠습니까?"

영의정 김창집이 아뢰었다. 김창집은 이정소의 상소를 빌미로 속히 경종의 후사를 정해야 한다고 경종을 압박하기 시작했다.

"송나라 인종이 두 황자를 잃었을 때 춘추가 비록 많지는 않았지만, 간신諫臣 범진范鎭이 태자를 세울 것을 상소를 올려 청하였고, 대신 문언박文彦博 등은 이를 극력으로 도왔습니다. 지금 대간의 말이 이미 나왔으니 지연시킬 수가 없습니다. 청컨대 조속히 처분을 내리소서."

조태채가 김창집을 도와 아뢰었다.

"자성께서 하교하실 적에 매양 '국사를 우려하여 억지로 죽음粥飮(묽은 죽)을 마신다.'고 말씀하셨으니, 비록 애구하는 중에 있지마는 그 종사를 위한 염려가 깊으실 것입니다. 이 일은 일각인들 조금도 늦출 수 없기에 신 등이 감히 깊은 밤중에 청대하였으니, 원컨대 조속히 큰 계책을 결정하소서."

이건명도 아뢰었다. 그들에 이어 노론의 대신들도 잇달아 아뢰었다. 경종은 노론 대신들이 아뢰는데도 입을 꾹 다물고 있었다. 그들의 말이 끝나자 김창집, 이건명, 조태채가 다시 거듭 청했다.

"대신과 여러 신하들의 말은 모두 종사의 대계이니, 청컨대 빨리 윤허하여 따르소서."

승지 조영복이 아뢰었다. 승지마저 임금을 압박하자 경종은 더 이상 버틸 수가 없었다.

"경들의 말을 따를 것이다."

경종이 노론 대신들의 말을 윤허했다.

"대신臺臣의 이른바 '조종祖宗의 영전令典'이란 공정대왕恭靖大王 때의 일을 가리키는 것인 듯합니다. 성상께서는 위로 자전을 받들고 계시니 들어가서 자전께 아뢰어 손수 쓰신 글을 얻은 후에야 봉행할 수 있습니다. 신 등은 청컨대 물러나 합문 밖에서 기다리겠습니다."

김창집과 이건명이 아뢰었다. 그들은 대비의 허락을 받으라고 경종을 압박하고 있었다. 경종은 궐 안으로 들어가서 오랫동안 나오지 않았다. 김창집 등은 밤이 새도록 합문 밖에서 기다렸다. 노론의 거두 민진원은 경종이 보위에 오르고 3년이 지나야 비로소 세자 문제를 논하는 것이 옳다고 했으나 김창집 등은 당장에 후사를 결정해야 한다고 주장했다. 그들은 합문 밖에서 기다리다가 경종이 나오지 않자 승전 내관을 불러서 여러 차례 입대를 청했다. 경종은 먼동이 튼 뒤에야 낙선당에서 노론 대신들을 인대했다.

"전하께서는 신들의 청하는 바를 자성께 아뢰셨습니까?"

김창집이 물었다.

"그렇다."

경종이 퉁명스럽게 대답했다.

"반드시 자전의 수찰手札이 있어야만 거행할 수 있습니다."

이건명이 아뢰었다.

"봉서封書가 여기에 있다."

경종이 서안 위를 가리키면서 말했다. 김창집이 받아서 뜯어보자 봉서 안에 두 통의 종이가 있었는데, 하나는 해서楷書(정자)로 '연잉군延礽君'이라는 세 글자를 써 놓았고, 하나는 언문 편지였다.

"효종 대왕의 혈맥과 선대왕의 골육은 단지 주상과 연잉군뿐이니, 어찌 다른 뜻이 있겠는가? 나의 뜻이 이와 같으니, 대신에게 하교함이 마땅할 것이다."

대비의 언문서찰이었다. 여러 대신들이 모두 읽어보고 울었다. 이건명이 사관에게 해자楷字로써 언교諺敎를 번역하여 승정원에 내리게 하

연잉군 초상. 연잉군은 이복형인 경종의 치세하에서 노론에 의해 겨우 목숨을 부지할 수 있었고, 역시 노론에 의해 영조를 즉위할 수 있었다.

고, 승지로 하여금 전지를 쓰게 할 것을 청하자 경종이 마지못해 허락했다.

"연잉군을 저사로 삼는다."

승지 조영복이 어전에서 전교를 썼다. 경종이 예조의 당상관을 불러 거행하게 하자 대신들이 비로소 물러나왔다.

연잉군은 김창집, 조태채, 이건명 등에 의해 세제로 책봉된 것이다.

조영순의 할아버지 조태채가 죽임을 당하다

한밤중에 대신들이 입대하여 연잉군을 왕세제로 삼은 일은 소론과 남인들의 격렬한 반발을 불러왔다. 연잉군은 노론 대신들이 잘못되었다고 생각했다. 숙종의 아들은 경종과 연잉군뿐이었기 때문에 시간이 흐르면 저절로 세제가 될 것이고 보위에 오르게 된다. 그런데 노론이 임금인 경종을 압박하여 그를 세제로 책봉한 것이다.

'이건 긁어서 부스럼을 만든 것이 아닌가?'

연잉군은 살얼음을 걷는 듯한 기분이었다. 노론대신들은 그에게 상의

조차 하지 않고 경종을 몰아세우고 있었다. 경종이 잠자코 있었으나 일 단 칼을 뽑아들면 무서운 일이 벌어질 것이다. 노론도 그 사실을 모르지 않는다. 그런데도 목숨을 걸고 임금인 경종을 몰아세우고 있는 것이다. 소론과 남인이 반발하자 노론은 한 발 더 나아가 연잉군에게 대리청정 을 하게 하라고 경종을 압박했다.

"전하께서 신료를 만나 정사를 논하실 때나 정령政令을 재결하는 사이 에 언제나 세제를 불러 곁에 모시고 참여해 듣게 하고, 일에 따라 가르 쳐 익히게 한다면, 반드시 서무庶務에 밝고 익숙하여 나라 일에 도움 되 는 바가 있을 것입니다. 엎드려 원하건대 전하께서는 성의聖意를 깊이 두시고 우러러 자성께 아뢰어 결정하소서."

집의 조성복이 아뢰었다. 그는 연잉군에게 대리청정을 하게 하라고 경종에게 요구한 것이다. 임금이 이러한 영을 내릴 수는 있으나 신하가 청을 올리는 것은 전례가 없는 일이었다.

'잘못하면 내가 죽겠구나.'

연잉군은 소름이 끼치는 듯한 기분이 들었다. 노론의 주장은 경종에 게 정권을 내놓으라고 말한 것이나 다름없었다.

"내가 이상한 병이 있어 10여 년 이래로 조금도 회복될 기약이 없으 니, 곧 선조先朝의 진념軫念하시는 바였고, 만기를 수응酬應하기가 진실 로 어렵다. 세제는 젊고 영명하므로, 만약 청정하게 하면 나라 일을 의 탁할 수 있고, 내가 마음을 편히 하여 조양할 수가 있을 것이니, 대소의 국사를 모두 세제로 하여금 재단하게 하라."

경종이 영을 내렸다. 경종은 기이하게 대리청정 요구를 선선하게 승 낙했다. 대리청정을 윤허한다는 경종의 영이 내리자 조정이 발칵 뒤집했다.

"지금 전하께서는 즉위하신 지 겨우 1년이고 춘추가 한창이며, 또 병환이 없고 나라의 정사가 밀리지도 않았는데, 어찌하여 갑자기 이런 하교를 하십니까? 신 등은 비록 죽을지라도 감히 받들지 못하겠습니다."

승지 이기익, 남도규, 응교 신절, 교리 이중협이 일제히 반대했다.

"번거롭게 하지 말라."

경종이 짤막하게 말했다. 이기익, 남도규, 신절, 이중협이 다시 번갈아 반대했다.

"번거롭게 하지 말라."

경종은 같은 말을 되풀이했다.

"밤기운이 점점 싸늘해지니 옥체를 손상시킬까 두렵습니다. 신 등은 우선 물러가겠으나 잠자리에서 다시 깊이 생각을 더하시어 특별히 명령을 도로 거두신다면 인심을 진정시킬 수 있을 것입니다. 지금 대궐문이 이미 닫혔기 때문에 이처럼 고요하지만, 조정이 장차 반드시 함께 일어나서 힘써 다툴 것이니, 이렇게 된다면 온 나라의 인심을 수습할 수 없을 것입니다. 신 등은 비록 물러갈지라도 결코 명을 받들지 못하겠습니다."

신절 등이 아뢰었다. 김창집과 이건명은 경종으로 하여금 정무에서 손을 떼게 하려고 조성복을 사주했는데 같은 노론도 놀라서 당황했다. 이조판서 권상유는 큰 소리로 승정원에서 조성복의 상소를 배척하고 죄를 주라고 주장했다.

좌참찬 최석항은 소론이었다. 조성복의 상소 소식을 듣자 눈물을 흘리며 대궐로 달려 와서 입대를 청했다. 승정원에서 아뢰자 임금이 최석항에게 들어오라고 영을 내렸다. 이때 승지들과 홍문관 관리들도 최석항을 따라 입시했다.

"예로부터 제왕이 이와 같은 처분을 한 경우가 있었으나, 모두 인주人主의 춘추가 아주 많거나 혹은 재위한 지 이미 오래 되어 피로가 병이 되었거나 혹은 몸에 중한 병이 있을 때 만부득이해서 한 것입니다. 전하께서는 춘추가 겨우 30이시고 재위하신 지 1년이 안 되었습니다. 이른바 편찮으신 증세라는 것은 소변이 잦은 것에 불과한데, 이것이 어찌 중병이겠습니까? 즉위 원년에 갑자기 이런 하교를 내리심은 무엇 때문입니까? 전하께서 즉위하신 초기에 세제에게 부탁하시니, 어찌 선왕의 뜻에 어긋남이 있지 아니하겠습니까? 청컨대 빨리 대리청정 한다는 명을 거두소서."

최석항이 울면서 아뢰었다. 이기익, 남도규, 신절, 이중협도 다시 아뢰었다.

"내가 마땅히 생각해 보겠다."

경종이 영을 내렸다.

"이 일은 다시 생각하실 것이 없으니, 쾌히 따르심이 마땅합니다."

최석항이 아뢰었으나 경종은 따르지 않았다.

"전하께서 비록 한가로운 데로 나아가고 싶으시더라도 홀로 선대왕께서 부탁하신 뜻을 생각하지 아니하시겠습니까? 일에는 혹은 한 번 생각하여 결정할 것도 있고 혹은 두 번 세 번 생각한 뒤에 결정할 것도 있는데, 이 일은 한 번 생각으로 결정할 수 있으니, 어찌 세 번 생각하기를 기다리겠습니까?"

최석항이 다시 아뢰었다.

"중신이 누누이 진달하니, 그대로 시행하라."

경종이 마침내 대리청정을 거두겠다고 말했다.

"조성복은 죄가 중하니 파직에만 그칠 수 없습니다. 청컨대 먼 곳으로 물리쳐 보내는 벌을 내리소서."

최석항은 조성복을 귀양 보내라고 했으나 경종은 이를 허락하지 않았다.

연잉군은 상황을 주시하고 있었다. 대리청정의 영을 그대로 받아들이기가 어려웠다. 대리청정이나 선위의 명이 내릴 때 얼싸 좋다고 받아들이면 역적이 된다.

"나는 본래 분수를 지키며 살아가려고 했으나 자교慈教 가운데 있는, '효종의 혈맥이며 선왕의 골육이다.'라는 말씀 때문에 차마 거역하지 못하고 억지로 세제의 자리에 앉아 있는데 뜻밖의 하교를 받았으니 비록 죽는다 하더라도 선왕의 면전에 절할 수가 없다."

연잉군은 경종의 눈치를 살피다가 내시에게 자신이 대리청정을 원하고 있지 않다고 말했다. 그러나 그의 속내는 경종을 대신하여 정권을 잡는 것이었다. 노론 4대신이 대리청정 요구를 한 것은 그의 허락을 받았기 때문이었다. 그러나 최석항의 강력한 요구로 대리청정을 거두자 위기감을 느꼈다.

"대신이 어찌 한밤중에 입대할 수 있습니까?"

당황한 노론은 대신이 한밤중에 홀로 입대한 것이 옳지 않다고 반발했다. 그러한 노론의 분노가 두려웠는지 경종은 3일 만에 다시 연잉군에게 대리청정을 하라는 영을 내렸다.

"세제가 대리청정을 하는 것은 있을 수 없는 일입니다."

소론과 남인 대신들은 대리청정의 명을 받들 수 없다고 일제히 대궐 뜰에 꿇어 엎드렸다. 임금이 대리청정의 명을 내리면 일단 거부하는 것이 신하된 자들의 예의였다. 노론은 연잉군의 대리청정에 목숨을 걸었다.

"전하께서 고심 끝에 내린 결단인데 어찌 반대를 한다는 말입니까?"

김창집, 이건명, 이이명, 조태채 등 이른바 노론의 4대신은 대리청정이 훌륭한 결단이라고 연명상소를 올릴 준비를 했다. 연잉군의 대리청정을 기정사실화하려는 계책이었다.

"이 자들이 천하의 역적들이 아닌가? 우리가 반드시 대리청정의 영을 거두게 할 것이다."

소론도 잠자코 있지 않았다. 중외中外의 여론도 놀라고 분통하여 들끓었다. 좌참찬 최석항이 약방의 문안 때문에 입궐했다가 상소를 올렸다.

"지난밤에 여러 대신이 2품 이상과 삼사三司 신하들과 회의를 했습니다. 신이 '이 일은 비록 달을 넘기고 해를 지날지라도 받들어 순종할 리가 만무하다.'고 누누이 다투어 고집하였더니, 여러 대신이, '우선 차자箚子를 진달하여 대죄待罪하고 이어 입대를 청하여 진달하겠다.'고 했습니다. 그런데 대신이 차자에서, '정유년의 절목에 의하여 대리청정을 시행할 것을 청한다.'고 하였다 합니다. 아! 밤사이에 갑자기 소견을 바꾸어 같이 일한 신하와 의논도 하지 않고 이처럼 전에 없던 놀라운 거조를 하였으니, 신은 진실로 그 까닭을 알지 못하겠습니다. 엎드려 바라건대 성명成命을 빨리 거두어서 신인神人의 소망을 위로하소서."

승지 홍계적이 최석항의 상소를 받아들이려고 하지 않았다. 이광좌, 이태좌, 이조, 김연 등이 경종을 만나 대리청정을 거두게 하자고 주장하면서 '대감은 비록 사간원과 사헌부의 탄핵을 받았다고 하나, 이때를 당하여 보통 법에 구애될 수 없으니 대궐에 나아가 청대하여 죽음으로 힘써 다투는 것이 마땅하다.'고 조태구에게 말했다. 조태구가 그 말을 듣고 대궐로 달려왔다.

경종은 이때 창경궁에 있었다. 여러 신하들이 경종을 알현할 때는 모두 창덕궁에서 건양문建陽門을 지나 합문 밖으로 갔다. 조태구는 병이 심하여 걸을 수가 없어서 들것을 타고 큰 거리를 따라 창경궁 궐문 밖에 이르러 선인문宣仁門(창경궁의 작은 문)으로 들어가 사약방司藥房에 앉아 사람을 승정원에 보내 알현을 청했다. 이광좌 등은 금호문金虎門(창덕궁 서쪽 문)으로 들어가 알현을 청했다.

"조태구는 탄핵을 받았는데 어찌 알현을 청하는 것인가?"

홍계적은 조태구가 입시했다는 사실을 경종에게 알리지 않았다. 양사의 관리들이 대각臺閣에 나아갔다가 조태구가 입궐했다는 말을 듣자 먼저 유배를 보낼 것을 청했으나 그들의 계사가 경종에게 이르기 전에 경종이 사람을 보내 조태구를 불러서 만나겠다는 영을 내렸다. 경종이 이미 편전에 나왔으니 속히 입대하라고 하자 승지들이 당황하고 놀라 합문 밖으로 달려갔다.

대궐 안팎이 물 끓듯 했다. 김창집 등은 이미 차자를 올렸고, 조태채는 병을 핑계로 집으로 돌아갔다. 김창집이 이이명, 이건명과 함께 대리청정에 대한 규칙을 정하려다가 조태구가 입대한다는 말을 듣고 지름길로 내달려 합문에 이르렀다. 이윽고 2품 이상과 삼사三司의 여러 신하가 잇따라 도착하자 경종이 진수당進修堂에 나와서 대신들을 만났다.

영의정 김창집, 영부사 이이명, 좌의정 이건명, 우의정 조태구, 행 호조판서 민진원, 판돈녕 송상기, 행 좌참찬 최석항, 공조판서 이관명, 이조판서 권상유, 병조판서 이만성, 예조판서 이의현, 행 사직 이광좌, 청은군 한배하, 형조참판 이조, 강원 감사 김연, 예조참판 이집, 강화 유수 이태좌, 병조참판 김재로, 이조참판 이병상, 행 사직 이정신, 승지 홍계적, 한중희, 안중필, 유숭, 조영복, 사간 어유룡, 응교 신절, 장령 박치원, 교리 이중협, 지평 유복명, 정언 신무일, 황재 등이 입시했다.

"천만 뜻밖에도 대리청정 하교를 받들었으므로 신 등이 힘써 다투지 못한 죄는 만 번 죽어도 애석할 것이 없습니다."

영의정 김창집은 대리청정 영을 취소하게 하지 못한 죄를 아뢰었다.

"오늘 천안天顔을 뵐 수 있으니, 죽어도 한이 없습니다. 신은 하늘이 무너지는 듯한 놀라움을 견디지 못하여, 사생을 걸어 반드시 다투고자 감히 와서 청대하여 천의天意를 돌이키기를 바란 것입니다. 이는 신 한 사람의 말이 아니라 곧 온 나라 사람의 말입니다. 국가는 전하의 국가가 아니라 곧 조종의 국가입니다. 신이 살아서 무엇을 하겠습니까? 만일 대리청정을 취소한다는 명을 얻지 못하면 죽음이 있을 뿐이며, 청을 허락받지 못하면 감히 물러가지 않겠습니다."

조태구는 눈물이 흘러내려 옷깃을 적셨다. 임금이 대리청정 영을 내리면 신하들은 무조건 거절해야 한다. 정권을 다른 사람에게 주겠다는데 찬성을 하면 역적이 된다. 노론은 대리청정을 원했으나 여러 신하가 각각 차례차례 반복해서 대리청정을 취소할 것을 아뢰었다.

"어제의 하교는 차마 듣지 못할 것이 있었으나, 밤이 깊어진 뒤라 글로 다시 계달하기 어려웠고, 또 절차가 복잡하여 말하기 어려운 지경에 이를까 두려워 감히 청정을 거행할 뜻으로 차자를 올렸습니다. 이는 실로 부득이했기 때문이었습니다. 그런데 여러 신하가 명을 도로 거두기를 청하니, 신 또한 어찌 여러 신하와 다르겠습니까?"

김창집은 대리청정을 더 이상 주장할 수 없었다. 그는 여러 신하들이 원하면 따르겠다는 뜻으로 아뢰었다.

"선왕조 때도 여러 신하가 청하자 청정의 영을 거두었습니다. 전하께서는 어찌하여 이와 같은 도리를 생각하지 않으십니까?"

최석항이 아뢰었다.

"오늘의 일은 곧 대리하는 것입니다. 그런데 최석항과 김연은 곧 을유년의 일에 견주니, 인심이 놀라고 의혹하지 않겠습니까? 전후의 비망기를 도로 거둘 것을 쾌히 허락하신 뒤에야 물결처럼 흔들리는 온 나라의 마음을 진정시킬 수 있습니다."

김창집이 아뢰었다. 김창집은 대리청정을 거두라고 청하면서도 최석항을 비판했다.

"그렇게 하라."

경종이 마침내 대리청정 영을 거두었다. 대신들이 물러가고 승지와 삼사三司가 남았다.

"사간원에서 우의정이 탄핵을 무릅쓰고 들어와 청대한 잘못을 배척하여 계품啓稟을 허락하지 아니하였는데, 인견의 명이 갑자기 내렸습니다. 전하께서는 어디로부터 우의정이 들어오는 것을 알 수 있으셨는지요? 인군人君이 나라를 다스리는 방법에 어찌 안팎을 막음이 없으며 사사로운 길을 열어 둘 수가 있겠습니까? 들어와서 고한 사람을 명백하게 적발하여 영원히 후일의 폐단을 막고 여러 사람의 의혹을 풀지 않을 수 없습니다."

사간원의 홍석보가 아뢰었다. 홍석보는 임금이 최석항을 몰래 만난 것을 강경하게 비난하고 있었다.

"조태구는 대각臺閣에서 토죄討罪하는 날 감히 마음대로 궐문으로 들어와 조금도 돌아보거나 꺼림이 없었으니, 오늘날 나라의 기강이 비록 여지가 없다 할지라도 하루라도 나라가 있다면 그 방자한 행동을 일체 그대로 둘 수가 없습니다. 청컨대 먼저 멀리 귀양 보내소서."

어유룡, 박치원, 신무일, 황재 등은 조태구를 맹렬하게 비난했다. 경종은 이를 허락하지 않았다.

"조태구가 선인문으로 들어와서 청대하자, 승정원에서 대계臺啓가 바야흐로 한창이라고 하여 품달稟達을 허락하지 아니하였는데, 사알司謁이 입시하라는 일을 전교하였습니다. 무릇 신하의 접견은 승정원을 경유하는 것이 3백 년의 정규定規인데, 지금 대신은 어떤 사사로운 길로 몰래 들어왔는지 그 까닭을 알지 못하겠습니다. 이 길이 한 번 열리면, 비록 북문北門의 변變(기묘사화)이 있을지라도 막을 수가 없을 것입니다. 청컨대 승전색과 사알을 잡아들여 엄하게 조사하게 하소서."

어유룡이 아뢰었다. 어유룡은 조태구가 입궐할 때 길을 안내해 준 내시와 관련자들을 처벌하라고 요구했다.

"최석항이 경연석에서 진달하며 곧 오늘날 대리청정의 명을 을유년 전선傳禪의 일(숙종 35년 경종에게 선위를 하겠다고 한 일)로 지적함으로써 인심을 놀라게 하고 의혹하게 하는 계책으로 삼았으니, 그 마음에 있는 바를 참으로 헤아릴 수가 없습니다. 또 당초에 비망기는 깊은 밤에 내려졌는데, 최석항은 혹시라도 다른 사람이 같이 들어갈까 두려워하여, 대신이 바야흐로 나아가는데 앞질러 들어가서 혼자 독대하여 여러 신하가 힘써 다투는 길을 거꾸로 막고 자기가 혼자 일을 처리한 자취를 자랑하려고 하였습니다. 청컨대 관작을 삭탈하여 문외출송하소서."

박치원이 아뢰었다. 그들은 대리청정을 결사적으로 반대한 최석항, 조태구를 맹렬하게 비난했다. 그러나 경종은 최석항과 조태구에게 죄를 묻지 않았다.

노론은 소론에 의해 대리청정이 무산되자 이를 갈았다. 그들은 어떻게 하던지 소론을 몰아내려고 절치부심했다. 소론도 노론의 4대신에게 반발하여 대립이 갈수록 격화되었다. 해가 바뀌자 흉년이 들어 경종이 구언求言(임금이 신하의 바른말을 널리 구하는 것으로 이때는 어떤 말을 해도 처벌을 받지 않는 면책 특권이 있다)을 하게 되었다. 소론은 절호의 기회가 왔다고 생각했다.

"이건명과 조태채 및 양사의 여러 추한 무리들이 허둥지둥 달려와서 혹은 차자로 혹은 상소로 진달하였고, 이건명은 또 제멋대로 청대하여 당괴黨魁의 벼슬을 반드시 회복하게 하였습니다. 지난해 시골의 한 미천한 자가 선왕께서 정무를 놓으실 것을 상소로 청하자, 국청을 베풀어 형벌로 죽였습니다. 지금 조성복은 벼슬이 대간에 있고 사흉四凶은 지위가 정승의 자리에 있으면서 상소로 시험하고 차자로 끝을 맺었습니다. 전에는 죽였으나 지금은 편안히 있으니, 엄한 법과 형벌이 어찌 가난하고 천한 자에게만 베풀고 권세가 있는 자에게는 시행되지 않는 것입니까?"

소론계의 사직司直 김일경, 박필몽, 이명의, 이진유, 윤성시, 정해, 서종하 등이 일제히 상소를 올렸다. 김일경 등은 노론 4대신을 4흉이라고 지적하여 조정을 발칵 뒤집어 놓았다.

"진언한 것을 내가 깊이 가납한다."

경종이 상소에 대해 답을 내렸다. 노론은 김일경 등이 4대신을 4흉이라고 몰아세우자 뒤통수를 한 대 맞은 듯한 기분이었다. 이는 애초부터 죽기 아니면 살기로 노론 4대신을 찍어 낼 작심을 하고 달려든 것이었다.

"김일경의 상소는 가리킨 뜻이 흉참_{凶慘}하여 네 대신을 해치고자 하는데 있을 뿐만이 아닙니다. 저들이 비록 차자를 올린 대신에게 죄를 줄 것을 청하였으나, 그 노한 눈매와 물어뜯으려는 이빨이 과연 단지 차자를 올린 한 가지 일에만 있겠습니까? 청컨대 엄하게 다스려 간사한 싹을 끊어 없애고 형벌을 쾌히 베풀어 나라 일을 다행하게 하소서."

노론의 승지 신사철, 이교악, 조영복, 조명겸 등이 아뢰었으나 경종은 오히려 역정을 냈다.

"나의 천심_{淺深}(속마음)을 엿본다."

경종은 벌컥 화를 낸 뒤에 승지들과 삼사를 모조리 파직하고 김일경에게 이조참판을 제수했다. 이어 노론의 4대신을 파직하여 김창집은 거제부에, 이이명은 남해현에, 조태채는 진도군에, 이건명은 나로도_{羅老島}로 유배를 보내고 다른 노론 세력도 삭직, 문외출송을 하거나 귀양을 보냈다.

경종은 하룻밤에 노론을 몰아내는 결단을 내려 조정을 경악하게 했다.

경종은 노론을 몰아내고 소론 정권을 세웠다. 영의정에 조태구, 좌의정에 최규서, 우의정에 최석항이 임명되었다. 병약한 경종을 얕보고 방심하던 노론이 날벼락을 맞은 것이다. 노론 계열의 대신들이 줄줄이 파직되면서 정국은 건잡을 수 없는 회오리에 휩쓸렸다.

주상께서 즉위하신 이래 조용하여 말이 없고 묵묵히 관망했다. 신료를 가까이하여 더불어 수작하지 아니하고 많은 신하들의 요구를 모두 허락하니 흉당凶黨이 업신여겨 두려워하고 꺼리는 바가 전혀 없었으므로 궐 밖에서는 근심하고 한탄하며 질병이 있는가 염려했다. 그런데 이에 이르러 하룻밤 사이에 건단乾斷(하늘을 절단할 정도로 과단성 있게 다스림)을 크게 휘둘러 흉악한 무리들을 물리쳐 내치니, 천둥이 울리고 바람이 휘몰아치며 하늘과 땅이 뒤집히는 듯했으므로 신하들이 비로소 주상이 덕을 숨기고 있음을 알았다.

사관이 경종에게 내린 평가다. 사관들조차 경종이 노론 4대신을 응징한 것을 쾌거로 여기고 있었다. 이를 신축년에 정국이 바뀌었다고 하여 신축환국辛丑換局이라고 부른다. 노론은 숙종 말년부터 경종 때까지 정권을 잡고 있었으나 한순간에 몰락하고 말았다. 그러나 사건은 이것으로 그치지 않았다. 해가 바뀌자 목호룡이 노론 대신들이 경종을 시해하려고 했다고 고변하여 피바람을 불러 일으켰다. 그는 삼급수설三急手說을 제기하여 조정을 발칵 뒤집어 놓았다. 삼급수설은 대급수大急手(칼로 시해), 소급수小急手(약으로 독살), 평지수平地手(음모로 폐출)를 일컫는 것이었다. 임금을 시해하는 방법까지 노골적으로 언급한 목호룡의 고변은 정국을 긴장시키기에 충분했다. 경종은 즉시 국청을 설치하고 김일경에게 조사를 맡겼다.

"사흉을 제거하지 않고 어찌 바른 정사를 펼 수 있겠습니까?"

소론의 박필몽 등이 즉시 노론 4대신을 처벌할 것을 주장했다. 경종이 따르지 않자 벌떼처럼 들고 일어나 경종을 압박했다. 경종은 마침내 그들을 사사하라는 영을 내렸다.

목호룡의 고변 사건으로 노론의 4대신이 사사되고 노론의 핵심 인물 20여 명이 처형되었다. 소론 강경파가 국청을 열어 이들을 처단했다. 김일경의 가혹한 취조로 국청에서 곤장을 맞아 죽은 사람도 20여 명이나 되었고 부녀자 9명은 스스로 목숨을 끊었다. 목호룡의 고변 사건은 임인옥사王寅獄事로 확대되어 죽은 사람이 70여 명에 이르고 연루된 자가 173명에 이르렀다.

조영순의 할아버지 조태채는 오로지 연잉군을 지지하다가 죽음을 당한 것이다. 신임의리는 연잉군을 위하여 죽은 노론 대신들에게 의리를 지키는 것이다.

'그때 내 목숨이 경각에 달려 있었지.'

영조는 목호룡의 고변을 생각할 때마다 등줄기가 서늘해져 오고는 했다. 소론은 연잉군을 노골적으로 거론하지 않았으나 그를 죽이기 위해 여러 가지 방법을 동원했다. 내시가 그를 암살하려는 일도 일어났다. 그는 대비인 인원왕후의 처소로 달아나 가까스로 목숨을 건질 수 있었다. 김씨 성을 가진 궁녀가 경종의 음식에 독을 탔다는 주장이 제기되기도 했다. 삼사에서는 이를 철저하게 조사할 것을 요청했으나 경종은 대궐에 그런 궁녀가 없다는 이유로 조사를 거부했다.

이로부터 얼마 지나지 않아 경종은 갑자기 병이 악화되어 36세의 일기로 승하했다.

영조는 가까스로 즉위하여 조선을 다스리게 되었다. 그가 즉위하면서 노론 4대신은 복권되었고 소론은 철퇴를 맞았다.

노론은 영조를 지지하다가 많은 사람들이 목숨을 잃었고 영조는 그들에게 빚이 있다고 생각했다.

　영조는 때때로 이복형인 경종을 생각했다. 경종은 세자시절부터 심각한 병을 앓고 있었다. 그가 세자로 있을 때 폐위를 해야 했으나 임금으로 즉위를 하는 바람에 격렬한 당파 싸움의 원인이 되었던 것이다. 영조가 죽고 세자 이선이 즉위를 하면 어떻게 될까. 어쩌면 조정이 피바람을 부르는 당쟁에 휘말릴지 모른다고 생각했다.

　'세자를 폐위하는 것이 옳은가?'

　영조는 때때로 그런 생각을 했다. 그러나 병을 갖고 있는 자식에 대한 아버지의 안타까움이 주저하게 하고 있었다.

3장

아들아,
어찌하여 이렇게
되었느냐?

백성의 죄가
나의 죄다

조계는 원래 상참이 끝난 후에 조정 대신들이 임금에게 국사를 아뢰는 정규 회의다. 상참 의식이 끝나면 국사를 아뢸 관원들은 사관과 함께 전내殿內에 들어가 부복俯伏하고 차례로 국정을 보고한다. 임금은 조회가 끝나면 육조나 의정부, 승정원 등에서 올린 문안文案(보고서)을 살핀다. 외방의 관찰사나 수령들이 올린 보고서도 살핀다. 상소를 읽는 것도 이때의 일이다.

때때로 재판도 한다. 역모 사건은 친국을 하지만 일반적인 형사사건은 삼복三覆(삼심재판)을 한다. 그러나 세자에게 대리청정을 맡겼기 때문에 많은 서류들이 소조小朝(대리청정하는 세자)에게 간다.

영조는 문안이 올라올 때를 기다리다가 불현듯이 그 사실을 깨닫고 경현당으로 나갔다. 경현당에서는 초복初覆(일심재판)이나 삼복을 한다. 임금은 일반적으로 심복을 하고 판부判付(판결문)를 내린다. 판부는 재판에 대한 최종 판결로 형조에서 올린 결안을 그대로 확정하거나 재판을 다시 하라거나 부생傅生(사형을 면하여 살려주는 것)을 결정한다. 임금의 판부는 대법원 판례와 같은 역할도 한다. 임금이 생사여탈권을 갖고 있다는 것은 사형수를 사형에 처하거나 감사減死(사형에서 1등을 면하여 유배), 면사免死(죽음을 면해 주는 것)를 결정하는 것을 일컫는다.

편전에서 경현당으로 가는 길에는 낙엽이 자욱하게 떨어져 있었다. 여기저기서 내시들이 낙엽을 쓸고 있었다.

'벌써 겨울이구나.'

영조는 나뭇잎이 모두 떨어진 대궐의 뜰을 살피면서 마음이 심란했다. 영조의 연輦(가마)이 가는 길에 있던 내시와 궁녀들이 일제히 허리를 숙이고 머리를 조아렸다.

영조가 경현당으로 나가자 세자와 이천보, 형방승지 등이 황급히 따라 들어왔다. 영조는 재판을 할 때 항상 세자를 불렀다.

예전부터 형벌을 제정하는 데에는 모두 그 법이 있으니, 법외의 형벌은 혹 한때에 쾌한 것을 취할지라도 마침내 선왕께서 삼가고 불쌍히 여기신 뜻에 어그러진다. 내가 이미 압슬형을 없앴고 또 포도청의 전주뢰형을 없앴다. 이제는 낙형이 남았을 뿐이고 지난 번 친국 때에도 구습에 따라 썼으나, 육형肉刑과 태배笞背는 오형五刑의 하나인데도 한제漢帝와 당종唐宗이 오히려 없었는데, 더구나 오형에도 없는 형벌이겠는가? 아! 의금부는 영구히 낙형을 없애고 항령恒令으로 삼으라.

영조는 가혹한 형벌인 압슬형과 주리, 불로 지지는 낙형을 영구히 금지했다. 영조는 사람의 목숨이 달린 형사사건에 지대한 관심을 기울여

십악대죄를 지은 죄수들이 아니면 항상 사형수를 감면하려고 했고 세자를 재판에 참여하여 배우게 했다.

"상서로운 일에는 부르지 않고 오로지 재판이나 형륙을 시행하는 일에만 부르셨다."

혜경궁 홍씨는 영조가 세자 이선을 재판에 참여하게 하는 것을 마땅치 않아 했다.

"옷을 갈아입으라."

영조가 세자에게 영을 내렸다. 문득 예조판서를 지낸 김상성의 얼굴이 떠오른 것이다. 영조가 하루는 재판을 하는데 법복을 입지 않았었다. 그러자 예조판서 김상성이 나아가 아뢰었다.

"죄수를 재판하는 중대한 일인데 전하께서 상례복常例服을 입지 않으셨으니, 이것은 후대에 모범을 보이는 것이 아닙니다."

영조가 깜짝 놀라 세자와 함께 안으로 들어가서 옷을 갈아입고 나왔다. 영조는 그 뒤 10여 년이 지나도 그때 일을 잊지 않았다.

"죽은 판서 김상성이 나를 깨우친 것을 결코 잊을 수 없다. 세자도 명심하라."

영조가 세자 이선에게 말했다. 이선은 무엇을 생각하는지 우두커니 허공을 쳐다보고 있었다. 영조의 굵은 눈썹이 꿈틀했다.

"알아들었느냐?"

영조가 언성을 높여 소리를 질렀다. 세자는 당황하여 우물쭈물하고 있었다.

"대체 정신을 어디에 놓고 있는 것이냐?"

영조가 다시 버럭 소리를 질렀다. 세자는 더욱 당황하여 어찌할 줄을 모르다가 눈물을 흘리기 시작했다.

'사내가 어찌 이리 나약한가?'

영조는 속으로 혀를 찼다.

'아아 이 아이가 보위에 오르면 늙은 여우와 범처럼 사나운 대신들을 어떻게 상대할 것인가.'

문득 영조는 세자 이선과 며칠 전에 나누었던 말이 떠올랐다. 이선은 갑자기 사람을 죽여 대궐을 발칵 뒤집어 놓았다.

"어찌하여 사람을 죽이느냐?"

영조가 이선을 불러 부드럽게 물었다.

"심화가 나면 견디지 못하여 사람을 죽이거나 닭 같은 짐승을 죽여야 마음이 풀립니다."

세자가 두려워하면서 대답했다.

"어찌하여 그러하냐?"

"마음이 상하여 그러하옵니다."

"어찌하여 마음이 상하였느냐?"

"대조께서 사랑치 않으시므로 슬프고, 꾸중하시기로 무서워서 화가 되어 그러하옵니다."

"내 이제는 그리 하지 않으리."

영조는 그때 이선에게 야단을 치지 않겠다고 말했었다. 그러나 그때뿐이고 영조는 자신도 모르게 언성이 높아져 세자를 벌벌 떨게 했다.

"에이."

영조는 화를 벌컥 내고 경현당 대청으로 나갔다. 바람이 일기 시작하는 것일까. 경현당 뒤꼍에 있는 앙상하게 헐벗은 후박나무 가지에서 잉

잉대는 바람소리가 들렸다.

형조에서 올라온 재판은 고원군의 열녀인 전덕수의 아내 윤소사 사건이었다. 윤소사는 고원군 쌍산리의 상발산에서 살다가 전덕수의 후처가 되었다. 집안이 가난하여 밭머리에 움막을 짓고 참외를 팔아서 입에 풀칠을 했다.

두 달 전인 9월에 고원군 양천사의 승려 간상簡相이 전덕수가 출타하자 방에 들어와서 윤소사를 끌어안고 겁간하려고 했다. 윤소사가 칼을 가지고 피를 흘리면서 싸웠다. 간상은 윤소사가 칼을 들고 완강하게 저항하자 뜻을 이룰 수 없다는 사실을 깨달았다. 그는 윤소사를 포기하고 방밖으로 나가려고 했다. 그러자 윤소사가 옷자락을 잡고 큰 소리로 외치면서 남편 전덕수를 불렀다. 이에 간상이 낫으로 윤소사의 손과 팔, 가슴을 마구 찔러서 마침내 죽음에 이르렀다. 간상도 부상을 당했기 때문에 즉시 체포되었다. 형조참의가 윤소사 살인사건의 문안을 읽자 형조판서와 영조가 탄식했다.

"간상은 포악하고 윤소사는 장렬하다."

형조참의가 문안을 다 읽자 영조가 탄복하여 말했다. 임금이 하는 재판은 모두 서류로 대신한다.

"해도에서 사형을 판결하였고 형조에서도 사형을 판결했습니다."

형조판서가 아뢰었다.

"세자는 어찌 보느냐?"

영조가 이선을 쳐다보지도 않고 물었다.

"양녀를 겁간하려다가 죽음에 이르게 했으나 윤소사도 칼을 들고 싸웠습니다. 간상이 흉측한 뜻을 이루지 못하게 되어 도망을 가려 할 때 윤소사가 이를 잡고 황급히 남편을 부르면서 소리를 질렀습니다. 간상은 당황했고 윤소사는 도망가는 간상을 잡았습니다. 간상은 윤소사를 뿌리치고 도망하기 위해 더욱 맹렬하게 찌르게 되었습니다. 이로 인하여 윤소사가 죽었습니다. 간상에게 윤소사를 죽일 생각은 애초에 없었던 듯합니다."

이선은 나름대로 정리하여 영조에게 아뢰었다.

"허면 어찌 판부를 내리겠느냐?"

"1등을 감하여 형률을 적용하는 것이 어떠하옵니까?"

세자 이선이 머리를 조아렸다. 영조가 사람을 살리는 것을 좋아하기 때문에 1등을 면해주자는 것이다.

"중 간상은 두 가지 죄를 지었다. 그 하나는 정조를 훼손하려고 했는데 이는 일률 一律(사형)로 다스려야 한다. 또 하나는 윤소사의 목숨을 끊은 것이니 이도 일률의 죄다. 두 가지가 모두 일률의 죄인데 어찌 감사를 한다는 말이냐?"

영조가 노기를 띠고 이선을 노려보았다. 이선은 움찔했으나 머리를 조아렸다. 이선이 사형을 시켜야 한다고 했으면 영조는 간상을 살려주었을 것이다.

"판서는 어찌 보는가?"

"신의 어리석은 소견으로는 사형에 처해야 마땅할 듯하옵니다."

"그렇다. 중 간상이라는 놈을 사형에 처하라. 이놈은 명색이 승려로 도를 닦는 자가 이와 같은 죄를 지었으니 살려주는 법을 논할 수가 없다. 윤소사의 정렬은 나도 모르게 늠연해진다. 함경도 관찰사로 하여금 절개를 행한 곳에 비석을 세워 정절과 기개를 널리 알리게 하고 고원군으

한중록. 1795년 혜경궁 홍씨가 지은 회고록으로, 모두 4편으로 되어 있다. 이중에서 제4편은 사도세자가 당한 참변의 진상을 폭로한다. 홍씨는 사도세자를 죽인 뒤주의 착상은 영조에 의한 것이지, 그의 아버지인 홍봉한의 머리에서 나온 것이 아니라고 주장한다.

로 하여금 특별히 제사를 지내 넋을 위로하게 하라."

영조가 영을 내렸다.

"초복을 행하라."

영조가 형방승지에게 지시했다. 영조의 지시에 형방승지가 부리나케 움직이기 시작했다. 임금은 대개 삼복을 행하는데 영조가 뜻밖에 초복을 하라는 영을 내린 것이다. 형방승지는 내시에게 일러 즉시 초복 공안供案(재판서류)을 가져 오라고 지시했다. 영조와 세자 이선이 양정합으로 옮겨 좌정했다.

"서연書筵에서 강할 책자『논어』,『맹자』,『중용』을 품의稟議하되『집주集註』를 제외하기를 청하옵니다."

이천보가 초복 공안이 올 때까지 기다리다가 아뢰었다. 서연은 세자가 학문이 높은 대신들과 학문을 하는 것을 말한다.

"그렇게 하라."

영조가 눈살을 찌푸리고 있다가 고개를 끄덕거렸다. 세자 이선은 묵연히 고개를 떨어트리고 있었다.

왕은
변덕이 심하다

이선은 영조의 얼굴을 우러러 보지 못했다. 언제부터인가 눈을 마주치지 못했다. 임금의 용안은 누구도 바라보아서는 안 된다. 그러나 재상들이나 내시, 노상궁들은 항상 용안을 우러러 본다. 왕비와 후궁도 임금의 용안을 보고 왕자나 공주도 임금의 용안을 본다. 왕자나 공주는 임금의 가족인 것이다.

'아버지는 나와 눈이 마주치는 것을 싫어한다. 그러니 눈만 마주치면 야단을 치는 것이 아닌가?'

이선은 영조와 눈을 마주치고 싶지 않았다. 눈이 마주치면 무엇인가 난처한 질문을 할 것 같아 다른 곳을 보았다. 그러다보니 영조가 무슨 말을 하는지 알아듣지 못할 때가 많았다. 영조는 그럴 때마다 이선이 정신을 팔고 있다고 더욱 화를 냈다.

세자빈 홍씨도 이제는 지아비인 그를 무능한 인물, 이상한 사람으로 취급하고 있었다. 생모인 영빈 이씨와 누이인 화완옹주도 그를 싫어했다. 이선은 화완옹주를 생각하자 눈에서 불이 일어나는 것 같았다. 화완옹주도 문녀처럼 그를 모함하고 있다고 생각했다.

몇 년 전에 초복을 하던 일이 떠올랐다. 첫 번째 사건은 산음현山陰縣의 승려 취현就玄이 살인을 한 사건이다. 승지가 취현의 초검 발사를 읽었다.

"사형을 감면하여 유배를 보내라."

영조가 공안을 살피고 영을 내렸다. 승려 취현의 재판은 영조의 결정으로 판결이 내려졌다. 승지가 두 번째 사건의 공안을 읽었다.

"평양부의 살옥 죄인 김득엽은 술이 취하여 남과 싸우다가 그 사람의 세 살 된 딸을 마당으로 던져서 죽였는데, 여러 신하들이 다 법으로는 사형에 이르지는 않으나 정상은 용서할 수 없다고 하였다. 네 뜻은 어떠하냐?"

영조가 가만히 듣고 있다가 세자에게 물었다.

"소자가 어찌 전하 앞에서 아뢸 수 있겠습니까?"

세자가 긴장하여 대답했다. 이천보는 세자가 무슨 답변을 할지 몰라 눈을 들어 바라보고 있었다.

"네가 대리청정을 하고 있는데 어찌 모른다는 말이냐?"

영조의 언성이 높아졌다.

"그 공안을 살피건대, '각覺'이라는 한 글자가 있으니, 취중에는 깨닫지 못하였다가 술이 깨고 나서야 놀라 깨달았다는 것을 짐작할 수 있습니다."

"그것이 무슨 말이냐?"

"김득엽이 세 살 된 아이를 죽게 한 것은 술 때문으로 본의가 아니었다는 뜻입니다."

"각이라는 글자를 끄집어 낸 것이 착하다. 맹자가 '사람을 죽이기를 좋아하지 않는 자가 일통一統할 수 있다.' 하였다. 우리나라는 이로부터 길이 이어질 것이다. 참작하여 유배를 보내라."

영조가 영을 내렸다. 영조는 재판을 하면서 사형을 선고하는 것을 싫어했다. 그러나 사형을 면해 주려면 합리적인 이유가 있어야 하는데 이선이 찾아낸 것이다. 그날의 초복은 무난하게 계속되었다. 이선은 다행히 다른 날과 달리 공안을 제대로 살피고 판부도 사리에 합당하게 내리고 있었다.

"장령 권해가 일흔 살이 되었습니다."

양정합에서 초복이 끝나자 이선이 아뢰었다. 영조도 70세가 가까워졌으므로 노인들을 우대하는 것이 좋다.

"자급資級을 올려주라."

"예. 호조참판 홍중징도 일흔 살이 넘었습니다."

"그를 발탁하여 지중추부사로 삼으라."

영조가 잇달아 영을 내렸다. 영조는 재판을 중요하게 생각했다. 양정합에서 초복이 끝나자 세자에게 시민당에서 삼복을 행하라고 영을 내리고 승전색에게 살펴 보고하라고 지시했다. 세자 이선은 시민당으로 자리를 옮겨 삼복을 실시했다.

"초복 때에 대조께서 형벌을 삼가라고 하신 하교가 정녕하고 간절하셨으니, 대신과 여러 신하들은 유의해서 한 사람이라도 살릴 자를 찾아야 성의를 우러러 본받을 수 있을 것이다."

세자가 대신들에게 영을 내렸다.

"신은 하령下令(세자의 지시)을 듣고 우러러 공경하는 마음을 금하지 못하겠습니다. 저하께서 성의를 우러러 본받으시는 마음을 모르는 것은 아니지만, 살필 만 한 자는 대조께서 이미 살피게 하셨고 남은 것은 얼마 되지 않으니, 살릴 만 한 자를 찾기 어려울까 염려될 뿐입니다."

좌의정 김상로가 세자에게 아뢰었다. 진해의 죄인 김무재, 순천의 죄인 김유세, 이천의 죄인 김호원, 평양의 죄인 서와달은 모두 율律(법)에 의거하여 사형에 처하게 했다. 그들에 의해 사형을 면하게 해주고 싶어도 율문律文(법 조항) 때문에 은전을 베풀 수 없었다.

"공주의 죄인 이육손은 특별히 참작하여 처치하라."

세자가 영을 내렸다. 이육손은 영조가 관심을 갖고 있는 죄수였다. 영조가 온정溫井(온천)에 거둥한 뒤에 호서 백성에게 두 말의 쌀을 주라고 명하였는데, 이육손은 이보里保로서 쌀을 나누어 주지 않고 도리어 요구하는 자를 죽였었다. 증거가 이미 갖추어져 의심할 만한 내용이 없었다.

"내가 온정에 거둥하였기 때문에 이 살인이 있었다."

영조는 초복 때에 이육손을 사형에 처하지 못하겠다고 했다. 이는 자신 때문에 살인이 일어났으니 자신이 죄인이라는 것이다. 영조는 행차를 할 때도 백성들에게 민폐를 끼치지 않으려고 노력했다.

"신이 참작하여 처분하겠습니다."

세자는 마침내 이육손을 감사 처분했다.

바람소리가 점점 사나워지고 있다. 마치 황천의 음산한 골짜기에서 들려오는 것처럼 바람소리가 귀에 거슬렸다.

승지가 공안을 가지고 오자 초복이 실시되었다. 조선에서는 매일 같이 살인사건이 발생했다. 술에 취해 시비를 걸다가 죽이고, 부부싸움을 하다가 발길질을 하여 죽이고, 산소 때문에 싸우다가 죽이고, 논에 물을 대기 위해 싸우다가 죽이고, 천민이 인사를 하지 않는다고 때려죽이는 양반도 있었다.

이선의 초복에는 소조의 궁관들이 대거 참여했다. 대리청정을 하는 소조는 작은 조정이기 때문에 관리들이 배치되었는데 이들을 궁관이라고 불렀다. 소조의 사관 임덕제도 배석하여 기록을 했다.

이선은 대부분의 살인사건에 부생을 적용했다. 부생은 사형수에게 1등을 감하여 살려주는 것을 말한다. 특히 피해자의 가족들이 격쟁이나 격고를 한 사건은 세밀하게 살펴서 임덕제와 상의하여 판부를 내렸다. 격쟁이나 격고는 임금이 행차하는 길목에 기다리고 있다가 징이나 북을 쳐서 억울한 일을 호소하는 것이다. 영조가 각별하게 신경을 쓰기 때문에 세밀하게 살피지 않으면 안 되었다.

영조는 이선이 처리한 사건에 대하여 별다른 질책을 하지 않았다.

이선의 재판이 크게 책을 잡을 일이 없어서 만족했다.

영조는 이선에게 대리청정을 맡겼으나 불안했다. 이선이 날이 갈수록 병증이 심해지고 있었다. 궁녀들과 내시들을 매질하고 걸핏하면 궐 밖을 나가 유흥에 몰두했다. 모두 병 때문이었다. 약방에서 매일 같이 진찰했으나 도무지 차도가 없었다. 화증이 일어나고 울증이 번갈아 나타났다. 최근에는 좀처럼 문안을 오지도 않았다. 영조는 이선을 볼 때마다 짜증이 났다. 아들인데 점점 사이가 벌어지고 있었다.

'세자의 병은 고칠 수 없는 것인가?'

영조는 편전에 앉아 깊은 한숨을 내쉬었다.

아버지가 무서운 아들

세자빈 홍씨는 시민당 쪽을 바라보다가 지그시 눈을 감았다. 오늘도 임금이 세자 이선을 초복에 시좌하게 하고 삼복을 하게 했다. 다행히 초복이나 삼복에서 영조가 책을 잡지 않아 무사히 끝이 났다. 아버지인 영조로부터 책을 잡히지 않은 이선은 안정을 찾을 것이다.

왕의 하루가 시작되었으나 세자빈 홍씨는 오늘 하루를 어떻게 보내야 할지 막막하고 불안했다. 대조와 소조는 하루를 다른 곳에서 시작한다. 소조는 임금을 대리하여 정사를 보기 때문에 임금과 같은 방법으로 하루를 시작한다. 아침에 일찍 일어나 세수를 하고 의관을 정제한 뒤에 정사를 볼 준비를 한다. 전날의 승지와 내시, 별장들이 들어와 밤새 대궐에 이상이 없었다는 사실을 보고하고 임금의 상참에 대신하는 작은 상참을 받는다. 상참이 끝나면 정사를 본 내용을 승지를 시켜 임금에게 보고한다. 조계를 받고 재판을 하는 일도 소조의 몫이다. 소조나 왕세자의 하루는 상참이 없을 때 서연으로 시작된다. 대신들과 학문을 읽고 그에 대해 토론한다.

이선은 오래전부터 서연을 열지 않았다. 겉으로는 병 때문이라고 했으나 공부에 그다지 관심이 없었다. 영조는 그런 이선을 점점 멀리하게 되었고 걸핏하면 야단을 쳤다.

영조는 화평옹주와 화완옹주를 만날 때면 으레 밖에서 입던 옷을 갈아입었다. 그러나 세자를 만날 때는 친국이나 형륙을 시행하고 돌아온 뒤에 옷을 갈아입지 않고 그대로 불렀다.

"밥 먹었느냐?"

영조는 이선을 쏘아보며 건성으로 물었다.

"예."

이선이 조심스럽게 대답했다. 영조는 이선의 대답을 들은 뒤에 귀를 씻었다. 마치 들어서는 안 될 말을 들은 것 같은 영조의 행동을 이해할 수 없었다. 이선은 영조의 그런 모습을 보면서 불안해했다. 이선에게 대리를 하게 한 뒤에는 더욱 자주 책을 잡았다. 상소문이 올라와 이선이 영조에게 아뢰면 다짜고짜 질책을 했다.

"그만한 일도 스스로 결정하지 못하고 나를 번거롭게 하니 대리를 시킨 보람이 없다."

영조는 이선을 차갑게 쏘아보면서 비난했다. 상소가 올라와 이선이 스스로 결정을 내리면 또 질책을 했다.

"그런 일을 알리지도 않고 어찌 함부로 혼자 결정하느냐?"

영조는 이선이 상소를 보고 이렇게 해도 질책하고 저렇게 해도 질책했다. 영조의 질책은 도무지 종잡을 수가 없었다.

"대체 나보고 어찌하라는 것이냐?"

이선은 동궁으로 돌아오자 불같이 역정을 냈다. 영조에게 질책을 당한 화풀이를 궁녀나 내시들에게 했다. 영조는 이선을 보기만하면 신경질적으로 소리를 질러서 이선을 안절부절못하게 했다. 심지어 가뭄이 들거나 홍수가 나서 흉년이 들어도 이선을 책망했다.

"세자에게 덕이 없어 하늘이 노한 것이다."

영조의 말은 비수가 되어 이선의 가슴을 찔렀다. 모든 것이 이선의 잘못이었다. 이선은 날이 흐리거나 비가 오고 천둥번개가 몰아치면 영조에게 꾸중을 들을까봐 전전긍긍했다. 이선은 점점 병이 깊어갔다. 환청을 듣고 망상에 시달렸다.

하루는 홍씨가 이선의 방에 들어가자 황급히 책을 감추었다.

"무슨 책이옵니까? 신첩에게도 보여주시옵소서."

홍씨가 이상하여 물었다.

"『옥추경玉樞經』이다."

이선이 마지못해 책을 내놓았다.

"『옥추경』이 무슨 책입니까?"

"이 책을 읽고 공부를 하면 귀신을 부린다고 한다."

이선은 『옥추경』과 같은 잡서를 읽고 잡설에 빠져 들었다. 『옥추경』은 도교에서 악귀를 쫓을 때 읽는 경문이었다. 그러다가 『옥추경』의 옥추라는 글자를 두려워하고 우레 뇌雷, 벽력 벽霹자까지 무서워했다. 『옥추경』을 읽은 뒤부터는 천둥번개가 치면 귀를 틀어막고 바닥에 엎드려 벌벌 떨었다.

이선은 동궁전 소주방燒廚房(대궐의 주방) 뒤채를 고요하다고 하여 자주 그곳에 가서 머물렀다. 동궁전의 궁녀나 내시들은 그 집을 광한당이라고 불렀다. 광한당이나 광한전, 광한루는 모두 이승에 있는 집이 아니라 저승에 있는 집이다. 궁녀와 내시들이 이선이 있는 곳을 그렇게 부른 것은 무엇인가 음산한 것을 느꼈기 때문이었다.

동궁전 소주방은 경종의 생모 장희빈이 살았던 취선당을 개조하여 만든 집이다. 인현왕후가 복위되고 장희빈이 다시 빈으로 강등되자 그곳에 거처하면서 무당을 동원하여 인현왕후와 숙빈 최씨를 저주하다가 숙종에게 발각되어 사약을 받은 곳이었다. 장희빈은 사약을 먹지 않으려고 발버둥을 쳐서 숙종이 강제로 입을 벌리고 떠넣게 했다. 장희빈의 저주와 한이 서린 집이었다.

'저하께서 하필이면 그 집을 자주 찾아가시니….'

취선당은 불길한 곳이었다. 홍씨는 취선당을 개조하여 동궁전 소주방으로 쓰는 것도 마땅치 않았으나 이선이 취선당에 딸린 광한당에 자주 가는 것도 마땅치 않았다. 그곳은 담이 허물어지고 마당에 초목이 무성하여 아무도 거처하지 않는 곳이었다. 이선은 그곳에 지내면서 세수도 하지 않고 옷도 함부로 입어 꼴이 말이 아니었다.

'저하에게 귀신이 씌운 것인가?'

홍씨는 취선당의 귀신이 이선을 괴롭히는 것이 아닌가하고 생각했다.

"어머님, 할바마마께서 오십니다."

홍씨가 동궁전의 서온돌에 앉아 있는데 청연군주가 대청으로 뛰어올라오면서 소리를 질렀다. 동온돌은 이선의 처소고 서온돌은 홍씨의 처소다. 청연군주는 이선과 홍씨의 딸이다.

"할바마마?"

홍씨는 깜짝 놀라 벌떡 일어났다. 다른 때 같았으면 군주의 처신을 하지 않고 경망하게 뛰어다닌다고 야단을 치겠지만 할바마마가 온다는 말에 정신이 번쩍 든 것이다. 홍씨는 황급히 서온돌에서 나와 동궁전 마당으로 나갔다.

"대조께서 오시느냐?"

동궁전 궁녀와 내관들이 황급히 뛰어다니는 것을 보고 홍씨가 소리를 질렀다.

"시민당으로 향하셨습니다."

동궁전의 최상궁이 머리를 조아려 아뢰었다. 홍씨는 최상궁을 앞세워

황망한 걸음으로 시민당으로 달려가 머리를 조아렸다. 영조는 벌써 시민당에 도착하여 대청에 좌정해 있었다. 그때 이선이 황급히 달려와 머리를 조아렸다. 홍씨는 의관이 함부로 흩어진 이선의 모습을 보고 경악했다.

'또 광한당에 계셨구나.'

동궁전에는 임금이 행차했기 때문에 많은 대신들과 수십 명의 궁녀와 내시들까지 도열하여 지켜보고 있었다. 그들도 머리가 흐트러지고 면복도 입지 않은 이선을 보고 놀라서 웅성거렸다.

"네가 술을 마셨구나. 누가 세자에게 술을 주었느냐?"

영조가 동궁의 궁녀와 내시들에게 물었다. 궁녀와 내시들은 아무도 대답하지 못했다. 세자가 술을 마시지 않았기 때문이었다. 영조가 흉년 때문에 금주령을 내려 대궐은 물론 전국이 술을 마시지 않고 있었다.

"네가 술을 마셨느냐?"

영조가 눈을 부릅뜨고 이선에게 호통을 쳤다. 이선은 고개를 숙이고 대답을 하지 않았다.

"술을 마셨느냐? 어찌 대답을 하지 않는 것이냐?"

영조가 언성을 높여 호통을 쳤다. 홍씨는 영조의 노기가 여간해서 풀어지지 않을 것 같아 불안했다.

"마셨습니다."

영조가 강압을 하자 이선은 술을 마시지 않았으나 마셨다고 대답했다.

"누가 주더냐?"

"소주방 큰 나인 희정이가 주었습니다."

"내가 금주령을 내렸는데 네 어찌 술을 마시고 광패를 부리느냐? 이러고도 사직을 이을 세자라고 할 수 있느냐?"

영조가 소리를 지르면서 야단을 쳤다. 영조의 큰 목소리가 동궁의 대청을 쩌렁쩌렁 울렸다.

"전하, 소조께서 술을 마셨다는 것은 억울합니다. 술 냄새가 나는지 나지 않는지 전하께서 맡아보시면 알 수 있습니다."

홍씨를 모시고 시민당으로 온 최상궁이 큰소리로 아뢰었다. 이선의 눈이 갑자기 길게 찢어졌다.

"내가 마셨다고 아뢰었는데 자네가 감히 아니라고 말할 수 있는가? 물러가라."

이선이 최상궁에게 호통을 쳤다.

"내 앞에서 상궁을 꾸짖을 수 있느냐? 어른 앞에서는 개나 말도 꾸짖지 않는데 감히 내 앞에서 웃전의 상궁을 꾸짖는 것이 옳으냐?"

영조가 대노하여 펄펄 뛰었다.

"상궁이 소자의 허락도 받지 않고 변명을 하기에 그리하였습니다."

이선은 고개를 떨어트리고 눈물을 흘리면서 말했다. 영조는 의관이 단정하지 않은 이선을 정신없이 몰아세우고 비난하다가 돌아갔다. 영조가 돌아가자 이선은 다시 병이 발작했다. 그러잖아도 사람들을 피해 소주방 뒤채에 숨어 있던 이선이었다.

세자의 후궁인 양제 빙애彬愛도 머리를 잔뜩 조아리고 있었다.

세자는 인원왕후의 침방나인 빙애를 총애했다. 세자는 양제라고 하여 후궁을 둘 수 있지만 함부로 궁녀들을 후궁으로 삼으면 방종하다고 하여 임금으로부터 질책을 받는다. 폐세자가 된 양녕대군도 궁녀를 후궁으로 삼고 곽선의 첩 어리라는 여자를 강제로 빼앗아 대궐로 불러 들였다가 폐세자가 되었다.

세자 이선은 여러 나인들을 강제로 취했다. 말을 듣지 않으면 때려서 피가 흐르고 살이 터진 뒤에 목적을 이루었다. 그러나 목적을 이룬 뒤에는 돌보지 않았다. 궁녀들은 세자 이선과 마주치는 것을 두려워했다. 그러나 빙애에게는 사랑을 주어 은전군까지 낳게 했다. 양제 임씨에게도 은언군과 은신군을 낳게 했다.

홍씨는 느릿느릿 걸어서 동궁전인 경춘전으로 돌아왔다.

아, 어려 부모를 여의고 그 슬픔 그지없는 나로서 저것을 보았을 때 그 감회와 존경심이 과연 어떠하겠는가. 저번에 유사有司가 두 궐闕을 수리해야 한다고 내게 청했을 때 내가 듣지 않았던 것은 흉년이 들어 백성들 살기가 곤궁하기 때문이었지만 저 궁전만은 수리를 않으면 금방 무너질 것이고, 만약 무너진다면 그것은 내가 그 집을 아끼고 돌보는 마음이 아니기에 유사를 명하여 수리하도록 한 것이다. 그러나 수리는 해도 그저 서까래 몇 개 갈고, 주추 하나 바로 하여 우선 기울지나 않고 비가 새지나 않게 한 것일 뿐, 칠이 낡고 뭉개지고 문창살이 삐뚤어지고 한 것들은 손을 대지 말게 하였다. 이유는 비용 절감도 절감이려니와 되도록이면 옛 모습 그대로 보존하여 추모追慕의 뜻을 붙이려는 것이었다. 공사가 끝난 후 '탄생전誕生殿' 세 글자를 써서 문 지방 위에다 걸고 이어 이렇게 기記를 쓴 것이다. 아, 『시경』에도 말하지 않았던가, "슬프고 슬프다 부모님이여, 날 낳으시느라 힘드셨다." 라고. 힘드신 그 은혜를 생각지 않은 자 누가 있으랴만 그래도 나와 같은 자는 없을 것이다.

정조는 훗날 자신이 태어난 곳인 경춘전의 기문『경춘전기景春殿記』를 손수 썼다.『경춘전기』에는 부모에 대한 절절한 사랑이 나타나 있다.

> 궁전 동쪽 벽에 용이 그려져 있다. 그것은 내가 태어나기 전날 밤 선친 꿈에 용이 침실로 들어왔는데, 나를 낳고 보니 흡사 꿈속에 보았던 용처럼 생겨서 그것을 손수 벽에다 그려 아들을 낳은 기쁨을 나타내셨다는 것이다. 지금 보아도 먹물이 젖은 듯하고, 용의 뿔과 비늘이 움직이는 것 같아 내 그 필적을 볼 때마다 감회가 극에 달해 눈물이 쏟아지곤 하는 것이다. 아울러 이렇게 기록하여 후인들로 하여금 그 그림이 보배로운 것임을 알아 감히 더럽히지 말라는 뜻을 나타낸 것이다.

세자 이선은 아들 이산을 사랑했다. 그러나 영조의 사랑이 아들에게서 손자인 이산에게로 옮겨지자 아들과의 사이도 멀어지게 되었다.

눈이라도 오려는 것일까. 하늘은 잿빛으로 흐려 있고 바람이 음산했다. 홍씨는 경춘전의 서온돌에 앉아서 머리를 싸맸다.

화완옹주는 세손 이산에게는 나쁘게 대했으나 이선에게는 악한 일을 하지 않았다. 그녀는 오히려 세자를 두려워했다.

"대조하고 한 대궐에서 못 살겠다."

이선은 영조와 한 대궐에 사는 것을 불안하게 생각했다. 영조가 화완옹주를 총애하자 세자빈 홍씨를 협박하여 화완옹주에게 영조가 대궐을 옮겨 가게 하라고 했다. 그러나 그것은 있을 수 없는 일이었다. 이선이 눈에서 불을 켜고 위협했기 때문에 홍씨는 죽음을 당할지도 모른다고 생각하여 화완옹주에게 말했다. 그러나 화완옹주는 터무니없는 일이라 영조에게 아뢰지 않았다.

"나에게 무슨 일이 있으면 이 칼로 너를 죽일 것이다."

이선은 화완옹주를 불러 칼로 위협했다. 세자의 눈이 광기로 번들거려 화완옹주는 공포에 떨었다. 이선과 화완옹주의 생모인 영빈 이씨는 혹시라도 이선이 화완옹주를 해칠까봐 따라왔다가 그와 같은 장면을 목격했다. 영빈 이씨가 이선을 나무라자 그는 어머니인 이씨에게도 공손하지 못한 말을 했다. 그는 불 같이 역정을 내면서 화완옹주를 다그쳤다.

"저하, 제가 무슨 일이든지 시키는 대로 할 테니 목숨은 살려주세요."

화완옹주가 울면서 애원했다.

"나는 대조와 한 대궐에 있을 수가 없다. 그러니 네가 대조께 말씀을 올려라."

"그리하겠습니다."

화완옹주가 사색이 되어 대답했다. 화완옹주는 이선에게 풀려나자 영조를 찾아가 대궐을 옮길 것을 권했다. 홍씨는 이선이 터무니없는 요구를 한다고 생각하여 영조가 말을 듣지 않을 것이라고 생각했다. 그러나 영조는 기이하게 화완옹주의 말을 듣고 대궐을 옮겼다.

"대궐에 있기가 답답하다. 네가 대조께 아뢰어 온양을 다녀올 수 있게 해다오. 그렇게 하지 않으면 너를 죽일 것이다."

이선이 다시 위협을 하자 화완옹주는 울면서 약속했다. 영조는 화완옹주의 말을 듣고 세자에게 온양에 다녀오라고 허락했다.

'이상도 해라. 어찌 세자는 원수처럼 미워하면서 화완옹주는 귀여워하시는 것일까?'

세자빈 홍씨는 영조를 이해할 수 없었다.

시간은 오시午時를 향해 달려가고 있다. 홍씨는 세자 이선이 있는 시민당을 우두커니 바라보다가 멀리 영조가 있는 대전 쪽을 바라보았다. 왕과 왕세자, 아버지와 아들과 사이에 건널 수 없는 깊은 강이 흐르고 있는 듯한 기분이었다.

후궁의 여자

빙애는 정신이 혼미했다. 아아, 어떻게 이럴 수가 있는가. 이선은 악귀처럼 미쳐 날뛰고 있었다. 이선의 몽둥이가 그녀를 사정없이 내리치자 궁녀와 내관들은 혼비백산하여 달아나 버렸다. 이선에게 얼마나 오랫동안 몽둥이로 맞았는지 이제는 통증조차 느껴지지 않았다.

"이년, 네년이 내가 광한당에 있는 것을 대조께 고한 것이 아니냐?"

이선이 눈이 뒤집혀 그녀를 추궁했다. 이마에서 무엇인가 끈적거리는 것이 흘러내렸다. 머리가 깨져 피가 흘러내리는구나. 빙애는 그렇게 생각했다. 이선이 내리치는 몽둥이보다 그가 추궁하는 목소리가 더욱 무서웠다.

"왜 대답을 하지 않는 것이냐?"

빙애는 말을 할 기운조차 남아 있지 않았다. 이선은 그녀가 아무리 변명을 해도 믿어주지 않았다. 원하는 대답을 해주어도 이선은 만족하지 않고 자신이 지칠 때까지 괴롭혔다. 빙애는 이선을 만난 것이 악몽이라고 생각했다.

'대비께서 승하하시니 나에게 이런 일이 생기는 것이구나.'

빙애는 인원왕후가 너무나 그리웠다. 그녀가 살아 있었다면 이런 일은 일어나지 않았을 것이다. 빙애는 인원왕후를 모시던 궁녀였다. 인원왕후가 후덕하고 대궐에서 배분이 가장 높았기 때문에 영조도 함부로 하지 않았다. 세자 이선은 때때로 문안을 드리러 오기는 했으나 자주 만날 기회는 없었다. 그러나 인원왕후가 죽자 인원왕후전의 궁녀들이 동궁전으로 배치되었다. 그것이 악몽의 시작이었다. 이선이 평범한 세자였다면 다른 궁녀들처럼 그의 눈에 띄어 양제가 되기를 바랐을 것이었다. 그러나 그는 광인이었고 난폭했다. 빙애는 그의 눈에 띄는 것을 원하지 않았다.

"네 이름이 무엇이냐?"

이선이 동궁전으로 온 빙애를 보고 물었다.

"빙애라고 하옵니다."

빙애는 몸을 떨면서 대답했다. 이선은 여러 궁녀들을 강제로 취했다. 말을 듣지 않으면 매질을 하여 목적을 이루었다.

"오늘 밤 나에게로 오라."

이선이 영을 내리고 돌아갔다. 빙애는 이선이 부르자 가슴이 철렁했다. 하루 종일 일이 손에 잡히지 않고 두려움 때문에 몸이 떨렸다. 밤이 되자 빙애는 두려움에 싸여 동궁전으로 갔다. 동궁전에는 세자빈이 보이지 않고 조용했다.

"네가 오늘 내 시침을 들라."

이선이 그녀를 힐끗 쳐다보고 말했다.

"저하…."

"네 너를 총애할 것이다."

"대조께서 아시면 용서하지 않으실 것입니다."

"고연 것… 너는 대조가 무서운 것은 알고 내가 무서운 것은 모르느냐?"

이선의 눈이 사납게 찢어졌다. 어쩔 수 없는 일이었다. 이선이 세자이고 대리청정을 하는 소조였기 때문에 빙애는 그날 밤 이선을 모셨다. 이선은 그녀를 품에 안자 다정하게 대해주었다. 다만 화완옹주를 비롯하여 세자빈 홍씨가 그녀를 차가운 눈으로 보았을 뿐이었다.

빙애는 세자를 지극히 받들었다. 세자도 자신의 말처럼 그녀를 귀여워하여 곁을 떠나려고 하지 않았다. 빙애는 여러 달이 지나자 잉태를 하게 되었고 아들을 낳았다. 그러자 영조가 알게 되어 그녀를 끌고 오라는 명을 내렸다.

'내가 이제 죽었구나.'

빙애는 영조의 명이 내리자 얼굴이 하얗게 변했다. 그런데 어찌된 일인지 영조라면 몸을 부들부들 떠는 이선이 그녀를 한사코 보내지 않으려고 했다. 영조의 지엄한 명에도 굴하지 않고 그녀를 보내지 않았다.

'세자 저하께서 나를 사랑하시는구나.'

빙애는 감격하여 눈물이 흘러내렸다. 다행히 세자가 그녀 대신 다른 궁녀를 영조에게 보냈다. 영조는 화를 내면서 궁녀를 꾸짖었으나 벌을 내리지는 않았다. 그녀가 아들을 낳자 세자빈 홍씨는 처소까지 마련해

주었다.

'나는 이제 세자의 후궁이 되었구나.'

빙애는 비로소 안도했다. 그러나 아들을 낳고 여러 달이 지나자 이선이 그녀를 의심하기 시작했다. 영조에게 꾸중을 들으면 그녀가 고자질을 한 것으로 오해하여 그녀를 질책하더니 마침내는 매질까지 했다. 오늘도 이선은 취선당 뒤의 옛집에 들어가 있다가 영조가 갑자기 나타나는 바람에 영조로부터 꾸중을 들었다. 영조에게 심한 꾸중을 들은 이선은 눈이 뒤집혀 그녀에게 달려왔다.

"네년이 고자질 한 것이 아니냐?"

이선은 그녀의 처소로 달려와 몽둥이로 사정없이 때렸다. 빙애는 비명을 지르면서 울부짖었으나 그는 소리를 질러 영조에게 알리려고 한다고 더욱 사납게 몽둥이를 휘둘렀다. 내관들이 이선을 말리려다가 칼을 뽑아 죽이겠다고 하자 사색이 되어 달아났다. 빙애는 이선의 몽둥이에 맞고 혼절했다가 깨어났다.

"저하, 저하는 저하의 아낙을 죽이려고 하십니까?"

빙애는 울면서 간신히 소리를 질렀다.

"이년, 누가 내 아낙이란 말이냐? 너 같은 고자질쟁이는 내 여자가 아니다."

"저하, 저하는 광인이십니다. 약을 드시고 안정을 취하셔야 합니다."

"뭣이 어째? 네가 감히 나에게 미쳤다고 하느냐?"

"저하, 차라리 첩을 죽이십시오."

"오냐. 내가 죽이라면 못 죽일 줄을 알았느냐?"

이선이 다시 그녀를 몽둥이로 내리치기 시작했다. 빙애는 눈물조차 흘러내리지 않았다. 빙애는 다시 정신을 잃었다.

아들아,
어찌 이렇게 되었느냐?

방안에는 핏자국이 흥건했다. 영빈 이씨와 세자빈 홍씨는 방안에 피투성이가 되어 쓰러져 있는 빙애를 보고 입을 딱 벌렸다. 이선의 몸도 피투성이였다.

"소조께서 이게 무슨 짓입니까? 어서 동궁전으로 돌아가세요."

영빈 이씨가 눈을 부릅뜨고 이선에게 호통을 쳐서 동궁전으로 보냈다. 홍씨가 황급히 빙애를 살폈다. 빙애 처소의 궁녀와 내시들은 부들부들 떨고 있었다. 그들이 세자빈 홍씨에게 알렸고 홍씨는 영빈 이씨를 부르느라고 늦게 달려왔던 것이다. 눈이 뒤집힌 이선을 그녀 혼자서 감당할 수 없었다.

"마마."

빙애의 몸을 살피던 홍씨의 얼굴이 하얗게 변했다.

"어찌되었는가? 의원을 불러야 하지 않겠는가?"

영빈 이씨가 혀를 차면서 홍씨에게 물었다.

"숨이 끊어졌습니다."

"이런… 이 일을 어찌한단 말인고…? 소조께서 왕손의 어미를 죽인 것이 아닌가?"

영빈 이씨가 사색이 되어 주저앉았다.

"아랫것들 입단속을 해야 하겠습니다."

홍씨가 정신을 수습하면서 말했다. 이 일을 영조가 알면 용서하지 않을 것이다. 궁녀들이나 내시를 죽인 것은 눈감아 준다고 할 수 있어도 빙애를 때려죽인 것은 결코 용서하지 않을 것이다. 빙애는 왕손을 낳은 여자인 것이다.

"입단속을 한다고 전하께서 모르시겠는가? 이 일을 어찌해야 좋단 말인가?"

영빈 이씨는 망연자실하여 어찌해야 좋을지 엄두가 나지 않았다. 홍씨가 황급히 궁녀와 내시들에게 비밀을 지키라고 영을 내리고 방을 치우게 했다.

빙애는 비운의 여인이었다. 그녀는 세자 이선과의 사이에서 아들 하나를 낳고 맞아죽었다. 그녀가 낳은 아들의 이름은 찬裬으로 1759년(영조 35)에 태어났다.

사도세자가 죽은 뒤에 노론 일부 세력이 정조를 세손에서 몰아내고 그를 왕으로 세우려고 했다. 그러나 성공하지 못하고 정조가 즉위한 뒤에 홍술해의 아들 홍상범 등이 밤낮으로 나라를 원망하면서 전주에서 서울로 올라와 강용휘 등과 공모하여 정조를 시해하고 반정을 일으켜 또다시 그를 왕으로 세우려고 했다.

홍상범은 장사 전흥문에게 지시하여 비수를 가슴에 품고 대궐로 들어가 정조를 시해하려다가 수문장에게 체포되어 국문을 당하여 역모가 드러났다.

정조는 빙애의 아들 찬에게 자진을 명했으나 반항하자 사사했다. 이때 그의 나이 불과 19세였다.

영빈 이씨와 세자빈 홍씨는 빙애의 죽음을 감추었다. 내시들에게 지시하여 몰래 시체를 내가서 산에 묻게 했다.

'이 일을 어찌하는가?'

홍씨는 밤이 되어도 잠을 이룰 수 없었다.

잠을 이루지 못하는 것은 영빈 이씨도 마찬가지였다.

'아들의 광증이 갈수록 심해지고 있다. 아들아, 어찌 이리 되었느냐?'

영빈 이씨는 통곡을 하고 싶었다.

4장

내시가
나라를 다스린 죄

비운의 궁녀
숙의 문씨

밤새 추적대던 비가 그치고 나자 기온이 서늘했다. 대궐 뜰의 초목이 선연하게 추색을 띠고 있고 바람이 일지도 않는데 낙엽이 우수수 떨어졌다. 영조는 냉수를 한 모금 마시고 그릇을 내놓는다. 문 숙의의 처소에서 일을 하는 상궁이 그릇을 받아들고 뒷걸음으로 물러갔다. 오늘 따라 청대를 요구하는 신하가 없다. 세자에게 대리청정을 하게 했으니 청대를 요구하는 신하가 없는 것은 당연하다.

'가을이 끝나가고 있는가? 이제 곧 겨울이 오겠구나.'

영조는 소원의 처소에 잠시 누웠다. 아침에 일찍 일어난 탓인지 피로가 몰려왔다. 숙의 문녀가 옆에 앉아서 한가하게 안마를 하기 시작했다. 문녀는 한낱 궁녀에 지나지 않았으나 영조가 승은을 내려 특별상궁이 되었고 수태를 하자 소원이 되었고, 딸을 낳자 숙의가 되었다. 그러나 그녀에게 처음 첩지를 내리는 일은 쉽지 않았다. 상궁인 문녀를 소원으로 삼고 교지에 어보를 찍으라고 명한 뒤에 어보를 내리자 승지 윤광의 尹光毅가 반대했다.

"개정改政하는 때가 아니면 어보는 감히 받을 수 없습니다."

윤광의가 어보를 되돌려 보냈다. 공식적으로 정사를 볼 때가 아니면 어보를 사용할 수 없다는 말이다.

"임금의 명이 있는데 승지가 어떻게 감히 이를 어길 수 있겠는가? 정사가 아니더라도 어보를 찍은 것은 전례가 있으니, 즉시 거행하도록 하라."

영조는 대노하여 내시를 시켜 윤광의를 꾸짖었다.

"후궁의 봉작封爵을 개정하기를 기다리지도 않고 승지를 시켜 갑자기 어보를 찍게 하면 반드시 뒤에 폐단이 있게 될 것입니다. 신이 비록 죄를 받게 되더라도 감히 하교를 봉행할 수 없습니다."

윤광의가 대답했다. 영조는 윤광의의 완고한 태도에 혀를 내둘렀다. 그는 다음날 다른 승지에게 명을 내려 교지에 어보를 찍게 했다. 그러나 윤광의에게 죄를 묻지 않고 이조참의에 제수했다. 윤광의가 자신의 소신을 굽히지 않은 것을 대견하게 생각한 것이다. 그러나 숙의 문녀는 정조가 즉위한 뒤에 죽음을 당한다.

아! 이 달의 이 날을 당하여 가슴이 무너져 내리고 목이 막히며 마치 살고 싶지 않다. 아! 나의 오늘의 심정으로 어찌 차마 호령을 내리고 시행하겠는가마는 아! 문성국의 하늘에 맞닿고 땅에 극하는 죄악은, 내가 마음을 썩이고 뼈에 새기며 분을 품고 애통을 씹게 되는 것이다. 만일 오늘날에 있어서 환하게 유시하지 않는다면 백관과 백성들이 어떻게 이 역적의 내막을 알고서, 하늘에 맞닿고 땅에 극하는 죄악을 함께 분개하고 통탄할 수 있겠는가? 아! 너희 대소大小 신서臣庶

들은 나의 슬프고도 고통스러운 말을 분명하게 들어 보라. 아! 문성국의 죄악은 열이나 백으로는 계산할 수 없는 것으로서, 천 가지 죄와 만 가지 악이 헤아릴 수 없이 한없이 이치에 어그러지지 않은 것이 없기 때문에 차마 제기할 수도 없고 차마 말할 수도 없는 흉악한 의도와 역절이다. 무릇 저 문성국은 천한 노비로서 살모사 같은 성질을 가지고, 안으로는 요망한 누이를 끼고 밖으로 반역한 재상과 결탁하여, 무릇 낮이나 밤이나 일거리로 삼는 것은 찬탈하려는 흉계가 아니면 곧 시역하는 음모였다.

정조가 숙의 문녀를 처형한 뒤에 내린 윤음은 처절하기까지 하다.

문성국이 그의 누이와 함께 우리 양궁兩宮(세자와 세자빈)을 참소하여 이간하였는데, 하는 말이 망극하여 더러는 '아무 날에는 아무 일을 하게 되고 아무 시에는 아무 일을 시행한다.'고 하여, 참소하여 이간하지 않는 일이 없었다. '문침問寢도 제때에 하지 않고 친선親膳도 제때에 하지 않고, 심하게는 인명을 살해하고 여색을 낚아채기까지 한다.'는 말들을 하며, 생판으로 꾸며대어 선대왕의 총명을 현혹하는 흉계를 부리려고 했었으니, 이는 다만 날조한 짓의 한 가지 단서이고 근거 없이 수군거리는 짓의 첫 단계일 뿐이었다. 무릇 이 몇 가지의 일도 이미 천지 사이에 용납될 수 없는 바인데, 하물며 또한 낙선재의 화재도 문성국에게서 빌미한 것이고 금정禁井(사도세자가 우물에 빠져 자살하려고 한 사건)의 변도 문성국에게서 연유한 것이었으니, 통탄스럽고도 통탄스럽다. 글로 쓰려고 하면 눈물을 금할 수 없고 말로 하려고 하면

소리를 먼저 삼켜야 하며, 차마 붓에 먹을 적시지 못하여 이제까지 입을 다물고 말하지 않았다. 비통한 감회가 이리저리 몰리어 밤중에도 잠을 이룰 수가 없기에 거적 위에 촛불을 밝히도록 하여 이렇게 깊은 가슴 속 심정을 꺼내놓게 된 것이니, 아! 너희 낮은 백성들은 모두가 잘 들어야 할 것이다.

정조는 아버지 이선의 죽음을 문성국과 숙의 문녀의 책임으로 몰아가고 있는 것이다. 그러나 그것은 먼 훗날의 일이었다.

"세자는 어찌 지내고 있느냐?"

영조가 문녀에게 물었다.

"약방에서 입진을 계속한다고 합니다."

문녀가 다소곳이 대답했다.

"세자는 어디가 아픈 것이냐?"

"화증이 있다고 합니다."

세자는 기분이 좋을 때는 대궐을 나가 시정에서 잡배들과 어울렸다. 그런데도 자신이 무엇을 하고 있는지 모를 때가 많았다. 세자는 수년째 약방의 진찰을 받고 있다.

"세자가 원행을 한다는 말이 있다. 들은 일이 있느냐?"

"신첩이 어찌 동궁 저하의 일을 알겠습니까?"

"궁중에서 들은 말이 있을 것이다."

"첩은 들은 말이 없습니다."

"그러냐? 내가 믿을 자가 없구나."

영조가 몸을 일으켰다. 문녀가 깜짝 놀라 무릎을 꿇고 엎드렸다.

"들은 말이 있느냐?"

"궁중 기주에 말이 있을 것입니다."

문녀가 몸을 떨면서 대답했다. 궁중기주는 궁중에서 일어난 일을 기록한 책이다.

"무슨 말이냐?"

"소조께서 서경에 행차하셨다고 합니다."

영조는 문녀를 쏘아보았다. 궁중에서 세자에 대한 모함이 자주 일어나 신경을 곤두세우고 있었다. 세자는 술을 가까이 하지 않았다. 그러나 그가 술을 마시고 행패를 부린다는 소문이 궁중에 파다하게 나돌았다. 영조가 세자에게 과음을 하느냐고 묻자 세자는 망설이다가 그렇다고 대답했다. 세자는 술을 마시지 않으면서도 자신을 탓하고 영조에게 과음했다고 아뢰었다.

"과음을 하지 않으면서 과음을 한다고 아뢰는 것은 성실치 못한 일입니다."

대신들이 세자에게 말했다.

"지극히 인자하시고 지극히 현명하신 성상께서 그 사실 여부를 스스로 판단하실 터인데, 내가 어떻게 감히 내 입으로 변명을 하겠는가."

세자가 쓸쓸하게 말했다. 영조는 그 말을 한 내시로부터 듣고 세자를 모함하는 자들이 있구나 하고 생각했다. 누군가 부자지간을 이간질하고 있었다.

"그러한 말이 떠돌게 만든 것은 모두 내 불찰이다."

영조는 세자를 불러 후회했다. 세자가 그 말을 듣고 감격하여 눈물을 흘렸다. 그러나 세자는 이튿날 아침 대궐을 나가 시정잡배들과 어울렸다.

"근래 일어난 일들을 내게 와서 고하는 자가 없으니 믿을 만한 신하가 없다."

영조가 대신들에게 말한 일이 있었다.

"소조가 무서운 존재이기 때문에 감히 그리 못 하는 것입니다."

김상로가 아뢰었다. 세자는 대리청정을 하고 있고, 영조가 죽으면 보위에 오른다. 대신들이 세자를 두려워하는 것은 당연한 일이었다.

내시가
나라를 다스린 죄

영조는 처음에 김상로의 말을 이해하지 못했다. 그러나 세자가 병이 발작하면 궁녀들과 내시들을 마구 매질한다는 사실을 알게 되었다. 그 바람에 궁녀와 내시들은 감히 세자 가까이 접근하지 못했다.

"너는 들은 일이 없느냐? 네 오라비에게 세자가 대궐을 나가 무엇을 하는지 살핀 뒤에 아뢰라고 하지 않았느냐?"

영조의 말에 문녀가 대답을 하지 못했다. 문녀의 오라버니 문성국은 영조의 명을 받고 세자를 감시했으나 최근에 보고하지 않고 있었다.

"어찌 말이 없는 것이냐?"

영조가 쏘아보자 소원 문녀는 더욱 깊숙이 머리를 조아렸다.

"말하라."

영조가 문녀를 다그쳤다.

"지난 5, 6월에 대한 정원의 일기를 보시면 알 수 있을 것입니다."

문녀가 아뢰자 영조는 편전으로 나가 승지 이현중에게 5, 6월의 승정원일기를 들여오라고 명하고, 언사言事에 대한 일을 상고해 보라고 지시했다.

"대단하게 언사한 것이 없습니다."

이현중이 머리를 조아리고 대답했다. 언사는 말로서 지시한 것을 말한다.

"과연 없는가?"

영조가 매섭게 추궁했다.

"없습니다."

"분명히 없던가?"

영조가 더욱 언성을 높였다. 이현중이 재빨리 무릎을 꿇고 눈물을 흘리면서 아뢰었다.

"지척의 전석前席에서 신이 과연 속였습니다. 만약 보실 만한 글이면 전하께서 이미 반드시 보셨을 것이요, 보시지 않은 것은 전하께서 보실 필요가 없기 때문입니다. 전하께서 어찌 상고해 보지 않으십니까?"

"일기를 읽으라."

영조가 승정원에서 들여온 일기를 읽으라고 지시했다.

"전하께서 어찌 차마 이와 같은 경지로 몰아넣으려 하시는 것입니까? 신은 비록 죽는 한이 있어도 감히 읽지 못하겠습니다."

영조는 이현중이 읽기를 거부하자 스스로 읽다가 서명웅의 상소를 보았다.

가만히 듣건대, 저하께서 뉘우치고 깨달은 뒤에 여러 신하들이 유독 관서關西에 행차한 한 가지 일을 글에 올려서 적기를 감히 못한다고 하였습니다. 더구나 관서로 행차한 때에는 반드시 모시는 사람들 중에 종용하며 미혹되게 동요하도록 한 자가 있었을 것이며, 관서로 행차한 뒤에 반드시 내시로서 대궐에 있으면서 비답(批答, 상소의 뒤에 내리는 답)을 대신 한 자가 있을 것입니다. 환관이 저하의 영을 받았다고 해서 한 번 죽는 것이 두려워 조정의 일을 본 것은 있을 수 없는 일입니다. 저하께서 이미 뉘우치고 깨달은 실상이 있다면, 돌아보건대 어찌하여 이 무리들을 아깝게 여기십니까? 당연히 해당 부서에 회부하여 그 죄를 분명히 밝히도록 해야 할 것입니다.

성균관 대사성 서명응이 올린 상소였다. 그런데 이 상소는 영조에게 올리지 않고 소조인 세자가 읽고 단독으로 처리해버렸다. 영조는 상소를 읽으면서 부들부들 떨었다. 상소의 내용 중에는 세자가 서경에 다녀오는 동안 대신들이 올린 문서에 세자를 대신하여 비답을 내린 내시가 있을 것이라는 내용이었다. 이는 영조나 세자를 대신하여 내시가 나라를 다스렸다는 중요한 의미인 것이다.

오늘날 조정에 있는 대신은 초방椒房(후비)의 지친으로서 대조의 신임하는 중임을 맡았으면서도 이렇게 국가의 형세가 위태로운 때를 당하여 한마디도 바로잡아 구제하는 일이 있었다는 것을 듣지 못하였으며, 도리어 국사를 말한 자를 망령되었다고 하니, 이것이 어찌 대신에게 바라는 일이겠습니까? 저하께서 오랫동안 세자궁을 떠나 있었던 것을 나라 사람들이 함께 알고 있는 바인데도, 약원에서의 진후診候와 승정원에서의 출납과 대신臺臣의 논달論達은 그전대로 거행하였습니다. 이는 실로 나라를 망하게 하는 징조입니다. 신은 생각하기를 한결같이 모두 크게 불경한 형률로 엄중히 다스려야 한다고 여깁니다. 동궁의 신하들은 다른 신료와 다른 점이 있으니 당연히 옷소매를 잡아당기며 울먹이든지 말고삐를 부여잡고 간諫해야 하며, 간하여도 들어주지 않을 경우 모시고 따르겠다는 것을 청했어야 옳은데, 직숙하는 곳에서 누워 쉬면서 거짓으로 모르는 체하였으니, 신은 저하께서 대궐을 떠났을 때에 입직했던 궁관에게는 불충한 죄로써 처벌을 시행하도록 해야 한다고 여깁니다.

장령 윤재겸도 상서를 올렸다. 어처구니없는 일이었다.

"오늘의 신하들이 숨기고 전하께 고하지 않는 것은 충성이 아니요, 드러내어 전하에게 고하는 것도 또한 충성이 아닙니다."

이현중이 말했다.

영조는 세자의 장인 좌의정 홍봉한을 불렀다.

"서명응의 글을 보았는데 이는 반드시 선왕의 영혼이 나를 인도하신 것이다. 도성 10리의 땅을 그가 출입하는 것은 내가 이미 알고 있지만 어찌 천리나 멀리 가리라고 생각하였겠는가?"

영조는 너무나 큰 사건이었기 때문에 오히려 화를 참고 있었다.

"신이 마땅히 동궁에 나아가 우러러 질문하고 돌아와서 아뢰겠습니다."

홍봉한이 영조에게 아뢰었다. 영조가 허락하자 홍봉한이 세자를 찾아

홍봉한 초상화. 혜경궁 홍씨의 부친이자 사도세자의 장인, 정조의 외조부이다. 노론의 영수로서 사도세자의 죽음에 관여했다. 하지만 그는 정조의 즉위에 반대하지 않은 노론 시파였다.

갔다.

"전하께서 서명응과 윤재겸의 글을 가져다 보시고 비로소 저하께서 서행하신 것과 동교에 집을 지은 것을 아시고는 집을 지을 때에 들어간 돈은 어디서 나온 재물이고, 역사를 감독한 자는 어떤 사람이며, 서행할 때에 따라간 자는 누구이고, 궐내에 머물러 있던 자는 누구인지를 하문하셨습니다. 지금 저하께서 솔직히 대죄待罪(벌을 내리기를 기다림)하는 뜻으로 대조께 아뢰는 것이 마땅할 것 같습니다."

홍봉한이 이선에게 말했다. 이선의 얼굴이 하얗게 변해 어찌할 바를 몰랐다.

"동교의 초가草家는 삭지朔紙(벼슬아치에게 주던 종이)로써 재물을 마련하였고 중관中官(내시) 박문흥을 위하여 지은 것인데 대간의 글이 나온 뒤로 곧 허물게 했다. 서행은 4월 초 2일에 길을 떠났다가 22일에 돌아왔으며, 대궐에 머물러 있던 중관 유인식은 지금 쫓아냈고 지금 남아 있는 중관은 박문흥과 김우장이다. 성교가 있는데 어찌 추호라도 숨기겠는가?"

이선이 홍봉한에게 말했다.

"오늘의 일은 죄가 신의 몸에 있습니다. 먼저 신을 물리쳐 상하에 진사陳謝하소서."

홍봉한이 세자에게 말했다. 홍봉한의 죄를 추궁한 뒤에 임금과 백성들에게 사죄하라는 뜻이었다.

"경에게 무슨 죄가 있는가? 다 나의 불찰이다. 경이 대조의 노여움을 풀어 달라."

이선은 장인인 홍봉한에게 매달렸다. 홍봉한은 참담하기 짝이 없었다. 이선이 사위였기 때문에 수차례에 걸쳐 학문에 전념하고 정사를 잘 돌볼 것을 권했었다. 그러나 이선은 그의 말에 귀를 기울이지 않았다.

"어제 서연에서 창문을 열어 놓아 추위에 감기가 걸린 것 같아 기운이 몹시 불편하다."

이선은 이런저런 핑계를 대고 공부를 하려고 하지 않았다.

"날씨의 차가움이 비록 이와 같으나 서연을 열지 않으면 덕을 쌓고 학문을 하는 길이 끊기게 되니 원컨대 더욱 더 힘쓰소서."

홍봉한은 핑계를 대지 말고 공부를 하라고 청했다. 서연은 매일 같이 열어야 하는데 이선은 열흘이 되어야 겨우 한 번 열었다.

"대신이 아뢴 바가 옳으니 마땅히 깊이 유념하겠다."

이선이 마지못해 대답했다.

홍봉한이 이선의 변명을 듣고 대전으로 돌아와 영조에게 보고했다.

영조는 승지 이정철과 송영중을 파직하여 서용하지 말라고 영을 내리고, 입직한 동궁의 보덕輔德 유사흠, 문학 정창성, 겸 문학 엄인에게 모두 삭직의 형벌을 시행했다. 이어 내시 서태항과 오윤항은 햇수를 한정하지 말고 거제도에 유배를 보내라는 영을 내리고 박문흥과 김우장은 해당 부서에서 엄중하게 곤장을 때린 뒤에 김우장은 해남현에 박문흥은 대정현에 유배를 보내게 했다.

4월 22일에 번을 선 별감 행수와 차비관인 대령 별감은 해당 부서에 지시하여 엄형 1차를 가하여 양남 해도로 나누어 정배하고, 그 나머지 별감은 또한 해조로 하여금 결장決杖 백 대를 때리게 했다.

"그 임금이 막연히 알지 못한 것은 사세가 본래 그러하였고 여러 신하가 마음을 졸이며 입을 다물고 침묵을 지킨 것도 그 형세가 또한 그러하였다. 그 가운데 능히 세자에 대하여 글로써 항의한 자가 있으니 비록 기개는 높이 살만하지마는 오히려 협잡挾雜이 있었다. 아! 대신에게 명하여 원량을 효유하고 법가法駕로 진전眞殿에 진사陳謝하였으며 한번 하교를 펼쳐 처분이 이미 엄격하였으니, 이로부터 이후로 거의 나라의 기강이 세워지고 한 세상이 징계되었다. 일이 이미 마무리 짓게 되었으니 이제부터 이 뒤로 여러 신하는 감히 다시 이 일을 거론하지 말라."

영조는 이선의 서행을 불문에 붙였다. 영조는 왜 이와 같이 엄청난 죄를 불문에 붙인 것일까. 이 사건에서 중요한 것은 세자의 서행이 아니라 세자를 대신하여 나라를 다스린 내시들에 대한 문제다. 내시들이 조정의 중요한 명을 내린 것은 대역죄에 해당된다. 그런데도 내시들에게 곤장을 때리고 유배를 보내는 것으로 사건을 마무리 지었다.

"세자의 사부와 재상도 이미 면직되었는데 더구나 빈객이겠는가? 서명응, 윤급, 이정보, 서지수는 삭직하고, 행공할 때에 말하지 않았던 대신輩臣은 우선 영남 해안가의 척박한 땅으로 유배를 보내라. 이는 나의 허물이니 이제부터 감선減膳하여 선왕의 영혼께 사죄하겠다."

영조는 세자의 잘못이 부모인 자신에게도 책임이 있다고 하여 반찬을 줄이겠다고 선언했다. 그러잖아도 소박한 음식으로 끼니를 대신하는 영조였다. 이선은 큰 죄를 지었는데도 어떤 처벌도 받지 않았다.

'아들이 아프다.'

영조는 아버지로서의 애틋한 부정 때문에 이선을 처벌하지 않은 것이다.

궁중에
떠도는 소문

세자 이선은 승지 유한소를 쏘아보았다. 지난밤에 천둥번개가 몰아쳐 이선은 한숨도 잠을 이루지 못했다. 그런데 우박이 내렸다고 하여 유한소가 청대를 요구한 것이다. 이선은 유한소를 들라고 했다. 영조가 그를 보지 않은 지 여러 날이 되었다. 영조를 만나면 이런저런 꼬투리를 잡아 질책을 하기 때문에 몸이 아프다는 핑계로 영조에게 문안을 드리는 것을 회피했다.

"저하의 환후가 조금 나아지시면 반드시 크게 경동시키고 반드시 진작振作하여야겠습니다."

청대를 허락하자 유한소가 경춘전에 들어와 머리를 조아리고 아뢰었다. 심기일전하여 모든 일을 사람들이 놀랄 정도로 새롭게 하라는 것이다.

"그대의 말이 옳다."

이선은 유한소를 쏘아보면서 낮게 말했다. 승지나 대신들이 그에게 청대를 하여 보고를 해도 소용이 없다. 그가 대리청정을 한다고 하지만 실제로는 영조가 모든 국사를 처리하고 있다. 그는 허수아비에 지나지 않는데 조금만 실수하면 불벼락을 내린다.

"서연에서 소대하는 일과 정사의 시행을 차례로 행하게 하소서."

유한소가 이선에게 아뢰었다. 이선은 길게 하품을 했다.

"해마다 재해가 그치지 않으니 어찌 사람들이 놀라지 않겠는가? 아뢴 것이 절실하니 마땅히 깊이 유념하겠다."

이선은 형식적으로 답변을 하여 내보냈다. 유한소가 물러가자 사방이 물속처럼 조용해졌다. 아버지 영조는 지금쯤 점심 수라를 들고 있을 것이다. 승전색이 소원 문녀의 처소에 들었다고 했다. 이선은 영조가 문녀의 처소에 들었다고 하자 불길한 예감을 느꼈다. 문녀가 영조에게 또 무엇이라고 모함을 할지 알 수 없었다.

이선은 문득 몇 년 전의 일이 떠올랐다. 그것은 영조의 총애를 받은 문녀가 아기를 잉태했을 때의 일이었다. 문녀가 잉태를 하면서 영조의 눈에서 벗어난 세자 이선의 아내인 홍씨와 생모 이씨는 경악했다. 문녀가 아들을 낳으면 이선이 세자의 자리에서 폐위되고 문녀의 아들이 세자로 책봉될 수도 있었다.

문녀는 잉태하자 아들을 낳지 못할 것을 우려하여 해산 일이 되면 사내아이를 몰래 대궐로 들여오고 문녀가 낳은 딸을 대궐 밖으로 내보낼 것이라는 소문이 궁중에 파다하게 나돌았다.

> 문성국의 죄는 비록 천만 번 주륙한다 하더라도 어찌 천지에 가득
> 찬 죄악을 조금이나마 갚을 수 있고, 신명神明과 인간의 분개를 조금
> 이라도 풀어줄 수 있겠는가? 매양 문녀가 아이를 가지게 된 때를 당
> 하면 몰래 양인의 아들을 구해 놓고 안팎에서 서로 선동하여 은밀히
> 찬탈하기를 도모했었으니, 이는 바로 여불위가 진秦나라를 도적질 하
> 려 한 음모와 같은 것이고, 중 신돈이 고려를 망친 술책과 같은 것이
> 다.

　정조가 문녀를 죽이고 내린 윤음 중에 있는 말이다. 정조는 자신이 이
와 같은 사실을 밝히지 않는다면 모든 신하와 백성들이 알지 못할 것이
라고 했다. 정조의 윤음에 이와 같은 일이 기록되었으니 세자빈 홍씨 쪽
의 불안도 컸을 것이다.
　여불위는 자신의 자식을 임신한 첩을 진나라 왕자에게 바쳐 훗날 자
신의 아들이 진시황이 되게 했다. 신돈 역시 자신의 아이를 낳은 여자를
공민왕에게 바쳤다. 훗날 그 아들이 우왕이 되고, 우왕의 아들이 창왕이
된다.
　정조의 윤음은 엄청난 음모를 폭로한 것이다.
　이종성은 선조 때의 명재상 이항복의 5세손으로 소론인 좌의정 이태
좌의 아들이었다. 숙종 때 사마시에 급제하고, 영조 때 문과에 급제한
뒤에 1년밖에 되지 않아 경상도 암행어사가 되어 명성을 떨쳤다. 이후
이조판서, 형조판서, 대사헌, 좌의정, 영의정 등을 지내면서 승승가도를

달렸다. 그가 뛰어난 인물이기도 했지만 아버지 이태좌가 영조의 즉위에 공을 세웠기 때문이었다. 이태좌는 소론 계열이면서도 영조를 밀었다.

'문녀가 아들을 낳지 못하면 밖에서 사내아이를 대궐로 데리고 들여온다는 말인가?'

이종성은 그와 같은 소문을 듣자 경악했다. 그러나 사실 여부를 확인할 수 없는 일이었다. 문녀가 잡아떼면 누구도 그 사실을 입증할 수 없는 것이다.

'문녀의 음모가 이루어져서는 안 된다.'

이종성은 문녀의 해산일이 되자 수문장에게 대궐의 경비를 삼엄하게 하라는 영을 내렸다. 그러자 노론이 일제히 반대했다.

"무슨 일로 대궐 경비를 삼엄하게 한다는 말이오?"

노론의 대신들이 이종성의 지시에 의문을 표시했다.

"시중에 좋지 못한 소문이 나돌고 있소. 요즘 대궐에 잡인들이 드나든다는 소문이 있으니 이를 경계해야 하오."

세자 이선의 서행 사건으로 영의정 이천보를 비롯하여 노론이 권력의 핵심에서 일시적으로 물러나 있을 때였다. 소론의 영수인 이종성이 영의정에 오른 것을 비롯하여 박문수, 조현명이 조정을 장악하고 있었다. 소원 문녀와 문성국은 영조를 움직여 이종성을 막으려고 했다. 영조는 이종성을 파직하고 문외출송의 영을 내렸다. 그러나 이종성은 성문 밖까지 나갔음에도 죽음을 각오하고 대궐 호위를 강력하게 주장했다. 문녀는 이종성과 소론 대신들이 워낙 강경하게 나오자 그를 막을 방법이 없었다.

해가 바뀌었다. 소원 문녀의 해산일에 한 여인이 함지박을 머리에 이고 대궐로 들어오려고 했다. 수문장이 함지박을 한 칼로 베어버리자 아기가 나왔다.

이종성의 지시를 받은 수문장이 대궐 호위를 철저하게 하여 문녀의 음모를 막았던 것이다.

이종성은 벼슬에서 물러났으면서도 고향으로 돌아가지 않고 성문 밖에서 문녀의 음모를 막았다.

정조의 윤음대로 소원 문녀는 왜 그와 같은 짓을 저질렀는가. 대궐에 그와 같은 소문이 파다하게 퍼진 것은 정국이 뒤숭숭했기 때문이다.

> 이때에 문녀가 잉태를 하였으므로 중외가 뒤숭숭하였는데, 이종성이 호위하자는 논의를 극력 주장하였다. 지난해 겨울에 하마터면 다른 뜻을 품은 자들에 의해 배척을 받을 뻔하다. 이때에 와서 너무도 모해謀害가 더욱 심해져서 종성은 성문 밖까지 물러나갔으나 끝내 향리로 돌아가지 않고 있었다. 3월 초에 문녀가 딸을 낳자 비로소 말하기를 '우리 집안은 대대로 나라의 은혜를 받은 만큼, 시속 사람들이 내쫓으려 한다는 이유로 나의 평소 뜻을 움직일 수는 없다. 설사 주먹질과 발길질을 번갈아 퍼붓더라도 오직 나아가는 것뿐, 물러설 수는 없다. 한 번 죽으면 그만일 따름이다. 이제는 다행히 옹주가 태어났다는 얘기를 들었으니, 내가 귀향할 결심을 할 수 있게 되었다.'고 하고는, 드디어 글을 올려 향리로 돌아가겠다고 고하였다.

『조선왕조실록』《장헌대왕 지문》에 나오는 글이다. 이 글로 유추하면 이종성은 문녀가 잉태를 하자 대궐 문을 삼엄하게 감시하여 문녀가 대궐 밖에서 사내아이를 대궐로 불러들이는 일을 막았다. 그리고 문녀가 딸을 낳아 만천하에 공개되자 비로소 안심하고 고향으로 돌아가게 되었다는 것이다.

영조시대 권력은 그가 늙으면서 유일한 아들인 세자에게 집중될 수밖에 없었다. 그러나 세자는 정신질환을 앓고 있었고 보위에 오를 가능성은 희박했다. 영조에게 다른 아들이 있었다면 진작 폐위되었을 것이다.

영조가 문녀를 총애하자 사도세자 쪽은 불안했을 것이다. 그녀가 아들을 낳으면 하루아침에 세자를 통해 누리고 있는 권력을 잃게 된다. 그래서 문녀가 대궐 밖의 사내아이를 데리고 들어와 자신이 낳은 아들로 만들려고 했다는 소문이 파다하게 퍼진 것이다. 이러한 소문은 대궐을 넘어 민간에까지 널리 퍼졌다. 그러나 당사자인 영조만 모르고 있었다. 만약에 영조가 알았다면 수많은 사람이 목숨을 잃었을 것이다. 그러나 문녀가 딸을 낳은 일이 공개되면서 소문이 가라앉게 되었다.

문녀는 이때부터 더욱 적극적으로 이선을 모함하게 된다. 저승전의 화재사건, 우물에 뛰어들어 자살하려고 했던 사건이 모두 그녀가 영조에게 고하여 사도세자가 비난을 받은 사건이다.

"세자가 말하기를 '많은 사람들이 제 아무리 이러쿵저러쿵 말을 하더라도 문녀의 일에 대해서 나는 결코 그런 일이 없다고 장담한다. 설사 그런 일이 있더라도 일월처럼 밝으신 대조께서 어찌 준엄한 꾸지람을 내리지 않으리라 걱정하겠는가. 단지 여러 신하들이 어쩔 줄 몰라 하는 염려를 이종성 덕분에 진정시킬 수 있었다.'라고 하였다."

《장헌대왕 지문》에 있는 글이다. 정조의 윤음과 지문이 달라져 있다.

정조는 윤음에서와 달리 지문에서는 문녀의 음모설을 소문일 뿐이라고 말하고 있다.

이렇게 보면 문녀도 희생자인 것이다. 이는 사도세자가 정신병이 심해 그를 폐위시키면 뒤를 이을 후사가 없었기 때문에 나돈 소문이었을 것이다. 폐위시킨 세자의 아들을 세손으로 삼는 것은 영조에게 다른 아들이 없기 때문이다. 문녀가 아들을 낳았다면 사도세자의 아들 이산은 보위에 오르지 못했을 것이다.

정신분열증을 앓은 사도세자

가을이지만 햇살이 따뜻했다. 이선은 창으로 비껴 들어오는 볕을 쬐고 있다가 꾸벅꾸벅 졸기 시작했다. 지난밤 한숨도 잠을 자지 못한 탓에 이제야 잠이 오고 있는 것이다. 머리가 쪼개질 듯이 아팠다.

이선은 문득 눈을 번쩍 떴다. 그새 잠이 들었던 것일까. 누군가 거칠게 숨을 몰아쉬는 것 같은 소리가 들리다가 뚝 그쳤다. 잠을 잘 때나, 어둠 속에 가만히 누워 있을 때면 으레 들리는 소리였다. 잠을 자지 않고 가만히 앉아 있어도 뒤에서 암암하게 웃는 소리가 들렸다. 지금도 그 소리에 잠이 깬 것이다. 이선이 고개를 홱 돌리면 웃는 소리가 거짓말처럼 뚝 그쳤다. 또 음흉한 내시들이나 궁녀들 짓인가. 어쩌면 요사스러운 문녀의 짓인지 모른다. 그들이 어느 구석에 숨어서 그를 비웃고 있었다.

'괘씸한 것들, 내가 반드시 살려두지 않을 것이다.'

이선은 눈을 부릅뜨고 허공을 노려보았다. 사방을 둘러보자 소주방 뒤에 있는 별채 광한당이다. 내가 왜 이곳에 온 것인가. 이것이 꿈인가 생시인가. 사방을 둘러보았다. 그는 짚더미에 앉아 있다. 언젠가도 이곳에 앉아 있다가 영조가 갑자기 동궁전에 행차하여 부르는 바람에 달려 나갔다가 술을 마셨다고 호되게 야단을 맞은 일이 있었다.

'아버지는 내가 죽기를 바라는 거야.'

이선은 눈이 충혈 되었다. 아침부터 지금까지 아무 것도 먹지 않았는데 시장기가 느껴지지 않는다. 이선은 방안을 둘러보았다. 방안은 여전히 쥐 죽은 듯이 조용했다. 이선이 이곳에 출입하는 것을 알아 궁녀와 내시들은 얼씬도 하지 않는다.

"또 쥐새끼들인가?"

한번은 구석에서 바스락거리는 소리가 유난히 크게 들렸다. 이선이 정신을 집중하여 재빨리 몸을 돌리자 손가락처럼 작은 쥐새끼들 여러 마리가 짚더미에서 쏟아져 나오고 있었다. 쥐가 새끼를 낳은 것이다. 그렇다. 귀신이나 유령 따위는 존재하지 않는다. 내가 환청을 듣고 있는 것뿐이다. 이선은 그렇게 생각했다. 열려 있는 문밖에서 사람들이 두런대는 소리가 들려왔다.

'내가 분명히 문을 닫았는데….'

이선은 고개를 갸우뚱했다. 문이 열려 있는 것이 이해가 되지 않았다. 아니 어쩌면 아까 문을 닫는다고 생각만 하고 실제로는 닫지 않았는지도 모른다. 이선은 그렇게 생각하면서 문을 닫았다. 그때 문밖에서 다시 사람들이 두런대는 소리가 들렸다.

'이놈들이 나를 대조께 고변하려는 것이 분명하다.'

이선은 문을 벌컥 열어젖혔다. 그러자 문밖을 지나던 내시가 깜짝 놀라서 재빨리 머리를 조아렸다.

"네 누구뇨?"

이선이 내시를 노려보면서 소리를 질렀다. 놈이 화완옹주의 수하거나 소원 문녀의 수하일 것이라는 생각이 들었다. 놈이 있는 곳에 병기를 묻어 놓았다. 밤마다 문 뒤나 벽 뒤에서 두런대는 귀신이나 도깨비와 대적하려고 숨겨 놓은 것이었다.

"소인 내의원 내시이옵니다."

20대 초반의 내시가 얼굴이 해쓱해져 대답했다. 놈이 수상한 짓을 하고 있구나. 이선은 쩔쩔매는 내시를 보고 그렇게 생각했다.

"네놈이 그곳에 왜 있느냐?"

"저하의 약을 가져왔다가 돌아가는 길입니다."

"약? 무슨 약을 일컫는 것이냐? 내가 병이라도 들었다는 말이냐? 오라. 네놈들이 약을 올린다고 독약을 올리려는 구나."

"저하, 어찌 그런 망극한 말씀을 하십니까?"

내시가 털썩 무릎을 꿇었다.

"아니냐? 아니라면 이리 들어오너라."

이선이 눈알을 기이하게 빛내면서 말했다. 내시는 머뭇거리다가 방으로 들어갔다.

"꿇어라."

이선이 명을 내렸다. 내시가 불안한 표정으로 이선을 바라보다가 무릎을 꿇었다.

"머리를 숙여라."

이선이 다시 영을 내렸다. 내시가 머리를 숙이자 이선이 벽에 세워져 있던 칼을 들어 그의 목을 후려쳤다. 내시의 몸에서 피가 분수처럼 뿜어졌다. 이선은 가슴이 세차게 뛰었다. 자신을 함정에 몰아넣으려는 내시를 죽였다. 이놈의 머리를 베지 않으면 밤에 귀신이 되어 찾아올 것이다.

'대역부도한 놈! 감히 소조인 나를 감시해?'

이선은 방에서 나와 비틀대면서 시민당으로 향하기 시작했다. 동궁전 옆의 시민당으로 향하는데 궁녀와 내시들이 못 볼 것이라도 본 듯이 황급히 피했다. 누군가 날카롭게 비명을 지르고 궁녀와 내시들이 불이라도 난 듯 이리저리 뛰어다녔다.

"저하, 그것이 무엇이옵니까?"

세자빈 홍씨가 사색이 되어 이선의 손을 살폈다. 빙애의 처소로 간다고 했는데 세자빈 처소로 왔구나.

"무엇을 말하는 거요?"

"손에 든 것이 무엇입니까?"

"이것 말이오?"

이선은 자신의 손에 들려 있는 것을 보았다. 그것은 내시의 머리였다. 이선은 그때서야 머릿속이 환하게 밝아졌다.

"이놈이 못된 짓을 하여 내가 목을 베었소."

이선이 웃으면서 말했다. 머릿속에서 벌레가 기어 다니는 것 같았다. 누군가 웃는 소리가 들렸다.

"저하, 어찌 이런 거조를 하십니까? 대조께서 아시면 어떻게 하려고요?"

세자빈 홍씨가 울 듯한 표정으로 말했다.

"대조께서는 점심 수라를 드시지."

이선이 손에 들고 있던 머리를 밖으로 내던졌다.

"저하, 좀 쉬시옵소서."

홍씨는 이선의 포를 벗기고 방에 눕혔다. 이선은 방에 잘 눕지 않으려고 했다. 홍씨가 이선을 달래서 간신히 눕혔다.

"빈궁, 나는 얼마 살지 못할 것 같소."

이선이 문득 퉁명스럽게 말했다.

"그게 무슨 망극한 말씀입니까?"

"대조께서 필시 나를 죽일 것이오."

이선은 눈을 지그시 감고 횡설수설했다. 영조를 생각할 때마다 불안감이 커지고 머릿속이 뒤죽박죽이었다. 누군가 밖에서 울고 있다. 나를 낳으신 영빈마마이신가. 이선은 눈을 떴다. 홍씨가 명주수건으로 그의 몸에 묻은 피를 닦고 있다. 그녀의 눈에서 눈물이 흘러내렸다.

"빈궁은 좋겠소."

이선은 화사한 옷차림을 한 홍씨를 보자 조롱을 하듯이 말했다.

"그게 무슨 말씀이시옵니까?"

"대조께서 빈궁을 어여삐 여기시니 나는 죽여도 빈궁은 살릴 것이오."

"망극하신 말씀 마시옵소서."

홍씨가 몸을 돌리면서 울음을 터트렸다. 밖에서 다시 사람들이 웃는 소리가 들렸다. 이선은 눈을 감았다. 어디선가 향긋한 지분냄새가 풍겼다. 이선이 실눈을 뜨자 홍씨의 풍성한 치맛자락이 보였다. 이선의 손이 치마 속으로 들어가 홍씨의 둔부를 더듬었다.

"에구머니."

홍씨가 깜짝 놀라 이선을 돌아보았다. 이선이 재빨리 홍씨를 안아서 금침 위에 쓰러뜨렸다.

"저하, 어찌 이러십니까?"

홍씨가 경악하여 벗어나려고 허우적거렸다.

"내 빈궁을 어여삐 여겨 이러지 않소? 그동안 우리 부부가 적조하였소."

"저하, 지금은 한낮이옵니다. 아랫것들이 보고 있사옵니다."

"물러가라. 너희들이 죽고 싶으냐?"

이선이 밖을 향해 버럭 소리를 질렀다. 밖에서는 쥐 죽은 듯이 대답이 없다. 이선이 제 정신이 아닐 때는 멀리 떨어져 있어야 불벼락을 면한다.

"하하하! 보았소? 저 귀신같은 것들이 10리 밖으로 달아나 버렸소. 이제는 우리 부부 뿐이오."

이선이 홍씨의 위로 올라와 저고리 옷고름을 풀고 치마를 걷어 올렸다. 홍씨는 형언할 수 없는 모멸감에 눈물이 흘러내렸다.

얼마나 시간이 흘렀을까.

이선은 그녀의 가슴에 엎드려 잠을 자기 시작했다. 홍씨는 아기를 안 듯이 이선의 등을 가만히 쓸어안다가 잠이 들었다.

얼마나 잠을 잔 것일까. 홍씨가 눈을 뜨자 경춘전 동온돌에서 이선의 웃음소리가 높았다. 이선이 아들인 이산과 두 딸 청연군주, 천선군주와 즐겁게 이야기를 나누고 있었다. 아이들과 즐겁게 이야기를 하는 이선의 웃음소리에 홍씨의 입언저리에도 미소가 꽃처럼 피었다.

'저하의 병환이 나으신 것 같구나.'

홍씨는 면경을 보면서 눈썹을 그리다가 미소를 지었다. 이선은 언제 정신질환을 앓았느냐는 듯이 아이들과 부드럽게 웃고 있었다.

"우리 청연군주를 시집보내야 할 텐데 누구에게 보낼꼬?"

"저는 시집가지 않고 아버님과 함께 살 것입니다."

청연군주가 앙증맞은 대답을 했다.

"하하하! 정말 아비와 살 것이냐?"

"예."

"잘 생긴 정인군자가 신랑감으로 나타나도 아비와 살 것이냐?"

"예."

"아비가 좋으냐?"

"그럼요. 아버님이 제일 좋아요."

"나도 우리 청연군주가 제일 좋구나. 내 무릎에 앉아라. 더 크면 무릎에 앉지도 못하겠구나."

"아버님, 저도요."

"그래. 우리 청선군주는 이쪽에 앉아라."

경춘전 동온돌에 웃음소리가 높았다. 청연과 청선은 모두 사도세자와 홍씨가 낳은 딸이다.

"세손은 무슨 공부를 하느냐?"

"『소학』을 공부하고 있습니다."

"『소학』은 어른이 되어서도 공부를 해야 하는 것이지. 아비는 100번도 더 읽었다."

"아버님, 소자도 100번을 읽겠습니다."

"영특하다. 우리 세손이 성군이 되겠구나."

세자 이선이 호탕하게 웃음을 터트렸다.

영조의 자식을
독살하려고 한 사람들

영조는 바람에 나부끼는 수양버들을 묵연히 응시했다. 이제는 결단을 내려야 했다. 세자는 약방에서 2년 동안이나 진찰을 하고 약을 올렸는데도 소용이 없고 그의 건강은 더욱 악화되고 있었다. 그가 쓰러져 버리면 광증을 앓고 있는 세자가 보위에 오른다. 미치광이 아들이 보위에 오르면 폭군이 될 것이고, 조선은 그의 아들 대에서 멸망할지 모른다.

'내가 어찌 아들을 죽이는가?'

영조는 아들을 죽여야 한다고 생각하자 두렵고 무서웠다. 그는 며칠 동안 잠을 이루지 못했다. 세자는 자신의 아이를 낳은 빙애를 때려죽였다. 의대병으로 내시의 목을 베기도 했다.

영조가 총애하는 숙의 문녀와 격렬하게 대립하기도 했다. 숙의 문녀는 성품이 직설적인 여자였다. 세자가 눈을 부릅뜨고 소리를 지르면 그대로 영조에게 고해 바쳤다.

'결단을 내려야 한다.'

영조는 세자를 사랑했다. 그는 유일한 아들이었고 총명했다. 그런 그가 약이나 침으로 고칠 수 없는 광증에 걸려 괴로웠다.

"대체 어의는 어찌하여 세자의 병을 치료하지 못하는가?"

영조는 어의 권성징을 불러 질책했다. 권성징은 효장세자가 죽었을 때 치료를 잘못했다고 탄핵을 받아 유배를 갔었다. 영조는 얼마 지나지 않아 권성징을 사면하고 그에게 세자 이선을 치료하게 했다.

"어떠한 것이냐?"

"마음에 있는 병이라 난감하옵니다."

"오래 살고 일찍 죽는 것은 하늘에 달린 것인데, 어찌 묵은 나무뿌리와 썩은 풀잎에 효험이 있기를 독책할 수 있겠는가?"

"황공하옵니다."

어의는 영조 앞에 무릎을 꿇고 벌벌 떨었다.

"세자를 치료할 방법이 전혀 없는 것인가?"

"망극하옵니다."

"민간에서도 세자의 병을 치료할 수 없다고 하느냐?"

"그동안 비밀리에 민간의원들을 대궐에 들여 치료했습니다만 소용이 없었습니다."

권성징은 식은땀을 흘리면서 벌벌 떨었다.

"물러가라."

영조는 수양버들을 바라보고 있다가 숙의 문녀의 처소로 향했다.

"전하."

문녀가 깜짝 놀라 영조를 맞아들였다. 문녀는 30대 후반의 궁녀로 풍만한 몸을 갖고 있었다.

"마음이 심란하여 너를 찾아왔다. 너는 세자의 광증을 어찌 생각하느냐?"

영조의 질문에 문녀의 얼굴이 하얗게 변했다. 세자에 대해서는 한 마디라도 잘못하면 죽음을 당한다.

"신첩이 어찌 세자 저하의…."

"너도 왕가의 여인이다. 사직이 바로 서지 않으면 네가 온전할 수 있을 것 같으냐?"

"망극하옵니다."

"너는 성품이 직설적이다. 머릿속에 있는 것을 숨기지 못하지."

"소인은 어의가 아닙니다."

문녀가 울 듯한 표정으로 말했다. 그러잖아도 세자와 사이가 좋지 않아 전전긍긍하고 있는 문녀였다. 영조는 잠시 허공을 쳐다보았다. 자식에 대한 문제는 그가 아무리 애를 써도 되지 않았다. 그가 임금이 되기 전에는 가족들에게 문제가 전혀 없었다. 그러나 임금이 되고 얼마 되지 않았을 때부터 그의 가족들에게 불미스러운 일이 잇달아 일어났다. 그의 딸이 죽는가하면 세자도 죽었다. 그는 처음에 딸과 아들의 죽음이 자연스러운 병사이겠거니 생각했으나 궁녀 순정의 매흉사건이 터지면서 달라졌다.

영조 6년(1730) 영조는 세자와 옹주를 저주한 궁녀들을 인정문에서 친국했다.

말을 하고 싶으나 마음속이 먼저 나빠지니 마땅히 진정시키고 말하겠다. 이는 외간外間의 일과 다른 것이니, 사관은 상세히 듣고서 상세히 기록하도록 하라. 내가 잠저에 있을 때부터 순정順正이란 이름의 한 궁녀가 있었는데, 성미가 불량하여 늘 세자 및 세자의 사친私親(영빈 이씨)에게 불순한 짓을 하는 일이 많았기 때문에 내쳐 버렸다. 내가 세제가 된 뒤에 궁녀가 갖추어지지 않았기 때문에 다시 도로 들어오도록 했는데, 혹은 마음을 고쳤으리라고 생각했다. 보위에 오른 뒤에 세자 및 두 옹주를 보양하게 하다가 세자 책봉 뒤에 그를 옹주방에 소속시켰으므로 동궁의 나인이 되지 못한 것 때문에 항시 마음속으로 앙앙불락하였다. 대개 신축년 겨울의 일이 한밤중에 일어났는데, 궐녀厥女에게 의심스러운 단서가 없지는 않았지만, 나는 의심스러운 것을 가지고 남을 죄주고자 하지 않았으므로 그냥 두고 묻지 않았다.

영조가 대신들에게 한 말이다. 순정이라는 궁녀는 영조가 연잉군 시절에 사저에서 거느리던 하녀에 지나지 않았다. 그녀는 영조의 아들과 영조의 첩이었던 영빈 이씨에게 나쁜 짓을 하다가 내쫓겼으나 영조가 동궁이 되자 다시 불러들였다는 것이다.

재작년 세자의 병이 증세가 자못 이상하게 되었을 적에 도승지 또한 '의원도 증세를 잡을 수가 없다고 합니다.'라고 하지 않았던가? 내가 진실로 의심했지만 일찍이 입에 꺼내지 않았고, 지난번 화순옹주가 홍진紅疹을 겪은 뒤에 하혈하는 증세가 있었기 때문에 매우 마음에 괴이하게 여기며 의아해 하다가, 이제 와서야 비로소 독약을 넣어 그렇게 된 것임을 알게 되었다. 그가 이미 세자의 사친에게 독기를 부렸기 때문에 세자가 점점 장성하는 것을 좋게 여기지 아니하여 또 다시 흉악한 짓을 하였고, 강보襁褓에 있는 아이인 4왕녀王女에게도 또한 모두 독약을 썼다. 나의 혈속血屬을 반드시 남김없이 모두 제거하려 했으니, 어찌 흉악하고 참혹하지 아니한가? 명을 다해 죽어도 오

창경궁 인정문. 순정을 영조가 친국한 곳이다. 영조는 순정이 자신의 혈족을 모조리 죽이려 했다고 분개했다. 저자 촬영.

히려 애통하기 짝이 없거늘, 하물며 비명非命에 죽는다면 부모가 된 사람의 마음이 또한 마땅히 어떠하겠는가?

영조는 순정이 자신의 자식을 모조리 죽이려고 했다고 말했다. 대신들은 영조의 말에 경악했다. 순정이 진실로 세자를 독살하고 옹주들을 죽였는지는 알 수 없다. 세자와 옹주가 독살되었다는 증거도 실록에는 없다. 그러나 창경궁 곳곳에서 순정이 저주하기 위해 묻은 뼛가루와 해골이 발견되었다.

"지난번에 거둥했을 때 대궐 안에서 파수하는 일이 있어 비로소 수상한 흔적이 있음을 알게 되어 내가 빈궁으로 가는 길에 잡게 되었는데, 대저 창경궁 근처는 한 조각도 말끔하고 깨끗한 땅이 없었다. 그로 하여금 매흉(埋凶)한 곳을 가리키도록 하여 파 보았더니, 뼛가루와 뼛조각 그리고 쇠기름 같은 것이 곳곳마다 있었고, 빈궁 및 옹주방의 담장 밖에도 모두 묻은 데가 있었으니, 이 얼마나 흉악한 뱃속이란 말인가? 순정은 성질이 본래 흉악하여 다른 궁녀를 사주하여 동류들을 욕하게 하였고, 큰 소리를 지르며 화를 내어 세자 및 세자의 모친을 욕하기까지 하였다."

순정은 사람의 뼛가루와 짐승 뼈 등을 대궐 안에 묻었다가 영조에게 발각되었다. 대신들은 경악하여 순정을 비롯하여 연루자들을 모조리 잡아들여 국문했다.

"전하께서 잠저에 계실 때 감히 궁내에서 큰 소리를 지르며 제멋대로 악한 짓을 했고 집에 있으면서도 죄를 저질렀습니다. 신축년 세제가 된 뒤에는 동궁께도 흉악한 짓을 하여 흉악한 마음을 없애지 않았습니다. 또 빈궁(嬪宮)과 강보에 있는 모든 옹주에게까지 흉악한 짓을 하여, 국가의 혈속을 반드시 남겨놓지 않으려 하였습니다."

대신들이 순정을 국문한 뒤에 아뢰었다. 영조가 대신들에게 말한 내용과 다를 바 없다.

세정은 민간의 과부로 순정과 친밀했는데, 뼛가루를 구하면 편지 봉투에 싼 뒤 거어지(去於之)란 이름의 사람을 시켜 매번 순정에게 전해 주었다. 영조가 국문을 하자 처음에는 그런 일이 없었다고 변명을 하다가 낙형을 가하자 비로소 자백했다. 낙형은 불로 지지는 무서운 고문이다.

"뼛가루로 사람을 죽이는 방법을 순정에게 가르쳐 주었습니다."

세정이라는 과부가 피투성이가 되어 말했다.

"이른바 뼛가루란 무슨 뼛가루이고 어디서 구한 것이냐?"

"세교細橋에서 거름을 지는 사람인 김중청에게서 구했습니다."

"복랑의 말에 '흰 가루와 검은 가루가 있다.'고 하였다. 흰 가루는 사람 뼈일 것이나 검은 가루는 무슨 뼈냐?"

"검은 가루는 곧 여우 뼈인데 이도 또한 김중청에게서 구했습니다."

세정이 국문을 이기지 못하고 연루된 자들의 이름을 털어놓았다. 영조는 김중청과 박경유를 친국했다.

"순정이 아기들을 죽이려 한다고 했습니다."

박경유가 자백했다.

"아기들을 죽이려고 한다는 말이 무슨 뜻이냐?"

"나라의 아기를 모조리 죽이겠다고 했습니다."

"흉악하도다. 왕녀를 모조리 죽이려 했다니. 이미 '나라의 아기들을 모두 제거하려 했다'고 하였으니, 세자는 자연히 그 속에 들어있는 것이다. 그 말이 너무나도 더욱 흉악하다."

영조는 죄를 자백한 순정을 비롯하여 세정, 거어지, 이하방, 박경유, 논업을 모두 참수형에 처했다.

이 사건은 일개 궁녀가 영조의 자녀들을 모조리 독살하고 저주하여 많은 의문을 남겼다. 영조는 순정이라는 궁녀가 효장세자를 비롯하여 영조의 자녀들을 독살했다고 주장하고 있으나 독이 어디에서 나왔는지 전혀 언급이 없다. 오히려 이 사건은 경종의 독살설과 연결시켜 생각해 볼 필요가 있다. 경종이 독살되었다면 그를 지지하는 세력이 영조의 자녀들을 독살하거나 매흉을 했다고 볼 수 있다.

사관은 독살이라고 하지 않고 매흉이라고 기록하여 독살설을 부정하는 것처럼 보인다.

어찌되었거나 이 사건은 경종의 비 선의왕후 어씨의 돌연한 죽음으로까지 연결된다. 순정의 매흉사건이 끝나고 얼마 되지 않았을 때 선의왕후 어씨가 26세로 죽으면서 순정 사건에 대한 영조의 복수라는 의혹이 일어나기도 했다.

영조 6년 6월 28일 선의왕후 어씨가 갑자기 위독해졌다. 어씨는 구역증嘔逆症이 나고 몸을 떨면서 헛소리를 했다. 순정의 사건이 발생한 지 보름밖에 되지 않았을 때의 일이다. 내국 도제조 홍치중 등과 어의 권성징 등이 대비전의 침실에 입시하여 진찰했다.

"대비마마의 환후가 어떤가?"

영조가 어의 권성징에게 물었다.

"몹시 고통스러운 듯합니다."

영조는 권성징의 말을 듣고 대비전으로 달려갔다.

"지나치게 몸을 떨고 혹은 통곡하는 소리를 내며 혹은 읍성泣聲도 내는데, 의관들은 일찍이 이런 증후를 보았는가?"

영조가 대비전을 살피고 나와서 대신들에게 말했다.

"병자에게 흔히 있는 일입니다."

대신들이 아뢰었다.

"왕대비전께서 헛소리를 하시는 듯합니다."

내시가 달려와 아뢰었다. 영조는 다시 대비전으로 달려갔다.

"증후가 별로 아픈 곳은 없는 듯한데, 울음소리 같은 음성을 내며 손으로 물건을 치는 듯한 형용을 한다."

영조가 다시 대비전을 살피고 나와서 말했다.

"보통 이러한 증후가 많이 있으니, 그다지 염려할 것은 없습니다."

대신들이 대답했다. 그러나 선의왕후 어씨는 발병을 한지 하루 만에 죽었다. 어씨가 젊은 나이에 무슨 병으로 죽었는지 알 수 없다. 그러나 발병한지 하루 만에 죽었기 때문에 독살의 의심을 받게 되는 것이다.

"왕이 되는 것은 괴로운 일이다."

영조가 문녀의 무릎을 베고 누웠다. 문녀는 조선의 국왕 영조를 내려다보면서 슬픔에 잠겼다. 이미 고령인 영조가 죽는다면 그녀는 살아남기 어려울 것이다.

5장

나 죽은 뒤에
이 나라를
어찌하랴

경연은 임금에게 유교의 경전을 강론하는 것이다. 임금은 어릴 때 성균관에 입학하고 대궐에서 스승을 모시고 공부한다. 임금이 되고 성인이 되어 늙어 죽을 때까지 공부는 그치지 않는다. 이는 나라를 잘 다스리기 위한 방편으로 춘추시대에 제후들이 어질고 현명한 인물을 초빙하여 공부를 하던 고사에서 비롯되었다. 주문왕은 위수에서 강태공을 만나 아들 무왕의 스승으로 삼았고, 제환공은 관중을 중부로 부르면서 치도를 배워 패자가 되었다. 제선왕은 맹자를 초빙하여 스승으로 삼았는데 이때 맹자가 제선왕齊宣王에게 한 말, 필부론이 《진심편》에 남아 많은 사람들이 이를 교훈으로 삼았다.

맹자가 제선왕에게 말했다.

'백성이 가장 귀하고, 사직은 다음이고, 군주는 가장 가볍습니다.民为 贵, 社稷次之, 君为轻'

맹자는 제선왕에게 항상 하夏나라의 탕왕湯王과 주周나라의 무왕武王을 성군이라고 말했다. 그러자 제선왕이 맹자에게 물었다.

"하나라의 신하였던 탕이 걸왕桀王을 쫓아내고, 은殷나라의 신하였던 무가 주왕紂王을 시해했습니다. 이것을 과연 옳다고 할 수 있습니까?"

신하가 임금을 시해하는 게 옳은 일이냐고 물은 것이다. 이것은 자식이 부모를 시해하는 것이나 다를 바 없는 일이었다. 탕왕은 요부 말희와 함께 폭정을 일삼은 걸왕을 시해하고 은나라를 세웠고, 무왕은 달기와 함께 주지육림을 만들어 악정을 일삼은 주왕을 시해하고 주나라를 세웠다. 탕왕이나 무왕은 중국에서 요순에 이어 가장 훌륭한 임금으로 떠받들어지는데 역성혁명을 일으켰다고 하여 비난의 대상이 되기도 했다.

"인仁을 해친 자를 적賊이라 하고, 의義를 해친 자를 잔殘이라 하며, 잔과 적을 일삼는 자를 일부一人라고 합니다. 나는 일개 필부에 지나지 않는 걸과 주를 죽였다는 말은 들었어도 임금을 죽였다는 말은 들어보지 못했습니다."

맹자는 걸왕이나 주왕을 임금으로 인정하지 않고 일개 필부로 본 것이다.

본격적인 경연은 중국 한나라 때 유학자들이 황제에게 유교의 경전을 강론하면서 비롯되었다. 이는 경전을 빌미로 황제의 독단을 견제하기 위한 것이었다. 당나라 때는 시독학사와 시독강사를 두었고 송나라에서 유학이 비약적으로 발전했기 때문에 경연이 더욱 활발해졌다.

조선은 불교를 배척하고 유교를 숭상했기 때문에 경연이 임금의 필수적인 일과가 되었다. 세종은 거의 매일 같이 경연을 열고 집현전까지 창설했다.

성종은 어린 시절에 보위에 올라 재위 25년 동안 매일 세 번씩 경연을 열어 경연이 바야흐로 정치의 중심이 되기도 했다.

사서와 오경 및 역사책인『자치통감』『자치통감강목』과『성리대전』『근사록』『소학』『심경』『대학연의』『정관정요』등이 교재로 사용되었다.

나 죽은 뒤에
이 나라를 어찌하랴

오늘은 주강晝講이 있는 날이다. 주강은 낮에 하는 경연으로 오시午時에 시작한다. 주강을 하고 나면 답답하던 가슴이 풀릴까. 영조는 가슴이 타는 것 같았다. 날씨도 좋지 않았다. 영조는 자신도 모르는 누군가가 거대한 음모를 꾸미고 있는 듯한 기분이었다.

바람소리가 차가웠다. 잎사귀가 모두 떨어진 나뭇가지들이 잿빛 하늘에 앙상한 나뭇가지를 헹구고 있었다. 영조는 보련에 앉아서 눈을 지그시 감고 있었다. 주강이 열리는 경현당景賢堂으로 나가는 길이다. 세자의 평양행이 천하에 모두 알려졌다. 누가 일부러 그와 같은 소문을 낸 것일까. 영의정을 지낸 이천보와 민백상, 이후가 한 달 사이에 병으로 죽었다. 항간에는 세자를 보필하지 못한 삼정승을 영조가 혹독하게 질책했기 때문에 세 대신이 자살을 한 것이라고 하였다. 노론 대신들은 그일로 세자를 원망하고 있었다. 과연 그런가. 영조는 그들이 죽었을 때애석하게 생각했다. 특히 영의정 이천보 같은 인물은 죽은 뒤에 옷이한 벌밖에 없을 정도로 청렴했다. 이천보가 죽기를 바란 일은 한 번도 없었다.

이천보가 죽은 것은 지난 1월 5일이었다.

이천보는 연안延安 사람으로 젊어서 문장과 시문을 익혔다. 김창흡金昌翁이 그의 시문을 보고 매우 훌륭하다고 칭찬을 했었다. 영조가 보위에 오른 지 15년이 되었을 때 을과에 급제하여 홍문관에 들어가 정자正字가 되었고, 명망이 높아 이조참의와 승문원 부제조가 되었다. 당시의 대신인 김재로와 조현명이 번갈아 천거하여 이조참판 겸 예문관 제학을 삼았고, 얼마 있다가 차례를 뛰어넘어 병조판서에 임명되었고 이조판서로 자리를 옮겼다가 의정부에 들어가 우의정이 되었는데, 당시 나이 52세였고, 얼마 되지 않아 영의정으로 승진했다.

'대쪽 같은 성품이었는데….'

홍계희가 균역均役에 대한 일을 건의하자 영조가 이천보에게 명하여 비변사에서 홍계희와 균역에 대한 일을 의논하게 했으나 명에 응하지 않았다. 홍계희를 올바른 인물이라고 보지 않았던 것이다. 그는 세자의 장인인 홍봉한을 정승으로 발탁하려고 하자 불가하다고 아뢰었다.

'모두 옳은 말만 하는군.'

영조는 이천보의 주장을 물리치고 홍봉한을 정승으로 발탁했다.

이천보가 영중추부사로 물러나 병으로 죽었을 때 나이가 64세였다. 벼슬살이하면서 조심하고 조촐했는데, 그가 죽자 염습斂襲할 옷 한 가지 없었다. 그런 이천보가 음독자살했다고 소문이 난 것이다.

영조 37년(1761) 11월 8일이었다. 영조는 경현당에 나가 주강을 열고 『중용』을 강하였다. 대신과 비국 당상이 같이 입시했다. 주강은 임금이 북쪽에 앉고 1품은 동편에 2품은 서편에 앉는다. 3품 이하는 남쪽에 꿇어앉아 엎드리는데 『대학』이나 『자치통감』『근사록』『심경』 등을 읽고 이에 대해 강의를 한다. 일품이나 이품 대신들이 강독하는 신하의 설명을 보충하기도 한다. 임금은 강독한 내용에 대해 질문도 하고 결론도 내린다.

"걸과 주는 매우 무도한 자여서 『서경』에 '오직 왕이 음란하고 희롱하여 스스로 하늘에 거절을 당한 것이다.'라고 하였으니, 3대三代(하·은·주)의 유풍遺風이 남아 있었기 때문에 그 신하가 감히 이렇게 말한 것입니다."

유신儒臣 이재협이 아뢰었다.

"선과 악에 대해서 말하라."

"거짓으로 꾸며서 선을 행하는 것은 악을 행하는 것과 다름이 없습니다."

"거짓으로 꾸며서 선을 한 자는 그 심술을 논하자면 악을 하는 것보다 심하다."

영조가 말했다. 주강은 그것으로 끝이었다. 주강이 끝나면 정치 현안에 대해서 이야기를 한다.

"승지들을 파직하신 것은 대성인大聖人이 성색聲色을 크게 하지 않는다는 말씀에 맞지 않습니다."

이재협이 승지들을 파직한 것을 가지고 영조에게 아뢰었다.

"여러 신하는 나의 괴로운 마음을 알지 못하기 때문에 지난날의 일이 있었던 것인데, 유신이 감히 논하니 추고하는 것이 옳다."

영조가 은은하게 노기를 띠고 말했다. 추고는 벼슬아치의 잘못을 자세히 심문하여 벌을 주는 것이다. 죄의 유무는 나중에 따지고 일단 조사를 하는 것이다.

"신은 승지가 죄가 없다고 말한 것이 아닙니다. 이담李潭은 감히 변명을 하였으니, 청컨대 무겁게 다스리소서."

이재협이 다시 아뢰었다.

"체차하는 것이 옳겠다."

영조는 경연관 이재협을 교체하라고 영을 내렸다.

"체차는 중도에 지나칩니다."

시독관 이인배가 아뢰었다.

"아랫사람이 감히 감싸고 변명하니 체차하는 것이 옳다."

영조는 이인배도 교체하라고 말했다.

"차대를 하려고 하기 때문에 먼저 법강法講을 행하였는데 현재 세도世道가 과연 어떠한가? '체천 건극 성공 신화體天建極聖功神化' 여덟 글자에 대하여 내가 몹시 부끄럽게 생각하고 있다. 오늘의 세계가 당黨에서 비롯하여 반역이 되니 여러 신하가 만약 그러한 것을 안다면 반드시 당을 하지 않을 것이다. 경이 아뢴바 수삼인數三人을 한결같이 물리쳐서 복직하지 못하게 한 것은 내가 다른 뜻이 없고 나라를 위한 괴로운 마음에서 그리한 것이다. 조영순을 보았을 때 그 조부만 못하고, 조관빈趙觀彬은 그 사람이 착하고 좋다. 지금 조영순 그가 '매진媒進' 두 글자를 말하였는데, 나는 무심히 말한 것을 그는 곧 의도를 두고 말하였다. 그가 비록 옛날 경연을 함께 하던 신하였으나 지금은 한 변방邊方의 신하가 되었는데, '전하가 누구를 보았느냐?'고 하는 말을 어찌 감히 한단 말인가? 진실로 방자하다. 곧 처분하려고 하였으나 지난번에 서지수가 승진 발탁된 지 오래지 않아서 문득 멀리 유배되는데 이르렀으니, 내가 이제 뒤좇아 생각하면 부끄럽다. 이제 만약 또 조영순을 배척하면 무엇을 듣고 왔다가 무엇을 보고 가느냐는 것과 같음이 있기 때문에 과단성 있게 하지 못하였으나 2품직에 두는 것은 마땅하지 않으니, 변지邊地 당상堂上에 제수하려고 한다."

영조는 조영순을 비난하고 있었다. 노론이니 소론이니 당을 만드는 것도 반역이라고 비난했다. 대신들이 일제히 영조를 만류했다.

"전하께서 누구를 보았는지 모르겠다는 등의 말은 진실로 방자하다.

임금과 신하의 구분이 엄격하지 못하여 분수가 실추되고 어긋난 것이다. 엄중히 처분함이 마땅하나 옛날에 서용한 것을 느꼈고 한번 등용하였다가 다시 내쫓는 것도 군왕으로서 사람을 임용하는 방도가 아니다. 비록 참작을 한다 하나 그 옛 습관을 징계하고 군신君臣의 도를 엄격히 하는 데에 있어 규례에 따라 처분할 수 없기 때문에 먼저 대신에게 깨달아 알도록 가르치고 오늘 하교하는 것이다."

영조가 영을 내렸다.

"어저께 대답의 실수는 경연 석에 있었던 일에 지나지 않습니다."

우의정 윤동도가 아뢰었다.

"무신 장지항과 문신 조영순은 크게 좌절을 겪은 뒤에야 그 객기客氣가 저지될 것이다."

영조는 조영순과 장지항에게도 불만을 터트렸다. 그는 얼마 전 세손 이산과 함께 주강을 했던 일이 떠올랐다.

"상常이란 무엇인가?"

영조가 세자의 아들 이산에게 물었다.

"응당의 뜻입니다."

이산이 대답했다.

"지나치게 먹고 지나치게 자는 것도 또한 상常이라고 하겠는가?"

"먹을 때를 당하여 먹고 잘 때를 당하여 자야할 것이니 지나치면 상도常道가 아닙니다."

"배가 고플 때에 어떻게 조절하고 혼미하여 넘어졌을 때에 어떻게 한계를 정하겠는가?"

"마음에 항상 생각하여 스스로 지나치지 않게 하여야 합니다."

영조는 속으로 고개를 끄덕거렸다. 그는 손자가 아들보다 훨씬 낫다고 생각했다.

"천지의 사이에 태어나서 누가 능히 천성天性을 따르는가?"

"사람마다 모두 천성이 있으니 모두가 따를 수 있습니다."

"잘 대답하였다. 무엇으로서 교敎를 삼는가?"

"수련하는 것이 곧 교가 됩니다."

"『소학』《입교편》에 어찌하여 이것이 올라 있는가?"

"초권初卷이기 때문에 올라 있습니다."

"강관講官이 말하지 않았던가? 도道를 수련하는 것이 교敎가 되므로 여기에 올린 것이다."

영조는 잠시 하늘을 쳐다보았다. 세손 이산은 영특하지만 아직 어린 아이에 지나지 않았다.

"하늘이 명한 바를 어찌하여 아는가?"

"사람이 처음 태어났을 때에 선천적으로 얻은 것이 상도가 있기 때문에 명命이라 한 것입니다."

"네가 능히 성품을 따르겠는가?"

"착한 것을 하면 따를 수 있습니다."

"네가 능히 교화하겠는가?"

"능히 착하게 하면 교화할 것입니다."

영조는 유신에게 명을 내려 문의文義를 진달하게 하였다.

"중용의 도는 혼자 있을 때에도 삼가는 데에 있으니, 항상 마음을 속이지 않는 것으로써 힘써야 합니다."

시독관 엄인이 말했다.

"유신이 진달한 바를 세손은 알아듣겠는가?"

영조가 이산에게 물었다.

"어떠한 일을 행하는데 남이 알지 못하게끔 하는 것이 곧 속이는 것이요, 이와 같지 않으면 속이지 않는 것입니다."

"잘 대답하였다. 네가 거처하는 당호堂號는 무엇이라 하는가?"

"근독합謹獨閤입니다."

"근謹도 또한 신愼 자의 뜻이다. 너는 반드시 마음을 가지런히 하라. 네가 만약 불량한 짓을 저지르고도 남에게 고하지 않는다면 이는 속이는 것이다. 숨기는 것만큼 더 잘 나타나는 것이 없으며, 세미細微한 것만큼 더 잘 드러남이 없다고 하였다. 지극히 숨기는데 어떻게 해서 드러난다고 하며, 지극히 세미한데 어떻게 해서 나타난다고 하는가?"

"그 폐와 간을 보는 것과 같다고 하는 것이 이에 가깝습니다."

"잘 대답하고 잘 인용하였다."

영조가 탄식을 했다. 영조는 세손이 어리기 때문에 걱정이 되었다. 세자는 이미 그의 마음에서 떠난 지 오래였다.

'아아 내가 죽은 뒤에 이 나라를 어찌할 것인가?'

영조는 경연을 파하자 가슴이 타는 것 같았다.

만고의 역적이 되라는 왕명

영조는 눈을 지그시 감고 있다. 세 대신은 숨을 죽이고 영조를 바라보았

다. 영조의 청천벽력 같은 말, 세자를 고변하라는 명을 받은 지 두 번째
의 소대였다.

비가 오려는 것일까. 영조가 앉아 있는 편전 밖은 한낮인데도 어둠침
침했다. 영조는 그들의 말을 누가 엿듣는 것을 방지하기 위해 시민당의
문을 활짝 열어놓고 있었다. 살매 들린 바람에 시민당 담 밑의 후박나무
잎사귀가 검푸르게 살랑대는 것이 보였다.

노론 세 대신은 영조의 명을 받들 수가 없었다. 세자를 폐위해도 그
아들이 보위에 오르게 된다. 세손이 보위에 오르면 세자를 탄핵한 노론
대신들은 하나도 살아남을 수 없게 된다. 그런데 영조는 그 일을 노론에
게 하라고 다그치고 있었다.

"내가 죽은 뒤에 사직이 어찌 되겠는가?"

영조의 목소리는 전에 없이 침중했다. 대신들은 입을 다문 채 대꾸를
하지 못했다. 대신과 임금이 만나면 사관이 배석하여 기록하는데 오늘
은 사관조차 배석시키지 않고 있다. 세 대신은 영조의 말에 대답하지 못
하고 머리만 숙이고 있었다.

우르르.

어두운 하늘에서 뇌성이 울었다.

"세자가 보위에 오르면 연산군 같이 될지 어찌 아는가?"

"하오나 병을 잘 치료하면 회복할 가망이 없는 것이 아닙니다."

홍계희가 머리를 조아리면서 대답했다.

"이미 10년이 지났다. 10년 동안 오로지 세자의 병이 낫기를 기다렸는
데 소용이 없지 않았는가? 어느 아비가 자식이 죽기를 바라는가?"

세자를 폐위하고 세손을 보위에 오르게 할 수는 없다. 세자가 반발하

는 것을 막기 위해서는 죽일 수밖에 없다. 폐위가 세자의 죽음으로 이어 진다는 것을 알기 때문에 노론 세 대신은 선뜻 대답을 하지 못하고 있는 것이다.

"전하의 영을 받들면 신들은 만고의 역적이 될 것입니다."

김한구가 떨리는 목소리로 대답했다. 아무리 영조의 영이라고 해도 그 아들을 폐위시키는 일에 나설 수가 없었다.

"만고의 역적이 되는 것이 두려운가? 사직이 망하는 것이 두려운가?"

영조의 두 눈에서 푸른 광채가 뿜어졌다. 세 대신은 몸을 떨면서 대답 을 하지 못했다.

"나는 대의멸친을 하고자 한다. 내가 이러한 결단을 하는데 경들이 나 를 돕지 않으려는 것인가?"

영조가 춘추시대의 고사 대의멸친까지 들고 나왔다. 대의멸친은 위衛 나라의 충성스러운 대부 석작石碏이 아들 석후石厚가 반란에 가담하자 아들이 옳지 않다면서 대의를 위하여 아들을 죽인 일을 말한다.

"신들이 어찌 전하의 명을 거역할 수 있겠습니까?"

김상로가 비통한 목소리로 말했다. 영조가 대의멸친까지 들고 나오자 사세가 어쩔 수 없다고 판단한 것이다.

"액정 별감 중에 나상언이라는 자가 있다. 그 자의 형이 나경언이라고 하는데 형조판서 윤급의 청지기다."

"윤급의 청지기입니까?"

"나경언에게 지시를 하였다."

나경언에게 지시를 했다고? 임금은 세자의 처분을 마음속에서 결정 한 것이다. 세 대신은 전신을 부르르 떨었다.

윤급 초상화. 윤급은 탕평론을 노골적으로 반대해 자주 파직되고 좌천되었으나, 영조는 그의 원칙론적인 언론을 신뢰했다. 나경언은 윤급의 청지기(잡일을 맡아보거나 시중을 드는 사람)였다.

"신들이 이곳에 있는 것을 옥당玉堂(홍문관)에서 알면 반드시 연유를 캐물을 것입니다."

옥당, 곧 홍문관에서는 임금이나 신하들의 잘못을 탄핵한다.

"옥당에서 어찌 알겠는가?"

"양사에서도 그냥 있지 않을 것입니다."

"양사도 알 수가 없다."

영조가 짜증스러운 목소리로 내뱉었다. 임금이 지시를 하는데 너희가 핑계를 대느냐는 듯한 말투였다.

"옥당이나 양사에서 모른다고 해도 승정원에서는 알 수 있을 것입니다."

"경들을 비밀리에 입궐시켰다. 경들이 말하지 않는 한 모를 것이다."

"신들에게 말미를 주시옵소서."

"서둘러라. 서두르지 않으면 경들을 체차하겠다."

영조가 세 대신을 싸늘하게 쏘아보다가 일어났다. 세 대신은 더욱 머리를 조아렸다. 영조가 내관 하나를 거느리고 밖으로 나갔다. 세 대신은 영조가 나간 뒤에도 한동안 움직이지 않았다.

"이 일을 어찌하는 것이 좋겠소?"

김상로가 비로소 허리를 펴고 물었다.

"윤급과 상의해 보는 것이 어떻겠소?"

"이 일은 함부로 발설할 수 없소. 윤급이 모르는 일이라고 하면 어찌

하겠소?"

"전하께서 나경언이라는 자가 윤급의 청지기라고 하였소. 일개 청지기의 이름을 전하께서 어찌 아시겠소?"

"윤급이 관련이 있다는 말이요?"

"여기서 왈가왈부할 것이 아니라 대궐을 나갑시다. 나가서 의논합시다."

홍계희의 말에 그들은 자리에서 일어났다. 영조가 자신의 아들을 죽이려고 하고 있었다. 소론 대신들은 참여하지 않고 오로지 노론 대신들만 불러서 밀명을 내렸다. 먼 훗날 소론 대신들이 알게 되면 그들을 역모로 몰 것이다.

그들은 금위군의 안내를 받아 금호문으로 나왔다. 금호문에는 그들의 하인들이 기다리고 있었다.

"내 집이 가까우니 갑시다."

홍계희가 말했다. 세 대신은 안국방에 있는 홍계희의 집으로 갔다. 영조가 그랬던 것처럼 사랑의 문을 활짝 열어놓았다.

"전하께서 액정 별감 나상언의 형에게 지시했다고 하는 것은 이미 대계를 실행하고 있다는 증거요."

김상로가 좌중을 돌아보면서 말했다.

"그럼 나상언의 형 나경언이 고변자가 되겠군요."

"나경언이 고변을 하면 우리는 뒤를 바치라는 말씀인 것 같습니다."

홍계희와 김한구가 번갈아 말했다.

"전하의 지시니 따릅시다. 우리는 전하를 즉위하게 하지 않았소?"

김상로가 침중한 표정으로 말했다. 노론은 영조를 위해 많은 사람들이 죽음을 당했다. 영조와 함께 갈 수밖에 없다.

"이는 만고의 역적이 되는 일입니다."

김한구가 불안한 표정으로 말했다.

"전하는 세자를 폐위시키고 세손은 어찌한다고 하오?"

"전하께 다른 왕자가 없으니 세손에게 보위를 잇게 하실 생각인 것 같소."

"세손께서 보위에 오른 뒤에 이 일을 알면 우리를 살려주시겠소?"

"전하께서 우리에게 고변하게 하지 않았으니 그나마 다행이오. 대죄는 면할 수 있을 것이오."

김상로가 밖을 내다보면서 말했다.

우르르.

어두운 하늘에서 뇌성이 울더니 마침내 빗줄기가 세차게 쏟아지고 있었다.

고양이 목에
방울 달기

하얀 빗줄기가 자욱하게 쏟아지고 있었다. 주막의 밖으로 소낙비가 쏟아지는 한강이 한 눈에 내려다보였다. 빗줄기가 쏟아지고 있지만 날씨는 후텁지근했다. 나경언은 우의정 윤동도의 아들 윤광유를 물끄러미 바라보았다.

"자네의 뒷배는 우리가 보아줄 것이네. 불만이 있는가?"

윤광유가 주위를 경계하듯이 사방을 살핀 뒤에 낮게 말했다.

"소인 같은 일개 겸종이 어찌 세자를 고변하겠습니까? 저희 일가는 멸문을 당할 수도 있습니다."

나경언이 몸을 떨면서 대답했다.

"세자의 비행은 천하가 다 알고 있다. 너도 대궐에 있었으니 알고 있을 것이 아니냐?"

"예."

세자가 광패한 것은 나경언도 한때 대궐에서 액정 별감 노릇을 하고 있었기 때문에 잘 알고 있었다.

"또한 도박을 하여 빚이 있는 것으로 알고 있다."

윤광유의 말에 나경언은 낯빛이 흐려졌다. 윤광유는 이미 세자에 대해 자세하게 알고 있었다.

"저희 대감도 알고 계십니까?"

나경언이 말하는 대감은 형조판서 윤급을 이르는 말이다.

"노론의 대신 모두가 알고 있다."

나경언은 윤급이 알고 있다는 말에 가슴이 찌르르 울리는 것 같았다. 윤급은 대쪽 같은 성품이라 이런 일에 관계하지 않을 것이라고 생각했다. 그러나 일개 청지기인 그를 노론 대신들에게 천거한 것은 윤급 외에 없을 것이라고 생각했다.

"세자가 대궐을 나와 무뢰한과 같은 짓을 하고 있다는 것을 알고 있느냐?"

"세자가 아닌 것으로 알고 있습니다."

"세자가 아니면 누구란 말이냐?"

"세자를 사칭하고 다니는 무리들이 있습니다."

나경언의 말에 윤광유의 눈이 커졌다. 세자를 사칭하고 다니는 인물은 박지성과 김인서, 김인단으로 영조 38년 윤 5월 4일에야 복주伏誅된다. 박지성과 김인단은 밤에 수하들을 거느리고 다니면서 악행을 저지르고 다녔다.

"비켜라, 세자 저하 행차시다."

그들은 구종별배들을 시켜 벽제소리까지 하면서 한양 장안을 휘젓고 다녔다. 종적이 음흉하고 비밀스러워 사람들은 그들의 정체를 헤아리지 못했다. 하루는 산대놀이가 여승들이 있는 안암동 절에서 벌어진다는 말을 듣고 구경을 하러 가던 중 민가를 지나가게 되었다. 그때 열려 있는 한 초가에 부녀가 있는 것을 보고 이들이 들어가 차례로 강간했다.

"우리가 누구인지 아느냐? 나는 세자다. 오늘의 일을 발설하면 용서하지 않을 것이다."

일이 끝나자 김인서 등이 여자를 위협했다. 여자는 공포에 질려 몸을 떨었다.

'세자가 평민을 겁탈할 일이 없다.'

여자는 피눈물을 흘리면서 형조로 달려가 고발했다.

"그들이 세자 저하라고 했느냐?"

형조참판 이이장이 피투성이 여자를 보고 물었다.

"그러하옵니다."

"그 자들이 어디로 간다고 했느냐?"

"안암동의 절이라고 했습니다."

"그 무리를 알아보겠느냐?"

"예."

형조참판 이이장은 즉시 그 자들의 발자취를 따라가 체포했다. 이이장이 그들을 형조에 가두고 조사하자 세자를 사칭하고 돌아다니던 무리들이었다. 형조에서 영조에게 아뢰자 모두 사형에 처하라는 영을 내렸다.

나경언은 윤광유를 묵묵히 응시했다.

'이는 고양이 목에 방울을 다는 것과 같다.'

나경언은 세자를 고변하는 일이 쥐가 고양이 목에 방울을 다는 것 같다고 생각했다.

"궁할 테니 우선 쓰도록 하라."

윤광유가 엽전 한 꾸러미를 나경언에게 던져주었다.

"서두를 것은 없다. 때가 되면 너에게 일러줄 것이다."

"예."

나경언이 절을 올리자 윤광유가 주막을 나갔다. 나경언은 빗줄기가 세차게 쏟아지는 삼개나루로 휘적휘적 걸어가는 윤광유의 뒷모습을 시린 눈빛으로 응시했다.

나상언이 주막으로 찾아온 것은 한 시진이 지나지 않아서의 일이었다. 나경언은 이미 술에 취해 있었다.

"형님, 어떻게 하려고 이러십니까?"

나상언이 눈살을 찌푸리면서 물었다. 그는 소낙비를 맞아 온몸이 흠뻑 젖어 있었다.

"내가 어떻게 하기를 바라느냐?"

"이렇게 술에 취해 있으면 안 되지 않습니까?"

"내가 이 술을 언제까지 마실 수 있을 것 같으냐?"

나경언이 나상언을 지그시 응시했다.

"무슨 말씀입니까? 전하께서 부귀를 약속하셨습니다."

"그래?"

나경언이 쓸쓸하게 웃었다.

"이거 받으십시오."

나상언이 고변서 두 통을 나경언에게 내밀었다.

"무엇이냐?"

"고변서입니다."

"고변서가 어찌 두 통이냐?"

"붉은 것은 형조에 바치고 누런 것은 전하에게 바쳐야 합니다. 형님은 글을 모르니 잘 기억하십시오."

니상언의 말에 나경언이 두 개의 봉투를 품속에 갈무리했다.

"술이나 한 잔 할까?"

"아닙니다. 저는 돌아가야 합니다."

"그래? 그럼 형에게 한 잔 따르거라."

나경언의 말에 나상언이 술을 따랐다. 나경언은 세자를 모함하는 일에서 손을 떼고 싶었다. 그러나 그가 손을 뗀다고 영조가 살려두지 않을 것이다. 그를 죽이고 그의 동생도 살려두지 않을 것이다.

"형님, 가보겠습니다."

나상언이 허리를 숙여 보이고 물러갔다. 나경언은 동생이 빗속으로 사라지는 모습을 묵묵히 바라보다가 천천히 술잔을 기울였다.

6장

차라리
미쳐버리는 것이
낫지 않겠는가?

딸을 사랑한 아버지

꽃잎이 자욱하게 날리고 있었다. 영조는 보련을 타고 영빈 처소로 향했다. 영빈 이씨가 처소 앞에서 화완옹주와 꽃을 바라보다가 영조를 맞이했다. 화완옹주는 정치달과 혼례를 올려 대궐 밖에서 살고 있는데 어머니에게 문안을 드리러 온 것이다. 모녀가 꽃나무 아래에서 담소하는 모습이 정겨워 보였다. 화완옹주는 어린아이까지 데리고 있었다. 영조가 영빈 처소에 좌정하자 화완옹주가 절을 올렸다.

"이 아이가 후겸이냐?"

영조가 화완옹주의 얼굴을 살피면서 물었다. 화완옹주는 정치달에게 시집을 갔으나 8년 만에 정치달이 죽어 청상과부가 되었다. 시집을 가기 전 대궐에 있을 때부터 유난히 사랑했던 딸이었다.

"예."

화완옹주는 정치달과의 사이에 소생이 없다. 딸 하나를 두었으나 두 살이 되었을 때 죽었다. 아들이 없어서 정석달의 아들 정후겸을 양자로 들였다. 시집을 갔기 때문에 대궐에서 나가 살고 있다. 남편도 없이 살고 있는 딸을 볼 때마다 영조는 안타까웠다.

화완옹주는 영빈의 소생이다.

영빈은 일개 궁인이었으나 영조의 총애를 받아 귀인이 되었고 딸을 줄줄이 넷을 낳은 뒤에 세자를 낳았다.

영빈은 영조 11년(1735) 1월 21일이 되어서야 원자를 생산했다. 영조는 그때까지 아들이 없었기 때문에 근심이 가득했는데 이씨가 아들을 낳자 춤을 추며 기뻐했다.

"삼종三宗(효종·현종·숙종)의 혈맥이 장차 끊어지려 하다가 비로소 이어지게 되었으니, 지금 다행히 죽은 뒤에 열성조를 뵐 면목이 서게 되었다. 즐겁고 기뻐하는 마음이 지극하니 그 감회 또한 깊다."

영조가 기뻐하면서 대신들에게 말했다.

"원자를 보양하는 절차를 진실로 극진하게 해야 마땅하나 절약하고 검소하여 오랫동안 복을 누릴 수 있도록 해야 합니다."

봉조하 민진원이 아뢰었다.

"보양의 도리는 검약하는 데에 있습니다."

판부사 서명균이 아뢰었다.

"유념하겠다."

"옛날 경종께서 처음 태어났을 때 인현왕후께서 취하여 아들로 삼았었는데, 지금도 또한 마땅히 그렇게 해야 합니다."

민진원이 아뢰었다. 영빈이 아들을 낳았으나 정성왕후가 키워야 한다는 뜻이다. 여러 대신들이 원자의 호號를 빨리 정하여 종묘에 고하고 사면령을 반포하기를 청했다.

"삼종의 혈맥을 지금 부탁할 데가 있으니 즐겁고 기쁜 마음을 어찌 말하랴? 내전에서 아들로 취하고 원자의 호를 정하는 일을 어찌 조금이라도 늦출 수가 있겠는가? 즉시 이를 거행하여 위로는 종묘와 사직에 고하고 아래로 팔도에 반포하도록 하라."

영조가 영을 내렸다.

"무릇 원자궁에 종사하는 자들은 궁인과 내관을 물론하고 반드시 부지런하고 후덕한 자를 골라서 좌우에 둔다면 자연히 습관과 성격이 잘 이루어지는 효과가 있을 것입니다."

봉조하 이광좌가 아뢰었다.

"내전에서 아들로 취하는 것은 사체가 매우 중하니, 마땅히 화기가 궁궐에 넘쳐흐르도록 해야 합니다. 신이 여러 번 이러한 말씀을 우러러 권면하였으나, 아직도 그 효과가 없으니 전하의 큰 도량에 비추어 유감이라고 하지 않을 수 없습니다."

영성군 박문수가 아뢰었다. 박문수는 속히 영빈 이씨의 아들을 정성왕후에게 보내라고 한 것이다.

"효과가 있는지 없는지를 경이 어떻게 아는가?"

"진실로 화평스러운 미덕이 있었으면 이남二南(시경의 주남과 소남)의 교화가 반드시 이미 멀고 가까운 곳에 두루 미쳤을 터인데, 조정의 신하들이 어찌 이것을 알지 못하겠습니까?"

"내가 마땅히 권면하기를 더하겠다."

"당론은 실로 망국의 기초가 되는데, 지금 국가에서는 단지 한 살 먹은 원량만이 있을 뿐입니다. 이러한 때에 여러 신하들이 만약 당파의 마음을 가진다면, 그것이 어찌 나라를 걱정하는 도리이겠습니까? 전하께서 비록 '이미 탕평을 이루었다'고 하시나, 능히 민진원과 이광좌로 하여금 머리를 맞대고 일을 집행하도록 하지 못하시니 이것은 가짜 탕평에 지나지 않습니다."

박문수가 신랄하게 아뢰었다. 민진원은 노론이고 이광좌는 소론이었다. 박문수 역시 소론이었으나 노론에게 밀리고 있었기 때문에 이러한 주장을 한 것이다.

"삼종의 혈맥이 지금 다행히 다시 이어졌으니, 원자를 도와주어서 나라를 편안하게 하는 것은 오로지 경들이 삼가 협조하는 데에 달려 있을 뿐이다."

"원자를 보양하는 절목은 내전에서 모두 직접 맡아서 관리해야 마땅합니다."

조현명이 아뢰었다. 세자의 출생은 영조를 크게 기쁘게 했다. 영빈이 임신을 할 때마다 아들이기를 간절하게 바랐으나 딸을 넷이나 낳은 뒤에야 겨우 아들을 얻은 것이다.

"진중하지 않으면 위엄이 없는 것이니, 칭호를 정하는 이 초기에 마땅히 그 규모를 크게 하여, 일시의 보고 듣는 것을 존엄하게 해야 할 것이다.'

영조가 영빈 이씨에게 말했다. 원자의 칭호를 정할 때 중전에서 해야 존엄해 진다는 것이다. 영조는 백일이 지나자 어린 세자를 경종이 거처하던 전각으로 옮기도록 하고, 전각의 이름을 '저승전儲承殿'이라고 지었다. 저승전은 세자를 받드는 집이라는 뜻이다.

'아들을 내가 키우지 못하다니….'

영빈 이씨는 슬픔을 참을 수가 없었다. 그러나 영조는 영빈 이씨의 아들을 정성왕후가 키우는 것이 아니라 경종을 모시던 궁녀와 내관들을 배치하여 키우게 했다. 그것은 경종의 독살설로 골치를 앓고 있던 영조가 그들과 화합을 하기 위한 조치였다. 그러나 경종을 모시던 궁녀들은 성품이 바르지 않았다.

"영빈이 비록 세자를 낳기는 하였으나 이는 사친私親이다. 군신君臣의 의리가 있는 만큼 자주 만나게 해서는 안 된다."

세자를 보필하는 내관과 궁녀들은 영빈의 출입마저 제한했다. 영빈이 세자를 만날 때는 반드시 빈嬪으로서 정전에 나아가 뵙는 예법을 적용하여 예절과 의식으로 제약을 받게 했다.

"내 아들을 만나는데 온갖 예절을 다 바쳐야 하다니…."

영빈 이씨는 아들을 만나고 돌아올 때마다 눈물을 흘렸다.

영빈은 자신이 낳은 아들을 자주 만나지 못하고 하루에 한 번이나 하루건너 한 번, 또는 며칠 건너 한 번 만나기도 하고, 간혹 한 달에 한두 번 만나기도 했다. 그것은 영조가 생각하지도 못했던 일이었다.

동궁전의 내관과 궁녀들은 영빈 이씨가 아들에게 깍듯이 절을 하게 하여 모자간을 소원하게 만들었다.

그들은 영조가 자주 세자를 찾아오는 것을 살피기 위해 대궐의 골목에다 사람들을 늘어세우고 날마다 영조의 동정을 엿보았다. 영조는 몇 년이 지날 때까지 이런 사실을 알지 못했다.

영조와 세자 이선이 서로를 불신하게 된 까닭은 무엇일까. 『한중록』이나 『영조실록』은 이선이 어릴 때 내관과 궁녀들이 잘못 이끈 탓이라고 기록하고 있다. 이선은 젖을 떼기도 전에 생모와 헤어져 자라게 되면서 성격 형성에 일차적인 문제가 발생했다.

사랑을 받지 못하는 아이는 사랑을 줄지 모른다.

이선은 내시와 궁녀들 손에서 자랐다. 생모인 영빈 이씨의 따뜻한 손길은 받을 수 없었다. 이선은 자신을 둘러싸고 있는 궁녀와 내시들이 마음에 들지 않았다. 생모 이씨가 자신을 만나러 왔다가 울면서 돌아가는 것을 보고 어린 마음에도 서글펐다. 그는 8세가 되었을 때 그와 같은 사실을 울면서 영조에게 고했다.

'내가 잘못했구나.'

영조는 경종의 궁녀와 내시들에게 세자를 맡긴 것을 후회하고 집복헌으로 옮겨 주었다. 그러나 집복헌도 영빈 이씨의 처소와는 멀리 떨어져 있었고 궁녀와 내시들도 그대로 따라왔다.

"일이 경종과 관계된다는 것은 그 혐의가 매우 적고, 세 종통의 혈맥은 관계된 바가 매우 큰 것인데 어떻게 일시적으로 혐의를 없애기 위해 사직의 중함을 생각하지 않을 수 있겠습니까? 이 문제 때문에 두 궁宮 사이에는 화기가 점차 삭막해지고 있으니 당장 통곡을 하며 세상을 버리고 싶은 심정입니다."

화평옹주가 울면서 영조에게 호소했다.

"어머님께서도 세자를 옮기도록 도와주십시오."

화평옹주는 영빈에게도 간절하게 권했다. 그러나 세자의 처소를 옮기는 것은 쉽게 결정이 되지 않았다. 그러는 동안 영조와 세자의 부자 사이가 점점 멀어졌다. 영조는 세자에게 엄격하게 대했고 세자는 그런 영조를 무서워하게 되었다. 영조는 정묘년丁卯年(1747년), 세자가 13세가 되었을 때 비로소 경춘전으로 옮겨 주었다. 그러나 그때는 이미 세자의 이상 성격이 형성되어 있었다.

영조는 딸들을 유난히 사랑했다. 영빈 이씨 소생인 옹주가 홍역을 앓아 위태로워졌다.

"여염의 아이들도 병이 있으면 친족의 집으로 옮겨서 피하게 하는 규정이 있습니다."

의관이 피병을 하게 하자고 제안했다.

"내가 하고 싶지 않은 것을 남에게 하지 말라는 말이 있다. 비록 종신 宗臣의 집이라도 만약 어린 자식이 있으면 보내고 싶지 않다."

영조는 딸을 대궐에서 내보내고 싶지 않았다. 그러나 옹주의 병이 더욱 심해지자 새벽에 밀창군 이직의 집으로 보냈으나 겨우 금위영禁衛營 문 앞에 이르렀을 때 숨이 끊어졌다. 영조는 통곡을 하고 울었다.

조선시대에는 많은 아이들이 10여 세가 되기 전에 각종 질병으로 목숨을 잃었다. 홍역이나 천연두 같은 전염병이 창궐하면 수천 명, 수만 명이 목숨을 잃기도 했다. 영조의 넷째 옹주가 죽고 얼마 되지 않았을 때 화평옹주가 앓아누웠다.

화평옹주는 영조의 둘째 딸로 영빈 이씨의 소생이었다. 영조가 매우 사랑하여 금성위 박명원에게 시집을 보냈다.

"소녀의 병이 위독하여 다시 아바마마를 모실 수가 없을 것 같습니다."

화평옹주가 가인을 시켜 영조에게 고했다.

"화평옹주가 위독하다니 그 무슨 말이냐?"

영조는 깜짝 놀라 화평옹주의 집으로 달려갔다. 임금은 함부로 행차를 할 수가 없다. 임금이 행차를 하게 되면 각종 의전이 필요하고 대신들이 수행하고 군사들이 호위한다. 그러나 영조가 워낙 사납게 재촉했기 때문에 대신들은 미처 모이지도 못하고 의장儀仗도 준비할 수 없었다.

영조가 도착하자마자 화평옹주가 숨을 거두었는데 몸소 빈소에 임어하여 통곡하면서 울었다. 날씨가 무더웠는데 밤새도록 영조가 환궁하지 않아 대신들과 승지들이 접견하게 해달라고 청했으나 듣지 않았다. 영조는 딸의 죽음을 슬퍼하면서 상가에서 밤을 새웠다.

영조는 상례를 치르는 화평옹주 집에 있으면서 창덕궁에 이차移次(대궐 밖에서 임금이 머무는 곳)하라고 명을 내렸다. 창경궁보다 창덕궁이 화평옹주의 집에서 가까웠기 때문이었다. 그날부터 장대비가 쏟아지기 시작했다.

"전하, 대신들이 밖에서 비를 맞고 있습니다."

내시들이 들어와 영조에게 고했다.

"대신들은 돌아가도록 하라."

"임금이 민가에 계신데 어찌 돌아갈 수 있겠습니까?"

"대신들은 자식들도 없다고 하느냐?"

영조가 눈을 부릅뜨고 소리를 질렀다. 영조가 화평옹주의 집에 머물고 있어서 백관과 군병들이 하루 종일 밖에서 비를 맞았다. 영조는 음식물조차 먹지 않았다. 그러나 밤이 되자 대신들과 군병들이 밖에서 고생을 하는 것을 보고 대궐로 돌아가지 않을 수 없었다.

영조는 창덕궁으로 돌아간 뒤에도 잠을 이루지 못했다. 영빈 이씨와 함께 딸을 생각하면서 울었다.

"미음 같은 음식도 잘 넘기지 못하여 매양 답답한 때가 많다. 태묘太廟에 절을 올린 뒤에야 마음이 조금 안정될 것 같다."

영조가 대신들에게 말하고 종묘로 행차했다. 그는 숙종의 신위를 모신 태묘에 절을 했다. 조상들에게 자식들을 돌보아달라고 빌었다.

"전하께서 옹주의 상사 때문에 슬퍼하는 것이 여기에 이르렀으니, 이런 내용을 사책史冊에 기록한다면 전하를 어떠한 임금이라고 여기겠습니까?"

조현명이 아뢰었다.

"이번만이 아니라 효장세자의 묘우廟宇(신위를 모신 집)를 지날 적마다 마음이 항상 답답하였다. 부모와 자녀 사이에는 부모 마음을 잘 알아주는 자식이 있는 것이니, 며느리의 경우에는 현빈賢嬪(효장세자빈)이 내 마음을 알아주고 딸의 경우에는 화평옹주가 내 마음을 알아주었는데, 이제 갑자기 이 지경에 이르렀다. 내가 자식을 사랑하는 마음에서 그러는 것이 아니라, 단지 그의 사람됨을 애석하게 여겨서 그런 것이다."

영조는 슬픔을 감추지 않고 말했다.

영조는 태묘에 절을 올린 뒤에 환궁하다가 갑자기 화평옹주의 상가로 행차를 바꾸었다. 대신과 약원藥院에서 깜짝 놀라 돌아가자고 아뢰었다.

"경들이 기필코 막으려고 한다면 나의 신하가 아니다."

영조는 강경하게 말했다. 영조는 수레를 타면서 눈물을 흘리고 가슴을 치면서 울었다. 대신들은 당황하여 어찌할 바를 몰랐다. 영조는 호종하는 군들에게 호통을 쳐서 화평옹주의 집으로 향했다. 화평옹주의 집은 다시 발칵 뒤집혔다. 임금이 대궐로 돌아갔다가 하루 만에 다시 찾아온 것이다. 상례도 치러야 하고 임금도 접대해야 하니 상주인 박명원은 여간 난감한 일이 아니었다. 상가를 찾아온 문상객들도 모두 꿇어 엎드려 있어야 하고 수행원들로 집 안팎이 가득했다.

"전하, 신을 벌하소서."

금성위 박명원이 땅에 엎드려 죄를 청했다. 부인인 화평옹주의 장례를 치러야 하는데 또다시 임금이 찾아왔으니 당혹스럽기 짝이 없었다. 차라리 죄를 청하여 벌을 받겠다고 한 것이다.

"네가 나를 부옹婦翁(장인)으로 여긴다면 어찌 이럴 수 있느냐?"

영조가 노하여 박명원을 꾸짖었다.

"황공하옵니다."

박명원은 어쩔 수 없이 영조를 집안으로 모셨다. 상복을 입은 사람들이 모두 물러나 꿇어 엎드렸다. 영조는 대청에 이르자 빈소 앞에 털썩 앉았다. 그의 눈에서 눈물이 주르르 흘러내렸다. 영조는 화평옹주의 집에 머물러 있다가 초경이 되어서야 대궐로 돌아왔다. 그것이 불과 몇 년 전의 일인데 어제 일처럼 선명했다.

화완옹주는 화평옹주를 닮았고 남편을 여의어 더욱 애처롭다.

"이 아이에게 학문을 잘 가르치라."

영조는 화완옹주에게 정후겸을 잘 가르치라고 다정하게 말했다.

"예."

화완옹주가 환하게 웃으면서 대답했다.

"시정의 백성들은 어찌 살고 있느냐?"

"모두 아바마마의 치세를 칭송하고 있습니다."

화완옹주가 눈웃음을 치면서 말하자 영조가 웃었다.

"세자는 보았느냐?"

"아직 뵙지 못하였습니다. 저하의 병환은 어떠하옵니까?"

화완옹주의 얼굴이 어두워졌다. 화완옹주도 세자의 광증을 알고 있는 것이다.

"세자의 병은 고질병이다."

영조가 한숨을 내쉬었다. 세자를 생각하면 가슴부터 답답해져 온다.

"어의들이 하루도 거르지 않고 진찰을 하는데 어찌 병을 다스리지 못하는 것입니까? 어의들을 엄하게 다스려야 할 것입니다."

화완옹주가 냉랭하게 말했다.

"세자의 병이 고질병인데 어찌 어의를 다스리라고 하느냐?"

영빈 이씨가 조심스럽게 말했다. 영빈 이씨는 좀처럼 자신의 속내를 드러내지 않는다. 영조가 그녀를 총애하여 자식을 일곱이나 낳은 것도 조용한 성품 때문이었다. 군주들 중에 둘은 태어나고 1년도 되지 않아 죽어 이름조차 없었다. 자식을 일찍 떠나보내는 것은 가슴 아픈 일이다. 영빈 이씨는 어느덧 딸만 넷을 먼저 보낸 것이다. 그 사실을 생각하면 마음이 애틋하다. 화완옹주도 소생 하나 없이 남편을 여의었으니 불행하기 짝이 없다.

"세손이 잘 자라고 있어서 다행이에요."

화완옹주가 화제를 바꾸었다.

"성품이 아비와는 다르다."

영조가 화완옹주의 말을 수긍했다. 세자가 병이 더욱 악화되어 결단을 내려야 한다고 생각했다. 그러나 그 누구도 그 말을 입 밖에 꺼내 말하지 못하고 있다. 영조와 영빈에게는 자식이고 화완옹주에게는 동생이다. 그러나 세자의 병은 더욱 악화되고 있다.

나라에
불길한 징조

소조의 사관 임덕제는 세자를 우두커니 바라보았다. 세자는 오늘따라 안정을 찾고 있다. 하늘에 흰 무지개가 떠올랐기 때문일까. 대궐이 전에 없이 부산한 것 같은데도 기이한 적막감이 흐르고 있었다. 흰 무지개가 뜨면 나라에 불길한 일이 일어난다고 하여 깊이 우려하고 있었다. 영조가 경현당에서 대신들을 불러 이 일을 논의했다.

"생각건대 지금의 나랏일을 어떻게 해야 할 것인가?"

영조가 대신들에게 물었다. 영조의 질문은 흰 무지개에 대한 것이지만 실제로는 세자의 일이다. 입 밖에 내어 말하지는 않았으나 영조와 대신들이 모두 알고 있는 사실이었다.

"염려할 것이 없습니다."

영의정 홍봉한이 아뢰었다. 홍봉한은 세자의 일을 걱정하지 말라고 아뢴 것이다.

"경은 알지 못한다. 지금의 나랏일은 믿을 것이 없다. 『주역』에 '망할까 망할까 하여 무더기로 난 뽕나무에 매듯 한다' 했는데, 어떻게 해야 하겠는가?"

영조는 홍봉한의 말을 신뢰하지 않았다. 홍봉한과 윤동도가 흰 무지개가 떠올라 사직을 하겠다고 청했다. 영조가 허락하지 않고 이들을 경현당으로 불러 의논한 것이다. 대개 천재지변을 만나면 정승들이 사직을 청하는 것이 관례인데 영의정과 우의정이 형식적으로 청하고 영조도 형식적으로 사직을 만류했다.

세자는 경현당에서 대신들이 물러나오자 시민당에 좌정하여 대신과 비국 당상을 인견했다. 소조인 세자가 대신들을 만나는 것은 으레 대조인 영조의 다음 차례다.

"원하건대 저하께서는 더욱 공부에 힘쓰시어 실수하는 일이 없게 하소서."

우의정 윤동도가 아뢰었다. 그는 오늘따라 정신이 멀쩡한 세자를 조용히 응시했다. 임금은 이미 그를 고변하라는 영을 내리고 있었다.

"우상의 말이 절실합니다."

영의정 홍봉한이 아뢰었다. 그는 세자의 장인으로 할 말이 많았으나 말을 길게 하지 않았다. 매사에 신중하고 조심하는 것이 그의 신조였다.

"어찌 깊이 유념하지 않겠는가? 대조께서 감선하시니 나 또한 감선할 것이다."

세자가 건성으로 반찬을 줄이겠다고 대답했다. 세자는 영의정과 우의정을 인견하고 나자 덕성합에 좌정했다. 덕성합에서는 승지들이 공무를 보고한다.

"대조께서 재이災異때문에 감선하라는 전교가 계셨는데, 저하께서 또 감선하라는 영을 내리셨습니다. 더욱 경계하고 두려워하여 끊어지는 일이 없게 하시고, 거기다가 다시 '근독謹獨' 두 글자를 더 힘쓰시기 바랍니다."

승지 홍자가 공무를 보고한 뒤에 아뢰었다. 근독은 매사에 부지런 하라는 뜻이다. 임덕제는 윤동도와 홍봉한이 세자에게 권면하고 승지가 매사를 신중하고 열심히 하라고 권유하고 있는 것을 보고 놀랐다. 마치 이제는 마지막이니 알아서 하라는 경고 같았다.

"어찌 명심하지 않겠는가?"

이선은 승지 홍자에게도 건성으로 대답했다. 임덕제는 이선이 사태를 파악하지 못하고 있다고 생각했다.

"대조께서 편전에 임어하시면서 의자를 없앴으니, 저하께서도 역시 정당을 피하셔야 마땅합니다."

"감선하라는 지시 가운데다 '정당을 피한다避正堂'는 세 글자를 첨가하라."

세자가 영을 내렸다.

"진실한 마음으로 정사를 보아야 합니다."

홍자가 다시 아뢰었다. 임덕제는 사초를 기록하면서 가슴이 떨리는 것 같았다.

"두려워하고 있는 가운데 진달한 바가 절실하니 어찌 깊이 유념하지 않겠는가?"

이선의 대답은 한결 같았다.

"어진 하늘이 경고하는 것이 이처럼 극도에 이른 것은 왜 그렇습니까? 강의하고 토론하는 공부가 한갓 책속에만 있어 심신에 체험하지 못하고, 자문을 구하는 모책謨策이 혹 형식에 가까워 나라를 다스리는 도리에 도움이 없어서 그런 것이 아니겠습니까? 허물을 뉘우치는 마음이 비록 새롭지만 그 마음을 계속 유지하기가 어렵고, 잡념을 다 사르지 못하여 사욕이 점차 불어나는 것이 아니겠습니까?"

응교 김종정 등이 세자에게 상서를 올렸다. 김종정은 소조인 세자를 매섭게 비판하고 있었다.

그윽이 생각건대, 여러 신하들의 말이 학문에 부지런하고 정사에
부지런 하라는 것은 한바탕 한담 설화閑談說話에 불과하며, 저하의 말
씀은 맹렬히 반성하고 두려워한다고 하시나 또 하나의 응당해야 할
형식적인 예사로운 답변일 뿐이니, 재변을 만나 수양하고 반성하는
도리가 과연 이에 그치고 말아야겠습니까? 아! 저하께서 금일에 마땅
히 성실해야 할 것은 덕을 쌓고 몸을 수양하는 일보다 먼저 해야 할
것이 없습니다. 참으로 이에 소홀히 하면 비록 날마다 성현의 글을 외
우더라도 도움이 없을 것입니다.

우의정 윤동도가 상서를 올렸다. 윤동도도 전에 없이 세자에게 강경
하게 말하고 있었다. 마치 정신을 차리라고 힐난을 하는 것 같았다.

"누차 원하건대, 저하께서는 정성으로써 대신들을 인접하시고 정성으
로써 학문을 하시며, 조정의 일에 응할 때는 반드시 실지의 은혜가 백성
들에게 미칠 것을 생각하시고, 방책方冊(서책)을 대하실 때에도 역시 몸
에 공효功效가 더하기를 생각하셔야 합니다."

영의정 홍봉한도 아뢰었다. 홍봉한의 상서는 김종정과 윤동도보다 온
건했다. 세자는 진실로 반성하겠다고 대답했다. 세자가 감선하라는 영
을 내렸다는 보고를 받은 영조가 눈살을 찌푸렸다.

"신하는 감히 임금을 넘어서는 안 되며, 아들은 감히 아버지를 넘어서
는 안 된다. 내가 이미 감선하였으니, 원량이 어찌 감선하는 것이 옳은
가?"

영조가 영을 내렸다. 영조는 이선이 감선하는 일도 불쾌하게 여기고
있었다.

임덕제는 무엇인가 불길한 일이 일어나고 있다고 생각했다.

임덕제는 가정생활에 효도와 우애가 있었고, 조정에 나아가서는 정직하였으며, 임오년에 고인들에게도 부끄러움이 없었으나 죄를 입었기 때문에 침체되어 함평 현감으로 나갔다가 임소에서 죽었다. 임금이 호남에 진휼을 마친 장계를 보고는 비로소 그가 죽었다는 것을 알고 한참 동안 슬퍼하고 아까워하다가 특별히 승지에 증직을 명하였다.

사관이 내린 임덕제에 대한 평가다. 임덕제는 사도세자의 운명이 죽음으로 치달리고 있을 때 유일하게 충성을 바친 인물이었다. 임오년에 고인에게 부끄러움이 없었다는 것은 영조가 사도세자에게 자결하라는 명을 내리고 있을 때 세손 이산을 업고 와서 영조에게 빌라고 했던 일을 말한다. 그는 사도세자를 살리기 위해 모든 노력을 기울였던 것이다.

세손 이산이 정조가 되어 즉위하자 임덕제는 대사헌으로 추증되고, 그의 아들이 장가를 가자 돌보아주고 부인에게는 왕명으로 감사의 뜻을 전한다. 임덕제는 다시 판서에 추증되고 충헌이라는 시호까지 받게 된다. 그러나 이러한 일들은 모두 훗날의 일이다. 임덕제는 소조의 사관으로 일하면서 무엇인가 불길한 일이 닥쳐오고 있는 것 같아 불길했다.

병든 아들을 어찌하랴

상선내시와 금군별장이 나란히 꿇어 엎드려 있었다. 대궐의 문을 닫아야 할 시간이 가까워지고 있는 것이다. 영조는 상선내시와 금군별장을 노려보았다. 오늘의 암호는 무엇으로 할 것인가. 해가 지면 대궐의 문이 닫히고 누구도 출입을 할 수 없게 된다. 내시들과 금군은 한 시진에 한 번씩 순찰을 돈다. 이때 금군과 마주치면 암호를 말해야 한다. 암호를 대지 못하면 금군에 끌려가 조사를 받고 이튿날 의금부에 끌려가서 혹독한 벌을 받는다.

'암호를 무엇으로 하지?'

매일 같이 암호를 바꾸는 것도 여간 어려운 일이 아니었다. 열어놓은 문으로 멀리 남산의 숲이 내다보였다. 남산의 숲이 무성하여 잎잎이 청록색을 띠고 있다. 초여름이 시작되었으니 더위가 닥칠 것이고 머지않아 장마도 오게 될 것이다.

"풍림風林…."

영조는 낮게 뇌까리면서 목패에 풍림이라고 썼다. 손자병법에 나오는 풍림화산을 줄인 말이다.

영조가 목패를 시령내시에게 건네주었다. 시령내시는 임금의 옆에서 시중을 드는 내시다. 시령내시가 목패를 받아서 금군별장이 들고 있는 쟁반에 올려놓았다. 금군별장과 상선내시가 무릎걸음으로 물러갔다.

그때 경기관찰사 홍계희가 들어왔다. 문 앞에 있던 내시가 고하려는 것을 영조는 손을 내저어 물리쳤다. 며칠 전 홍계희가 흉년으로 굶주리는 경기도 백성들을 구휼하게 해달라고 청하여 쌀 삼백 석을 보내 주게 했었다.

"전하, 신 문후 드리옵니다."

홍계희가 방으로 들어와 절을 했다.

"쌀은 받았는가?"

영조는 홍계희를 곁눈으로 살피면서 물었다.

"예. 받았사옵니다. 그 쌀로 죽을 끓여 백성들을 구휼하라고 수령들에게 지시했습니다."

홍계희가 영조의 눈치를 살피면서 대답했다. 영조는 홍계희가 무엇 때문에 대궐에 들어왔는지 알고 있었다. 그때 다급한 발자국 소리가 들리면서 내시 하나가 엎어질 듯이 빠르게 달려왔다.

"전하, 형조참의가 합문 밖에서 알현을 청하고 있습니다."

영조는 눈을 부릅뜨고 내시를 쏘아보았다. 형조참의 이해중이 청대를 요구했으나 허락하지 않았는데 다시 온 것이다.

"물러가라."

영조가 버럭 소리를 질렀다. 내시가 화들짝 놀라 고개를 들었으나 우물쭈물 물러가지 않았다.

"어찌하여 물러가지 않느냐?"

영조가 언성을 더욱 높이자 내시가 비로소 물러갔다. 그러나 무엇인가 미진한 듯 뒤를 돌아보면서 물러갔다. 잠시 방안이 조용했다. 어디선가 낮닭이 홰를 치는 소리가 들렸다.

"경은 자식이 있는가?"

영조는 내시가 멀어져 가는 것을 바라보다가 홍계희에게 물었다.

"황공하오나 자식이 있습니다."

"그래. 자식들이 효도는 잘하는가?"

"신이 어릴 때부터 가르쳤으나 성인의 도를 따르지는 못하고 있습니다. 다만 불효하다는 이야기를 듣지 않을 뿐입니다."

"불효하지 않다는 말만 들어도 다행이지."

영조가 한숨을 내쉬듯이 말했다. 그때 물러갔던 내시가 다시 달려왔다. 홍계희는 영조가 반드시 화를 낼 것이라고 생각했다. 그러나 영조는 뜻밖에 피식 웃고 있었다.

"이해중이 또 청대를 요구하고 있느냐?"

"예. 전하."

"무슨 일이라고 하느냐?"

"전하께 입대하여 아뢴다고 합니다."

"부르라."

영조는 내시에게 영을 내리고 뜰을 내다보았다. 밖에는 바람 한 점 불지 않고 있다. 오뉴월 불볕더위가 중희당에서도 느껴진다. 이내 형조참의 이해중이 들어왔다.

"신, 형조참의 이해중 문후 드리옵니다."

이해중이 영조를 향해 바짝 엎드렸다.

"무슨 일로 세 번씩이나 청대를 요구했느냐?"

"아뢰옵기 황공하오나 내시들이 불궤를 도모하고 있다고 고변이 들어왔습니다."

영조는 이해중의 말에 눈을 크게 뜨고 전신을 부르르 떨었다.

"고변자가 누구냐?"

"나경언이옵니다."

영조 38년(1762) 5월 22일의 일이었다.

영조는 이해중의 보고를 받자 가슴이 철렁했다. 마침내 올 것이 왔다는 생각이 들었다.

"나경언은 무엇을 하는 자냐?"

"액정 별감 나상언의 형입니다."

"그 자를 태복시로 끌고 와라. 변란이 주액肘腋(팔꿈치와 겨드랑이)에 있게 되었으니, 마땅히 친국하겠다."

영조가 어상을 두드리면서 영을 내렸다. 변란이 주액에 있다는 말은 위험이 눈앞에 이르렀다는 말이다. 친국을 하는 태복시는 궁중의 말과 수레를 관리하는 부서다.

"예."

이해중이 바짝 머리를 조아렸다. 홍계희도 깜짝 놀란 듯 당황한 표정이었다. 이미 알고 있는 일이었으나 막상 눈앞에 닥치자 가슴이 철렁했다. 홍계희는 침착해야 한다고 생각했다.

"형방승지를 부르라."

"예."

이해중이 황급히 물러갔다. 중희당은 긴박하게 움직이기 시작했다.

"전하, 일이 심상치 않으니 어가를 호위해야 합니다."

홍계희가 아뢰었다.

"옳다. 대궐의 문을 닫고 성문을 닫아야하겠다. 금군별장을 부르라."

영조가 내시들에게 영을 내렸다. 내시들이 후다닥 달려가 금군별장을 불러왔다. 영조는 명소패를 보내 시임 대신들을 부르라는 영을 내렸다.

내시들이 긴박하게 움직이고 금군들이 보강되어 영조가 있는 중희당을 에워쌌다.

"국청은 어디로 하옵니까?"

홍계희가 영조를 향해 물었다.

"태복시로 한다."

영조가 영을 내렸다. 대궐에 긴장감이 감돌고 내시와 궁녀들이 당황 망조하여 긴박하게 움직였다. 영조는 태복시에 국청이 설치되자 금군의 삼엄한 호위를 받으면서 나갔다. 태복시에는 이미 시임 대신 영의정 홍봉한, 좌의정 윤동도와 원임 대신 신만申晩 등이 입시해 있었다. 영조는 남태제를 지의금知義禁으로 삼아 판의금判義禁 한익모, 동의금同義禁 윤득양, 문랑問郎 홍낙순 등 8인과 함께 나경언을 국문하기 시작했다.

"네가 내시들이 불궤를 도모한다고 고변을 했느냐?"

영조가 손수 나경언에게 물었다. 나경언은 금군이 삼엄하게 태복시를 둘러싼 것을 보고 몸을 떨었다.

"예."

나경언이 머리를 조아렸다.

"누가 불궤를 도모한다는 것이냐?"

나경언이 옷 솔기에서 봉서를 꺼내어 두 손으로 받들었다.

"이 글을 전하께 올리고자 했으나 올릴 길이 없기 때문에 우선 형조에 원서原書를 올려 계제階梯를 삼았습니다."

나경언이 떨리는 목소리로 더듬더듬 말했다. 그러자 시령내시가 나경언이 들고 있는 봉서를 가져다가 영조에게 바쳤다. 나경언은 세자의 비행을 영조에게 고하려고 했으나 방법이 없어서 내시가 불궤를 도모한다고 거짓을 고한 뒤에 세자의 비행을 적은 봉서를 올렸다고 말한 것이다. 영조가 봉서를 뜯어 내용을 읽다가 충격을 받은 듯이 손으로 문기둥을 쳤다.

"이런 변이 있을 줄 염려했다. 영의정이 보라."

영조는 나경언의 봉서를 홍봉한에게 주어 보도록 했다. 홍봉한이 울면서 봉서를 읽었다. 그것은 대리청정을 하고 있는 세자의 비행을 낱낱이 기록한 것이었다. 이제 영조는 세자를 폐위할 것이고 죽음으로 내몰 것이다. 딸이 세자빈이니 세자의 장인이다. 사위가 폐위되고 죽어야 한다는 것을 알고 있었으나 막을 방법이 없었다.

"신이 청컨대 먼저 죽고자 합니다."

홍봉한이 봉서를 다 읽은 뒤에 꿇어 엎드렸다.

"신 역시 보기를 청합니다."

윤동도가 의혹이 가득하여 앞으로 나아가 아뢰었다.

"경 또한 보라."

윤동도가 보기를 마치자 영조가 좌중을 돌아보았다.

"오늘날 조정에서 사모를 쓰고, 띠를 맨 자는 모두 죄인 중에 죄인이다. 나경언이 이런 글을 올려서 나로 하여금 세자의 과실을 알게 하였는데, 여러 신하 가운데는 이런 일을 나에게 고한 자가 한 사람도 없었으니, 나경언에 비해 부끄럼이 없겠는가?"

영조가 대신들을 노려보면서 소리를 질렀다. 나경언은 세자의 허물 10여 조(條)를 낱낱이 봉서에 기록하여 올렸는데 대신들은 세자의 비행을 고하지 않았다는 말이다. 그러나 지난해에 이미 서명응과 조재겸이 상소를 올려 문제가 되었었다. 영조의 노한 말은 앞뒤가 맞지 않는다.

"이 글을 두어서 어디에 쓰겠습니까? 청컨대 불태우소서."

홍봉한이 아뢰었다.

"그리하라."

영조가 잠시 생각에 잠겨 있다가 영을 내렸다. 홍봉한이 금군에게 불을 가져오게 하여 봉서를 태우게 했다. 나경언이 바친 봉서는 순식간에 불에 타 없어졌다. 그리하여 나경언이 올린 내용이 무엇인지 알 수 없게 되었다. 실록에는 막연하게 세자의 허물 10개 조라고 적혀 있고 대신들은 이를 흉서라고 불렀다.

"친국할 때에 의금부에서 철저하게 조사하지 않아서 이런 흉서를 대궐로 들어오게 했으니, 나경언을 잡아 처리하기를 청합니다."

판의금 한익모가 앞으로 나아가 아뢰었다.

"세자의 과실을 고한 자를 어찌 의금부에 넘기는가. 허락하지 않는다."

영조가 한익모의 주청을 거절했다.

"국청의 체면은 마땅히 판의금의 말과 같습니다."

좌의정 윤동도가 아뢰었다. 세자를 비난하는 것은 흉서이고 이를 임금이 읽게 한 것도 죄라는 뜻이다.

"추고만 하고 도태하지는 말며, 한익모 역시 엄중하게 조사하라."

영조가 퉁명스럽게 내뱉고 세자를 준절하게 책망하는 영을 내렸다. 그러나 세자를 책망한 말이 무엇인지 기록에 없다. 영조는 나경언을 처벌하지 않으려고 했다. 자세히 조사하되 벌을 주지 말라는 영을 내렸다.

"동궁께서 평소 두려워하고 겁을 내는 증세가 있는데, 이런 말을 들으면 반드시 편안히 있지 못할 것입니다. 청컨대 승지 이유수와 함께 가서 성교를 전하고, 또 진정하게 하겠습니다."

홍봉한이 비통한 목소리로 아뢰었다.

"병든 아들을 어찌하랴?"

영조가 눈을 지그시 감고 있다가 허락했다. 홍봉한이 급히 경춘전으로 달려가 세자에게 보고했다.

차라리 미쳐버리는 것이 낫지 않겠는가?

세자 이선은 영조가 있는 대궐에 비상이 걸리면서 바짝 긴장해 있었다. 승전색을 보내 대전의 동정을 살피자 나경언이라는 자가 흉서를 올렸다고 했다. 흉서의 내용은 알 수 없었으나 영조가 대노하고 있다고 했다.

'나경언이라는 놈이 무엇 때문에 흉서를 올렸다는 말인가?'

세자는 나경언이 누구인지조차 알 수 없었다. 그가 동궁에서 전전긍긍하고 있을 때 장인이자 영의정인 홍봉한이 승지 이유수와 함께 달려왔다. 그는 나경언의 흉서로 영조가 준절하게 꾸짖는 말을 전했다. 영조의 말에는 왕손의 어미를 때려죽이고, 여승을 궁으로 불러들인 일, 서경으로 행차한 일, 북성으로 나가서 유람한 일도 있었다.

여승을 불러들인 일은 여승 가선假仙을 일컫는다. 이선은 내시 박필수와 함께 우연히 안암동에 있는 절에 갔다가 가선을 만나 정을 통했다. 그녀에게 머리를 기르게 하고 대궐에 들어와 살게 했는데 왕손을 낳았다. 세자 이선은 기록에 의하면 세 명의 후궁을 두었다. 여승 가선의 일과 왕손의 어미를 때려죽인 일은 영조에게 알려지지 않았는데 나경언의 흉서로 인해 밝혀진 것이다.

"내가 이제 어찌해야 하오?"

이선이 불안한 얼굴로 홍봉한을 바라보았다.

"대죄待罪를 청해야 합니다."

홍봉한이 어두운 얼굴로 말했다. 세자는 크게 놀라 보련을 타고 경춘전을 나왔다. 이때가 이미 밤 이경이었는데 세자는 창경궁의 정문인 홍화문에 나아가 엎드려 대죄했다. 세자의 대죄는 곧바로 영조에게 보고되었으나 대답을 하지 않았다.

'병든 자식을 어찌해야 한단 말인가?'

영조는 국청에 앉아서 깊은 고뇌에 잠겨 있었다. 이제 일은 터졌다. 그러나 차마 아들을 죽이라는 명을 내릴 수 없었다. 영조가 망설이고 있을 때 대신들이 나경언을 죽이라고 요구했다.

'내가 그에게 부귀를 약속했는데 죽일 수가 없다.'

영조는 나경언을 죽이라는 말에 깜짝 놀랐다. 세자의 악행이 사실이든 아니든 그를 비난하면 죄가 된다.

"네가 나라를 위해 이처럼 진달하였으니 그 정성은 가상하다. 그러나 처음 올린 글에 부언浮言을 만들어 사람을 악역惡逆의 죄과로 모함하였고, 또 '변란이 호흡 사이에 있다'는 등의 말로 임금을 놀라게 하여 궐문을 호위까지 하게 하고 도성이 들끓게 하였으니, 이후 불궤한 무리들이 다시 네 버릇을 본받게 될 것이다."

영조가 나경언에게 엄형을 가하라고 영을 내렸다. 나경언은 봉서를 올린 죄로 국청에서 곤장을 맞았다.

"네 글 가운데 서徐, 김金, 이李 세 사람은 누구인가?"

영조가 나경언을 추궁했다.

"서는 서명응이요, 김은 바로 호리胥吏의 아들 김유성인데, 전년에 정배定配되어 물에 빠져 죽었으며, 이李는 모릅니다."

나경언이 몸을 떨면서 아뢰었다. 나경언의 흉서는 나경언이 작성한 것이 아니다. 그는 자신이 썼다고 올린 상서에 있는 인물 중 이李가 누구인지도 모른다고 말한 것이다. 영조는 눈살을 찌푸렸다.

'저놈은 글을 모르는 놈이구나.'

영조는 순간적으로 그렇게 생각했다. 나경언은 상황이 이상하게 돌아간다고 생각했다. 세자를 고변하면 상을 받을 것이라고 했으나 오히려 친국을 당하고 있는 것이다.

"김유성은 본래 물에 빠져 죽은 것이 아닙니다. 작년 진주에서 돌아올 때에 보았습니다."

오위장 조덕상이 아뢰었다.

"국청은 체모가 지극히 엄한데 한낱 위장衛將이 어찌 감히 잡스런 말을 하는가? 이는 스스로 공을 세우려는 뜻이다."

영조가 대노하여 조덕상을 남해로 정배하라고 영을 내렸다.

"죄인의 글 가운데 이르기를 김시찬, 이보관이 상서하여 극진히 간쟁하였다고 하였으니, 그 서본書本을 가져오라."

영조가 영을 내렸다. 승지들이 황급히 김시찬이 올린 글을 가져왔다. 영조가 부제학 김시찬이 올린 글을 읽었다.

"저하께서는 여기에서 먼저 스스로 수양을 힘쓰시어 몸소 실천함으로써 교양의 방도로 삼으시며, 바른 사람을 가리고 바른 일로 인도케 하여 그 보양의 방법을 다 갖추게 하소서."

부제학 김시찬이 올린 글은 세자에게 수양을 하라는 뜻이었다.

"삼가 들으니, 요즈음 저하께서 자못 노는 것을 일삼으며 자주 세자궁을 떠난다는 시끄러운 말들이 있어 차마 들을 수 없습니다. 신은 진실로 감히 떠도는 말을 가지고 그것을 모두 믿을 만하다고 말하지 못하겠지만, 또한 감히 모두 근거할 바가 없다는 데로 돌려 버리지도 못하겠습니다. 아! 저하 한 몸에 관계된 바와 담당한 것이 어떠합니까? 국사를 대리하는 책임을 맡았으니 3백 년 동안 이어온 큰 기업을 부탁받은 처지이며, 억만億萬 백성들이 우러러 의지하는 것으로 운명을 삼아야 하니, 한 번의 동정과 말 한 마디에도 국가의 안위와 존망의 기틀이 생기는 바입니다."

사헌부 장령 이보관이 올린 글이었다. 김시찬과 이보관은 모두 세자에게 수양을 하고 덕을 쌓아 나라를 잘 이끌라고 충고하고 있었다.

"나의 고질병으로 인하여 전하께 문안도 못 드리고 나라의 경사에도 참여하지 못하여 마음이 매우 초조하고 민망스러워 밤낮으로 게을리하지 않고 있다. 그런데 지금 권면하는 바를 보니 충정에서 나온 것이니, 그런 일이 있었으면 고치고 없었으면 더 힘을 써서 더욱 경계하고 반성하겠다."

세자가 김시찬과 이보관에게 내린 비답이다.

"역시 대단치 않다."

영조는 상서의 내용이 대단치 않다고 잘라 말했다. 영조는 세자에게 입시하라는 영을 내렸다.

"동궁을 죄인과 같은 뜰에 있게 해서는 안 되니, 마땅히 죄인을 내보내야 합니다."

홍봉한이 아뢰었다.

"그리하라."

영조가 영을 내려 나경언을 금군이 끌고 나갔다. 한참 후에 세자가 입
笠과 포袍 차림으로 들어와 뜰에 엎드렸다. 영조는 문을 닫고 한참 동안
내다보지 않았다.

"저하께서 입시하셨습니다."

승지가 문 밖에서 아뢰었다. 영조는 그때야 문을 밀치고 크게 책망했
다.

"네가 왕손의 어미를 때려죽이고, 여승을 궁으로 들였으며, 평양에 행
차하고, 북성北城(북한산)으로 나가 유람했는데, 이것이 어찌 세자로서
행할 일이냐? 사모를 쓴 자들은 모두 나를 속였으니 나경언이 없었더라
면 내가 어찌 알았겠는가? 왕손의 어미를 네가 처음에 매우 사랑하여
우물에 빠진 듯한 지경에 이르렀는데, 어찌하여 마침내는 죽였느냐? 그
사람이 아주 강직하였으니 반드시 네 행실과 일을 간諫하다가 이로 말
미암아서 죽임을 당했을 것이다. 여승을 데리고 들어와 양제로 삼았으
니 여승의 아들을 반드시 왕손이라고 일컬어 데리고 들어와 문안할 것
이다. 이렇게 하고도 나라가 망하지 않겠느냐?"

영조는 세자를 맹렬하게 비난했다.

"나경언의 흉서는 모두 잘못되었습니다. 그 자와 면질面質하게 해주십
시오."

세자가 분노하여 나경언과 대질하게 해달라고 청했다. 영조는 가슴이
철렁했다. 세자와 나경언이 대질하면 나경언의 흉서가 잘못되었다는
것이 드러난다.

"이 역시 나라를 망칠 말이다. 대리하는 세자가 어찌 죄인과 면질해야 하겠는가?"

영조는 더욱 노하여 세자를 몰아세웠다. 세자가 마침내 울음을 터트 렸다.

"이는 과연 신의 본래 있었던 화증火症 때문입니다."

"차라리 발광發狂을 하는 것이 낫지 않겠는가? 물러가라"

영조가 손을 내저었다. 세자는 비틀거리는 걸음으로 밖으로 물러나와 창덕궁의 금천교禁川橋 위에서 대죄했다.

"대조께 충성하는 자는 소조에도 충성하는 자입니다. 나경언의 불충 은 이미 논할 것도 없으니, 마땅히 해당되는 율로 논해야 합니다."

홍봉한이 아뢰었다. 영조가 크게 노하여 홍봉한을 파직하고 좌의정 윤동도를 영의정에 제수했다. 홍봉한은 영조에게 파직되자 대궐에서 물러나왔다.

영조는 나경언을 용서하려고 했다. 그러나 여러 대신들이 잇달아 처 벌해야 한다고 주장했다.

"네가 이미 여러 신하들이 하지 못하는 일을 하였으니, 그 정성이 비 길 바가 없다. 그러나 남을 악역惡逆으로 무함했으니 죄 역시 가볍지 않 다."

영조가 영을 내렸다. 영조는 앞뒤가 맞지 않는 말을 하고 있다. 세자 이선이 잘못을 저질렀다고 비난하면서 나경언에게 무함을 한 것이라고 말하고 있는 것이다. 나경언의 상서가 무함이라면 세자는 죄가 없고, 사 실이라면 나경언이 죄가 없다. 나경언은 형장 6도度를 맞자 '동궁을 무 함하였으니, 그 죄는 죽어야 마땅합니다.'라고 자백했다.

"나경언은 하찮은 사람으로서 이미 '동궁을 무함하였다'라는 공초가 나왔으니, 전하께서 온전히 살려주어서는 안 됩니다. 청컨대 대역부도의 율을 시행하소서."

남태제가 아뢰었다. 문랑問郎 홍낙순 역시 같은 말로 청하였다.

"참으로 두 사람의 말과 같습니다."

영의정 윤동도가 아뢰었다.

"윤허한다."

영조가 영을 내렸다. 영조는 나경언을 죽이는 일이 옳지 않다고 생각했으나 어쩔 수 없었다. 세자에 대한 일은 실록에 기록이 남는다.

남태제 등이 율관 전상우에게 지시하여 부대시 처참으로 조율照律(형량을 정하는 일)하여 아뢰었다.

'나경언을 죽이되 후손들에게 은택을 내릴 것이다.'

영조는 나경언을 참수하게 하면서 가족들을 돌보아 줄 것이라고 생각했다.

"나경언은 동궁을 무함했으니 그 죄가 큽니다. 노륙拏戮의 율을 시행하십시오."

대사간 이심원, 장령 이지회가 아뢰었다. 노륙의 율은 아버지와 아들을 함께 죽이는 것이다.

"이심원은 일찍이 춘방春坊(동궁전 관리)을 역임했는데 어찌 얼굴이 부끄럽지 않은가? 파직하고, 이지회는 체차하라."

영조가 벌컥 화를 냈다.

"죄인을 이미 결안 하였으니, 청컨대 사주한 사람을 물어야 합니다."

판의금 한익모가 아뢰었다. 한익모는 나경언의 배후를 밝혀야 한다고 주장한 것이다.

"나경언과 같이 무도한 자에게 무슨 배후가 있겠는가? 공연히 옥사를 크게 일으키려고 한다."

영조가 불같이 역정을 내면서 한익모를 파직했다.

"신은 전혀 알지 못했기 때문에 이제야 들어왔습니다. 이런 흉인을 어찌 일각이라도 머물러 두겠습니까? 빨리 참형에 처하라고 명하소서."

판부사 정휘량이 들어와 아뢰었다. 나경언은 결국 참수되어 죽음을 당한다.

'형님을 참수형에 처하다니 어찌 이럴 수가 있는가?'

나상언은 나경언이 참수되자 통곡했다.

아들이
죽어야 하는 이유

영빈 이씨는 느릿느릿 걸음을 떼어놓았다. 가슴이 천근처럼 무겁고 걸음이 잘 떨어지지 않았다. 아들이 금천교 위에서 대죄하고 있었다. 아들을 볼 때마다 애증이 교차하고는 했다.

"마마, 밤기운이 차갑습니다."

최상궁이 뒤에서 아뢰었다.

"세자가 대죄를 하고 있다고 하지 않느냐? 보고 올 것이다."

이씨는 입술을 깨물고 대답했다. 대궐에는 군사들이 삼엄하게 배치되어 있었다. 그러나 그녀의 행보를 막지는 않았다. 이내 금천교가 가까워

창덕궁 금천교. 나경언의 흉서 사건이 터지자 사도세자는 금천교 위에서 대죄했다. 아버지 영조와 아들 사도세자의 비극이 막다른 벼랑을 향해 치달리고 있었다.

졌다. 금천교에는 세자가 거적을 깔고 앉아 있고 그 주위에 동궁전 관리들과 내시와 궁녀들이 도열해 있었다. 이씨는 아들이 대죄를 청하고 있는 것을 보고 가슴이 아팠다.

'정을 끊어야 한다.'

이씨는 세자에게 가까이 가려다가 걸음을 멈췄다. 이제는 아들이 아니라 악귀라고 생각했다.

'아들이 죽은 뒤에 나 또한 죽을 것이다.'

이씨는 다시 입술을 깨물었다. 아들이 대처분을 받으면 살아갈 희망이 없다. 팔자가 부박하여 이미 네 딸을 잃었다. 두 딸은 태어나서 돌이 되기도 전에 죽었다. 그 때도 가슴이 타는 것처럼 아팠다. 그러나 병으로 죽는 것도 아니고 부모의 손으로 아들의 목숨을 끊어야 한다고 생각하자 더욱 가슴이 아팠다.

"마마, 소조께 고해 올릴까요?"

최상궁이 옆에서 머리를 조아렸다.

"아니다."

"하오시면…"

"여기서 잠시 서 있다가 돌아가겠다."

"예."

최상궁이 머리를 조아리고 물러났다. 이씨는 잠시라도 아들의 모습을 보고 싶은 것이다. 아들은 무슨 생각을 하고 있는 것일까. 어찌하여 잔인무도한 악귀가 되었을까. 아들이 태어났을 때 세상을 얻은 것 같았었다. 대궐에서의 삶은 살얼음 위를 걷는 것 같았다. 영조는 성격이 불같았고 내전에는 왕비인 정성왕후가 도사리고 있었다. 그런데도 영조의 대를 이을 아들을 낳자 천하를 얻은 것 같았다. 영조에게 아들이 없었기 때문에 원손이었다. 장차 세자가 되고 보위에 오를 귀한 몸이었다.

아들에게 젖을 물리던 일이 떠올랐다. 고물거리는 입으로 그녀의 젖을 빠는 아들이 그렇게 사랑스러울 수 없었다. 그러나 백일이 되자 아들은 저승전에서 기거하게 되었다. 저승전은 세자를 받드는 집이라는 뜻을 갖고 있었으나 민간에서 죽은 뒤에 간다고 알고 있는 저승이라는 말과 훈이 같았다. 그녀는 저승전에 갈 때면 아들에게도 절을 올려야 했다. 아들을 만나고 궁녀와 내시들의 따가운 시선을 등에 받고 저승전에서 돌아올 때는 하염없이 눈물이 흘러내렸다. 아들을 제대로 가슴에 안아주지 못했다. 아들은 천둥과 번개를 무서워했다. 아들이 무서워할 때 옆에서 지켜주지 못한 것이 비통했다.

일각이 지나고 이각이 지났다. 이씨는 움직이지 않고 금천교에서 대죄하는 세자를 지켜보았다. 세자의 나이 어느덧 27세였다.

"돌아가자."

이씨는 걸음을 돌렸다. 처소로 돌아오는데 걸음이 한없이 무거웠다. 이씨는 처소로 돌아오자 곧바로 자리에 누웠다. 평소에는 이야기꽃을 피우고 도란도란 담소를 나누던 궁녀들도 오늘따라 숨을 죽이고 있었다. 궁녀들도 그녀의 마음을 이해하고 있을 것이다.

'화완이라도 옆에 있었으면….'

이씨는 벽을 향해 돌아누웠다. 자식이 죽어야 한다고 생각하자 가슴이 찢어지는 것 같았다.

'아들이 죽으면 나도 죽어야지.'

아들이 죽은 뒤에 살고 싶지 않았다. 영조는 냉정한 임금이다. 정성왕후가 죽었다고 해서 새로운 중전을 맞아들였다. 세자를 낳고 세손까지 둔 그녀를 중궁에 책봉할 수 있었으나 그렇게 하지 않았다. 그 생각을 하자 가슴에 돌덩어리를 얹어놓은 것 같았고 슬픔 때문에 가슴이 갈기갈기 찢어지는 것 같았다.

'전하도 마음이 아프시겠지.'

영조도 자식을 죽이는 일이 쉽지 않을 것이다.

후드득.

갑자기 빗방울이 떨어지기 시작했다. 이씨는 밖에서 들리는 빗소리에 정신이 번쩍 들었다. 세자가 금천교 위에서 대죄를 하고 있는데 비가 내리다니. 하늘도 세자를 불쌍하게 여기지 않는다고 생각했다.

"마마."

옷자락이 끌리는 소리가 들리더니 최상궁이 뒤에 와서 말했다.

"마마, 쇤네가 다녀오겠습니다."

최상궁은 그녀의 마음을 알아채고 있다. 이씨가 대답을 하지 않자 옷자락을 끌면서 밖으로 나갔다. 금천교에서 대죄를 하고 있는 세자가 어떻게 하고 있는지 보고 오려는 것이다.

빗소리가 점점 커지고 있었다.

7장

길이길이
다복하게 살지어다

변덕이 심한 아버지

조선의 관리들은 묘시에 출근하고 유시에 퇴근한다. 조선의 국왕은 유시까지 경연을 열거나 정사를 본다. 유시가 지나면 대궐의 문이 굳게 닫힌다. 역모나 국가적인 중대한 일이 아니면 그 문은 절대로 열리지 않는다. 임금은 구중궁궐 깊은 곳에서 지낸다. 혼자서 독서를 할 수도 있고 후궁들과 잠을 잘 수도 있다.

승정원은 항상 승지와 주서가 함께 번갈아 숙직을 한다. 승지들은 숙직을 하면서 무엇을 할까. 정조 때 재미있는 기록이 있다. 정조가 잠이 오지 않아 예문관에서 숙직을 하는 관리들이 무엇을 하고 있는지 보고 오라고 영을 내렸다.

이상황과 김조순이 예문관에서 함께 숙직하면서 당唐·송宋 시대의 각종 소설과 『평산냉연平山冷燕』 등의 서적들을 가져다 보면서 한가히 시간을 보내고 있었다. 그런데 상이 우연히 입시해 있던 주서로 하여금 상황이 하고 있는 일이 무엇인가를 보게 하였던 바 상황이 때마침 그러한 책들을 읽고 있었으므로 그것을 가져다 불태워버리도록 명하

고서는 두 사람을 경계하여 경전에 전력하고 잡서들은 보지 말도록
하였다.

『정조실록』의 기록이다. 정조는 문체반정으로 유명한 국왕이다. 밤에
잠을 자지 않고 정사를 보거나 독서를 즐겼다는 사실로도 유명하다. 그
는 『홍재전서』와 같은 많은 저서를 남겼다. 밤늦게까지 독서를 하고 상
소문을 읽거나 책을 썼다. 이는 청나라의 황제들도 마찬가지였다. 청나
라를 비약적으로 발전시킨 강희대제와 옹정제 같은 인물은 중국 전역
에서 올라오는 상소를 비롯하여 보고서를 살피느라고 밤늦게까지 일을
하고는 했다. 특히 옹정제 같은 인물은 상소를 읽느라고 코피까지 흘린
황제로 유명하다.

영조도 그런 임금이었다. 지방의 한 수령이 영조를 알현했다. 영조가
지방 수령이니 농사를 짓는 농민들을 살펴보았느냐고 하문했다. 그러
자 수령은 자신이 농사를 짓는 들에 나가 농민들과 함께 농사를 짓는다
고 아뢰었다. 영조는 웃으면서 네 얼굴이 하얗게 희니 농사를 짓는다는
것은 새빨간 거짓말이라고 말했다. 지방 수령은 부끄러워 어쩔 줄을 몰
라 했다. 영조는 수령의 얼굴이 햇빛으로 그을리지 않았다는 사실로 그
가 농사를 짓지 않는다는 것을 꿰뚫어 보았다.

영조는 한 손으로 머리를 짚었다. 사방이 칠흑처럼 어두웠다. 이제 세
자를 어떻게 처리해야 할까. 세자에게는 세손 이산을 제외하고도 양제
良娣 임씨, 양제 박씨 등이 있었다. 임씨와 박씨 등에게는 아들까지 있었
다. 세자빈 홍씨와의 사이에는 세손 이산을 비롯해 두 명의 공주를 두고
있었다. 영조는 손자만 넷, 손녀를 셋이나 두고 있는 것이다. 여승 가선

의 아들까지 합하면 손자가 다섯이었다.

세자는 왕손의 어미를 때려죽였다. 영조는 그 사실을 알고 경악했다. 그러나 질책만 했을 뿐 벌을 내리지 않았다. 영조는 세자가 왕손의 어미를 때려죽였다는 사실을 믿을 수가 없었다. 세자가 제 정신이 아니라는 것은 알고 있었으나 왕손의 어미까지 죽였다는 사실이 믿어지지 않았다. 그러나 막상 처벌을 하려고 하자 입이 떨어지지 않았다. 세자는 궁녀들과 내시를 때려죽인 일도 있었다.

병의 증세가 더욱 심해져서 병이 발작할 때에는 궁비宮婢와 환시宦侍를 죽이고, 죽인 후에는 문득 후회하곤 하였다.

『영조실록』의 기록이다. 그것은 세자를 모함하는 말이 아니었다.

"나는 원래 남모르는 울화의 증세가 있는 데다, 지금 또 더위를 먹은 가운데 임금을 모시고 나오니 열은 높고 울증은 극도로 달해 답답하기가 미칠 듯합니다. 이런 증세는 의관과 함께 말할 수 없습니다. 경이 울증을 씻어 내는 약에 대해 익히 알고 있으니 약을 지어 남몰래 보내 주면 어떻겠습니까?"

세자는 장인인 홍봉한에게 편지를 보내 울화증에 잘 듣는 약을 구해 달라고 부탁하기까지 했다. 이러한 세자가 보위에 오르면 나라가 망할 수도 있었다. 영조는 그 사실을 가장 두려워하고 있었다. 영조는 대죄하는 세자 때문에 대궐의 뒷산을 걷고 있었다. 대궐도 깊은 어둠이 내려 있었다. 곳곳에 흩어져 있는 전각과 당에 불이 켜져 있다. 대궐의 뒷산에서 전각과 궁인들의 처소를 내려 보는 것은 처음이다.

쏴아아.

바람이 일면서 숲의 무성한 잎사귀들이 검푸르게 나부끼고 있다. 세자는 금천교에서 대죄를 하고 있다. 비가 오려는 것일까. 뺨을 스치는 바람이 축축한 물기에 젖어 있다.

"전하, 비가 내릴 듯하옵니다."

상선 내시가 침전으로 돌아가자는 뜻으로 아뢰었다. 영조는 선뜻 대답을 하지 않았다. 비라도 흠뻑 맞았으면 좋겠다는 생각이 뇌리를 스쳤다.

후드득.

기어이 성긴 빗방울이 뿌리기 시작했다.

"전하, 비가 내리고 있습니다."

상선 내시가 다급한 목소리로 아뢰었다.

"비가 오는 것을 두려워하는 것이냐? 농민들이 비가 오기만을 기다리고 있다."

"하오나 옥체가 상하실까 두렵사옵니다."

"번거롭게 하지 말고 물러나거라."

영조는 상선 내시에게 냉랭하게 내뱉고 걸음을 떼어놓았다.

'내가 어찌 아들을 죽이라는 명을 내린다는 말인가?'

1762년 5월 22일의 일이었다. 임금은 밤이면 석강을 하기도 하지만 대부분 쉰다. 곡연을 열어 신하들과 술을 마시거나 독서를 하고, 후비들과 지낸다. 그러나 지금 세자가 대죄를 하고 있다.

'아들이 하나뿐이니 폐할 수도 없고 어찌한다는 말인가?'

영조는 가슴이 답답했다. 아들이 하나라도 더 있으면 폐위하고 다른 아들을 세자로 세울 수도 있다. 그러나 세자를 폐한 뒤에 그의 아들이 보위에 오르면 연산군처럼 대신들에게 아버지의 폐위를 추궁하게 되어 피바람이 일어날 것이다.

영조는 느릿느릿 걸음을 떼어놓았다. 내시와 궁녀들이 숨을 죽이고 그림자처럼 뒤를 따르고 있었다.

'내가 잘못한 것인가?'

영조는 대신들이 자신을 일컬어 지나치게 가혹하다는 말을 떠올렸다. 그는 경종이 노론 대신들에게 휘둘리는 것을 보았다. 자신이 불시에 죽고 세자가 보위에 오르면 경종처럼 대신들의 허수아비가 될지도 모른다고 생각했다. 그리하여 세자에게 엄격하게 대했다. 조금이라도 잘못하면 가차 없이 나무랐고 질책을 했다. 그리고 세자가 15세가 되자 국사를 가르치기 위해 선위를 하겠다고 선언하여 조야를 발칵 뒤집어놓았다.

그것은 영조 28년(1752) 12월 8일의 일이었다. 그는 대소정무를 동궁으로 들여보내라는 명을 내렸다. 선화문에 나아가 대신과 비국 당상 및 약방, 정원, 옥당의 관원을 모조리 불렀다. 그러나 영의정 김상로가 즉시 입시하지 않았다. 약방에서 합문에 나아갔으나 진눈깨비가 내렸기 때문에 문 안에 앉아 있었다.

"내가 할 말이 있다."

영조의 말에 대신들은 어리둥절하여 서로의 얼굴만 쳐다보았다.

"이제부터 정무를 동궁으로 보내라."

영조가 내시를 통해 대신들에게 영을 내렸다. 그러자 승정원과 옥당에서 일제히 청대를 요구했다. 대사간 서지수, 장령 김광국도 달려와 청대를 요구했다. 영조는 모두 선화문 밖으로 와서 입시하라고 명을 내렸다. 약방에서 증세를 진찰할 것을 청했으나 거절했다.

"이 문에 앉은 이유는, 희정당은 정사를 보는 곳이므로 왕세자에게 대리청정하게 한 뒤로는 다시는 앉고 싶지 않아서이다. 송현궁에 거둥한 것은 나의 큰 뜻이었는데 자전의 분부로 인하여 이루지 못하였다."

영조가 대신들을 쏘아보면서 말했다.

"오늘 누가 감히 말씀을 따르겠다고 여겨 뜻을 이루지 못하였다고 한탄하십니까?"

영성군 박문수가 아뢰었다.

"이 옷을 벗은 뒤라야만 이 마음이 드러날 것이다. 태조와 영묘英廟(세종)께서도 이미 행하셨다."

대신들이 일제히 웅성거렸다. 예조판서 원경하가 숙종이 어제御製한 '곽공郭公처럼 길이길이 다복하게 살지어다.永年多福郭公如'라는 시를 가지고 읽으면서 아뢰었다.

"이 어제시御製詩는 내가 연잉군으로 있을 때에 주신 것이다. 내가 그냥 연잉군으로 있었다면 어찌 이런 아픔이 있겠는가? 이 옷을 벗지 않는다면 무슨 얼굴로 지하에 돌아가 형님을 뵐 수 있겠는가?"

영조는 책상에 엎드려 통곡했다. 대신들은 망극하여 어쩔 줄을 몰라 했다.

"눈보라가 치는 혹독한 추위에 필시 몸에 손상이 올 것인데 이게 무슨 일이란 말입니까?"

영의정 김상로가 아뢰었다.

"나는 경이 나와 같이 생각할 줄로 여긴다."

"병 때문에 부름을 받고도 즉시 나오지 못하였습니다. 신은 정말 죽을 죄를 졌습니다."

"지금은 이로 인해 평소에 먹은 마음을 이룩할 수가 있게 되었다."

승지 김치인이 양정합에 나아가 세자에게 알현을 청한 뒤에 영조의 말을 전했다. 영조가 선위를 하겠다는 것은 청천하늘에 날벼락 같은 것이다.

"전하, 망극하신 전교를 거두어주소서."

세자가 깜짝 놀라 선인문으로 달려가 꿇어 엎드렸다.

"너는 지금 나의 마음을 모르고 있다. 태조께서는 정종에게 선위하였고 영묘께서도 이미 거행하신 전례이다. 그러므로 네가 아비의 마음을 평안하게 하고자 한다면 이 옷을 항상 입도록 허용하여야 할 것이다. 오늘 청포靑袍를 입은 것은 사실 의도가 있는 것이다."

영조가 냉랭하게 웃으면서 세자에게 말했다.

"전교를 회수하소서."

대신들도 일제히 아뢰었다.

"우리 역대 임금들 중에 선위한 임금이 없었는가? 전례가 있는데 어찌 막는 것인가?"

영조는 선위한 전례가 있다고 말했다.

"전하께서 손에 태아太阿(왕의 권위)를 가지고 계신 것이 얼마나 존숭한 일인데 이러한 거조를 하십니까?"

이조판서 조재호가 아뢰었다.

"나의 마음을 펴기 위해서이다."

"옛날에 어가를 돌리실 때에 대신이 우선 뜻을 따르겠다고 말하였는데 이는 성덕에 누가 되는 일입니다."

대사간 서지수가 아뢰었다.

"서지수를 우선 체차하라. 의리를 안다는 서지수가 이렇다는 말인가? 서지수는 본디 괴상한 무리인데 그의 아비와 할아버지부터 그러하였다."

영조가 대노하여 서지수를 체차했다. 그러자 장령 김광국이 서지수를 위해 변명했다.

"대신大臣도 당을 비호하려고 하는가? 체차하라."

영조가 화를 벌컥 내고 김광국을 울산부로 귀양 보내라고 명을 내렸다. 영조는 김광국이 서지수와 같은 당이라고 몰아세운 것이다.

"신들은 비록 돌보아 줄 것조차도 없지만 원량은 생각하지 않으십니까?"

영의정 김상로가 아뢰었다. 영조가 선위를 하게 되면 세자가 망극해 할 텐데 이를 어떻게 하느냐는 말이었다.

"차라리 원량을 사랑하지 않을지언정 차마 선조께 불효할 수는 없다. 경들은 나로 하여금 지하로 돌아가 형님을 뵈올 체면이 있게 해야 할 것이다. 경종께서 대리를 하라고 명하실 때에 대소 정무를 모두 나에게 들여보냈는데 이 때문에 헤아릴 수 없는 흉측한 말을 들었다. 지금 이렇게 하지 않는다면 어떻게 나의 괴로운 마음을 펼 수가 있겠는가?"

영조는 경종 때 대리청정을 한 일 때문에 괴로웠다고 말했다. 영조가 선위를 하겠다고 나선 것은 왕의 자리를 물려주고 싶은 것이 아니라 경종 때 대리청정을 하여 소론의 비난을 받은 일에 대한 불편한 심기 때문이었다.

"이 뒤로는 열성조에 제사를 지내는 일이나 순감군巡監軍 군호軍號의 일로 표신을 청하는 일 이외에는 모두 동궁으로 들여보내라."

영조는 손수 글을 써서 내리고 대신들을 돌아가게 했다.

"대리청정하는 것이 하나의 기휘忌諱 거리가 되었다. 노론은 일찍이 이로 인해 화를 받았기 때문에 겁을 먹어 뜻을 받들지 않고 있으며, 소론은 일찍이 대리청정하는 것을 죄로 삼았기 때문에 이것을 의리로 삼으려고 뜻을 받들지 않고 있는데, 노론이니 소론이니 하는 것이 나에게 무슨 관계가 있기에 하나는 무함이라고 하고 하나는 무함이 아니라고 하니, 내가 어떻게 견디어 낼 수 있겠는가?"

"성상께서 어찌 이렇게까지 말씀하십니까?

"야사野史에서는 어떻게 쓴지 모르겠지마는 어찌 통분하지 않겠는가?"

대신들이 모두 머리를 조아리고 어쩔 줄을 몰라 했다. 이때 영부사 김재로가 들어오자 영조가 그의 손을 붙잡았다.

"지금 경을 보니 내 마음이 기쁘다. 경은 나의 이 괴로운 마음을 알아주어야 할 것이다."

"오직 빨리 정전으로 나아가서서 어리석은 신의 소견을 다 말씀드리게 해주시기를 바랍니다."

김재로가 아뢰었으나 영조는 듣지 않았다. 홍준해, 이양천, 한종제를 제외한 귀양 간 사람을 모두 풀어주라고 명하고, 또 민백상, 조명정을 풀어주라고 명을 내렸다. 대신들은 영조의 마음을 돌리지 못하자 대비전으로 달려갔다.

"신들이 성상의 마음을 감동시켜 돌리지 못하였습니다. 요즈음 신들의 죄로 인하여 또 대소 공사와 군호를 동궁으로 들여보내라고 하교하시고 인하여 선화문으로 나가셨는데 동궁이 울며 청하였으나 되지를 않았습니다. 신들이 정성이 얕고 힘도 미약하니 오직 우리 자전께서 빨리 분부를 내리셔서 성상의 마음을 돌려주시기 바랍니다."

김상로 등이 대비전 합문 밖에서 구두로 전하여 아뢰었다.

"엊그제 일로 인하여 아직도 마음이 안정되지 않았는데 또 계사를 보게 되었구나. 이미 거행하였던 전례를 주상께서 따르는 것은 이게 바로 계술하는 효도이다. 어찌 따르지 않을 수 있겠는가? 이처럼 몹시 추운 때에 선화문으로 나가서 대소 공사와 군호를 동궁으로 들여보내라고 하니 놀랍기 그지없다. 이제 친히 희정당으로 가서 마음을 돌리라고 권하려 한다. 주상의 효성으로 어찌 따르지 않겠는가?"

대비 인원왕후가 언서로 하답하고 손수 희정당으로 달려갔다. 영조가 황급히 뜰 가운데로 내려와 엎드렸다. 인원왕후는 숙종의 계비로 대궐에서 배분이 가장 높았다.

"주상은 무슨 연고로 찬 곳에 앉아 있소? 즉시 올라오는 게 어떻겠소?"

대비가 승전색을 시켜 구두로 전교했다.

"자전께서 추운 궁전에 나오시게 한 것 역시 신이 불초한 죄입니다만 마음이 몹시 답답하고 울적하여 감히 명을 따르지 못하겠습니다."

영조가 승전색을 시켜 대비에게 아뢰었다.

"주상에게 들어 볼 말이 있으니 청컨대 잠시 들어왔으면 하오."

인원왕후가 영조에게 권했다. 영조가 마지못해 희정당으로 들어갔으나 얼마 되지 않아 다시 나와 꿇어 엎드렸다.

"이처럼 찬 곳에 앉아 있으려면 애당초 왜 뜻을 받들겠다고 답하였소?

빨리 올라오시는 게 어떻겠소?"

대비가 다시 전교를 내렸다.

"마음이 몹시 답답하니 소신의 마음을 굽어 양찰해 주시기를 천만 번 엎드려 바랍니다."

"아까는 명을 따르겠다는 말을 해 놓고 또 왜 이러시는 거요? 빨리 올라오시는 게 어떻겠소?"

"임오년부터 머리를 땋고 받들어 모시었습니다마는 오늘의 하교는 받들어 따를 수가 없습니다."

"아까 따르겠다고 대답하시기에 마음에 매우 다행하게 여겼는데 지금은 왜 이러하십니까? 실로 효성이 높은 주상답지 않소. 어서 빨리 올라오시는 게 어떻겠소?"

"방금 군호에 대한 일로 충성스럽지 못하고 효성스럽지 못하다는 말씀을 들었습니다. 자전께서 이렇게까지 분부하시니 자리로 올라가겠습니다."

영조가 마침내 군호를 들이라고 명을 내렸다. 그러나 영조는 또 자리로 내려가 관을 벗고 승전색으로 돌아가 아뢰게 했다.

"정사와 군호를 모두 처리하겠다고 대답해 놓고 왜 이러시는 겁니까?

"이렇게까지 하교하시니 이는 모두 신이 불초하고 무상한 죄입니다. 무슨 말씀을 드려야 할지 모르겠습니다."

"군호는 이미 들여오기로 하였다고 들었소만, 정사 등의 일은 주상의 효성으로 왜 이러시는 겁니까? 아직도 추운 궁전에 앉아 있으니 빨리 들어오시는 게 어떻겠소?"

"이 모두가 불효하고 무상한 소치입니다. 차라리 오늘날 불효를 저지를지언정 차마 옛날의 불효를 되풀이 할 수는 없습니다. 심사가 이 지경에 이르고 보니 무슨 말씀을 드려야 할지 모르겠습니다."

"할 말이 있으니 잠시 들어오시는 것이 어떻겠소?"

"아버지가 부르면 느리게 대답하지 않고 임금이 부르면 느리게 대답하지 않는 것인데 자전께서 하교가 계신데도 즉시 명을 받들지 않았으니 불효하고 무상합니다. 그러나 또한 소신의 마음을 펴기 위해 한 걸음도 감히 들어가지 못하겠으니 이것이 더욱 신의 죄일 따름입니다."

영조는 인원왕후가 몇 차례나 권해도 버티었다. 밖에는 진눈깨비가 내려 몹시 추웠다. 그러나 영조는 거적을 깔고 그 위에 앉아서 고스란히 진눈깨비를 맞고 있었다. 대신들은 황망하여 어찌할 바를 모르고 있었다. 임금이 밖에서 진눈깨비를 맞고 있으니 대신들도 진눈깨비를 그대로 맞을 수밖에 없었다.

"오늘 얼마나 춥습니까? 그런데 내 여기에 앉아 있은 지 이미 오래 되었소. 주상의 평상시의 효성으로 볼 때 어찌 이럴 수 있소? 빨리 들어오시는 것이 어떻겠소?"

인원왕후가 영조를 달랬다. 영조는 못이기는 체하고 조금 있다가 인원왕후 앞에 앉았다.

"지금 주상께서 모두 내 말을 따르겠다고 대답했으니 종사의 다행이오."

인원왕후가 대신들에게 말했다.

"30년 동안 고심해 오던 일을 지금 또 이루지 못하였으니 마음이 슬프고 아플 뿐입니다."

영조가 처연한 기색으로 말했다.

"희정당으로 빨리 들어가시는 것이 어떻겠소?"

"삼가 마땅히 명을 따르겠습니다."

영조가 머리를 조아려 대답했다.

"전후로 내리신 전교를 오래 머물러 둘 수 없으니, 모두 회수하셔야 하겠습니다."

김상로가 아뢰었다.

"조선은 임금 군群 자 하나만으로 넉넉하다. 나는 지금 태상왕太上王이 되었다."

영조가 얼굴을 붉히면서 말했다. 영조는 다시 선위를 하겠다고 심술을 부리듯이 말한 것이다.

"이렇게 하시면 자전의 뜻을 받들어 따르는 의의가 어디에 있습니까?"

"자전의 뜻을 받들어 따른 것은 다만 임금 군 자 하나뿐이다."

영조는 손수 전교를 써서 승지에게 주면서 시행하게 했다. 승지가 도로 회수할 것을 극력 청했다.

"이는 절목 중의 일에 불과한 것이다."

영조가 다시 고집을 부리자 인원왕후도 난감했다.

"아까 들어오겠다고 말씀해 놓고 지금까지 들어오지 않은 것은 무엇 때문이오? 내가 기다렸다가 들어오는 것을 보고 궁으로 돌아가겠소."

인원왕후가 깜짝 놀라서 말했다.

"조금 전에 들어가겠다는 뜻으로 말씀드렸는데 여러 신하들이 절목 중의 일로 고집을 부리고 있으니 이 역시 신의 죄입니다."

"정사를 보는 일은 모두 주상이 처리하겠다고 답하였으므로 여러 신하들의 청 또한 이 같은 것이오. 내가 추운 궁전에 있으므로 병이 날까 염려되니 빨리 들어오시는 것이 어떻겠소?"

인원왕후가 다시 영조를 구슬렸다. 그러나 영조는 선위하겠다는 뜻을 거두지 않았다.

여러 승지가 간쟁하다가 마지못해 선위는 철회하되 세자에게 대리청정하라는 영을 내렸다. 승지들이 영을 받들자 비로소 대내大內로 들어갔다.

영조는 세자에게 선위를 하겠다고 선언했다. 그러나 대신들의 반대로 무산되었다. 그러나 그는 선위를 반대하는 대신들 앞에서 자신의 주장을 관철하기 위해 선인문 앞에 무릎을 꿇고 앉아 있기도 했다. 세자가 반성문을 쓸 때는 마음에 들지 않아 베옷을 입고 땅바닥에 주저앉아 통곡을 하기도 했다.

"나는 야위어도 천하는 살찌게 하라."

영조는 세자와 세손에게 언제나 그와 같이 가르쳤다. 세자가 유흥비를 마련하기 위해 돈을 빌린 것을 알고는 시전 상인들을 대궐 문 앞으로 불러 손수 빚을 갚아주기도 했다.

영조는 숙빈 최씨의 아들이었다. 숙빈 최씨는 무수리 출신이었기 때문에 궁중에서 많은 고난을 받았다. 장희빈은 그녀가 영조를 잉태했을 때 죽이려고 온갖 악행을 저질렀다. 인현왕후보다 그녀를 더 증오했다.

장희빈의 아들인 세자를 감싸고 있는 무리들도 연잉군을 미워했다. 숙종이 죽고 경종이 즉위했다. 그러나 경종이 즉위한 뒤에도 연잉군을 미워하는 것은 여전했다. 남인들은 연잉군이 보위를 찬탈할까봐 기회가 있을 때마다 연잉군을 의심하고 감시했다. 경종은 세자 때부터 자주 병을 앓았다. 그런데도 그가 죽자 독살을 했다는 소문이 파다하게 나돌았다.

망치로
백성의 이빨을 때린 왕자

쏴아아. 빗줄기가 더욱 굵어졌다. 상선 내시가 침전으로 돌아갈 것을 청했으나 영조는 거절하고 계속 걸었다. 영조가 어둠 속을 걷고 있을 때 앞에서 별감복을 입은 사내가 나타났다.

"왔느냐?"

영조가 사내를 살피다가 낮게 물었다.

"예."

사내가 머리를 깊숙이 조아렸다.

"모두 물러가라."

영조가 영을 내리자 뒤에서 호종을 하던 내시와 궁녀들이 물러갔다.

"김한구와 홍계희는 무엇이라고 하느냐?"

"송구하옵니다. 영을 따르겠다고 하옵니다."

"네 형을 참수한 것은 내 뜻이 아니었다."

"신도 그리 알고 있습니다."

영조는 나경언을 죽이려고 하지 않았다. 그러나 세자가 면질을 하게 해달라고 청하고 한익모가 배후를 추궁하겠다고 하자 어쩔 수 없었다. 나경언을 죽여야 배후가 드러나지 않게 되는 것이다.

"네 형의 자식들을 후하게 대우할 것이다."

임금의 지시를 따랐는데도 목숨을 잃은 나경언을 생각하자 영조는 마음이 편치 않았다.

"그 일은 심려하지 마십시오. 충정을 다 바쳤으니 형도 기뻐할 것입니다."

나상언이 울먹이는 목소리로 말했다.

"세자의 죄를 만천하에 알려야 한다."

"세자 저하를 탄핵하는 것은 모두가 꺼리는 일입니다."

"선묘宣廟(선조) 때에 그런 일이 있었다."

"선묘 때에 탄핵을 받은 것은 세자가 아니라 왕자들이었습니다."

영조는 고개를 끄덕거렸다. 나상언은 액정 별감이지만 선조 때의 고사를 잘 알고 있다. 선조의 아들 임해군과 신성군, 순화군, 정원군은 역대 어느 왕자보다도 패악했다. 임해군은 기생첩을 빼앗기 위해 현직 특진관에 있는 대신을 살해했고, 순화군은 수원으로 귀양을 간 뒤에도 참혹한 짓을 저질렀다.

수원 부사 박이장의 보고에 '이달 9일 순화군이 약주를 가지고 간 원금元金을 수문水門으로 잡아들여 무수히 구타하였고, 12일에는 약주를 가지고 간 여종 주질재注叱介를 수문으로 잡아들여 옷을 전부 벗겨 알몸으로 결박하고 날이 샐 때까지 풀어주지 않았다고 하며, 18일에는 읍내에 사는 군사 장석을시張石乙屎가 그의 집에 역질이 들어 역신疫神을 쫓고 있을 때 장석을시와 맹인 윤화允化의 아내 맹무녀盲巫女 등을 잡아가 수문으로 끌어들여 순화군이 직접 결박하고 한 차례 형문刑問한 뒤에 밤새도록 매어두었다. 그리고 맹녀盲女의 위아래 이빨 각 1개, 장석을시의 위아래 이빨 9개를 작은 쇠뭉치로 때려 깨고 또 집게로 잡아 빼 유혈이 얼굴에 낭자하였으며 피가 목구멍에 차 숨

을 쉬지 못하였다. 무녀는 궁 안에서 즉시 치사하였고 장석을시는 이
튿날 수문으로 끌어내 왔는데 목숨이 위급하여 곧 죽을 상황이었다.'
하였습니다. 순화군의 행동이 이처럼 전일보다 한층 더 참혹하므로
부내府內 모든 사람이 전부 놀라 일시에 흩어지고 봄갈이가 한창 시
급한데도 농사지을 생각을 하지 않으며, 부사 박이장은 그의 노여움
을 범할까 두려워 그 근처에 얼씬도 못하니, 본부의 일이 매우 염려스
럽습니다.

경기도 관찰사 남이신이 보고한 내용이다.

임해군은 살인을 자주 했다. 그러자 대신들이 그를 탄핵했다. 그러나
임해군이 선조를 찾아가 울면서 자신은 잘못이 없는데 대신들이 탄핵
하고 있다고 호소했다. 이에 선조는 포도대장 변양걸을 귀양 보냈다. 당
시의 재상 이덕형이 변양걸에게 죄를 주는 것은 옳지 않다고 아뢰었다.

"영상이 '변양걸은 포적捕賊한 것 때문에 죄를 입었다'고 했는데, 이는
임해군을 도적으로 삼은 것이다. 또 '어찌 모해謀害한 것이겠는가' 하였
는데, 그렇다면 변양걸에게 상이라도 주어야 옳단 말인가? '포적'의 적
자賊字는 도적질한 사람을 가리키는 것이다. 가령 길 가는 사람을 잡아
다가 도적질한 사람이라고 하더라도 또한 도적을 잘 잡았다고 하여 상
을 주어야 할 것인가?"

선조는 이덕형을 맹렬하게 비난했다.

"신이 드린 말씀은 그런 것이 아닙니다."

이덕형은 선조가 맹렬하게 비난하자 당황했다.

"내 생각에는 '대신이 필시 변양걸도 죽일 것을 청하여 임해군의 지극

히 원통한 것을 펴주고 조정의 치욕을 씻을 것이다' 하였는데, 그만 도리어 이런 말을 했으니, 또한 이상한 일이 아닌가. 이는 모두가 나 같은 사람이 이 자리를 차지하고 있기 때문에 빚어진 결과이다. 대간이 무슨 죄가 있겠는가."

선조는 자신과 같이 무능한 자가 임금의 자리에 있기 때문에 임해군이 모욕을 당하는 것이라고 주장했다. 그러나 영조는 선조와 전혀 다른 임금이었다.

"태종께서도 세자를 폐하셨다."

"그러한 일이 있기는 합니다."

"폐세자의 죄가 지금 세자보다 더 크더냐?"

"신은…."

"폐세자가 살인을 밥 먹듯이 했느냐?"

"그렇지 않았습니다."

"폐세자가 왕손의 어미를 때려죽였느냐?"

"전하…."

"폐세자 양녕대군은 정승의 첩을 가로챈 죄밖에 없다. 이것이 무슨 죄냐?"

"실덕의 죄입니다."

"그렇다. 임금이 되는 것은 군주의 아들이기 때문이 아니다. 덕이 뛰어나야 하는 것이다. 양녕대군은 실덕을 했기 때문에 폐세자가 된 것이다."

"예."

"우리 세자의 죄는 실덕이다. 장차 보위에 올라야 할 덕이 없다."

"망극하옵니다."

"아비로서 어떻게 자식에게 모질게 하고 싶겠는가? 내 가슴은 찢어질 것 같다."

"전하, 세자 저하에게 다시 기회를 주시는 것이 어떠하옵니까?"

"벌써 몇 년 동안 기회를 주었다. 세자를 탄핵하지 않으면 그 일가를 죽일 것이다."

영조의 말에 나상언의 얼굴이 하얗게 변했다.

"세자를 폐위시키는 데 앞장을 서는 것은 두려운 일이겠지. 허나 내가 무섭다는 것도 알아야 할 것이다."

"예."

"김한구와 홍계희에게 내 마음을 전하라."

"예."

"가서 전하라."

영조가 다그치는데도 나상언은 떠나지 않았다.

"그들이 저하를 폐위한 뒤에 어찌할 것인지 물었습니다."

"폐위한 뒤에?"

영조는 몸을 부르르 떨었다. 세자를 폐위한 뒤에 후속조치가 따라야 한다. 세자를 폐위한 뒤에 어떻게 해야 하는 것일까.

"그들이 원하는 것이 무엇이냐?"

"교동에 위리안치하는 것이옵니다."

"가하다."

영조는 눈을 질끈 감았다. 그러나 다음 순간 교동에 위리안치하는 것이 죽음을 의미함을 알고는 가슴이 찢어질 것 같았다.

"신 물러가옵니다."

사내가 어둠 속으로 몸을 감추었다. 영조는 땅바닥에 주저앉았다. 자신도 모르게 뜨거운 눈물이 흘러내리기 시작했다. 아들을 죽여야 할 시간이 다가온다고 생각하자 가슴이 터질 것 같았다.

나경언의 흉서를
사주한 자

홍봉한은 딸의 얼굴을 물끄러미 응시했다. 세자빈이 되어 장차 국모가 되어야 할 딸의 얼굴이 지아비 세자의 광증으로 해쓱해져 있었다. 세자빈은 세자가 광증을 앓기 시작하면서 10년 가까운 세월을 눈물로 보냈다. 특히 지난 한 해는 살아도 살아 있는 것 같지 않았을 것이었다.

"빈궁, 마음을 단단히 가지세요."

홍봉한은 딸을 위로할 말이 떠오르지 않았다. 아아, 어쩌다가 이 지경에 이르렀는가. 홍봉한은 가슴이 답답했다.

"아버님, 제가 무엇을 할 수 있겠습니까? 길을 가르쳐 주세요."

세자빈 홍씨가 울먹이는 목소리로 말했다.

"세손이라도 지킬 수 있으면 다행이겠습니다."

"전하께서 어찌 친손자를 버릴 수 있겠습니까? 세손 외에는 대안이 없습니다."

영조의 혈손은 세손과 양제를 통해 낳은 서자들뿐이었다. 숙빈 최씨가 무수리 출신이라는 뒷말 때문에 가슴앓이를 했던 영조가 양제 출신의 궁녀들을 통해 낳은 손자들을 세손으로 세우지 않을 것이라고 생각했다.

"그렇기는 합니다만 장담할 수는 없는 일입니다."

"지아비가 죽는 모습을 보아야하니 망극하기 짝이 없습니다."

"솔직히 말씀드리면 세자 저하를 지아비라고 할 수 없습니다. 그저 광인이라고 생각하십시오."

"아버님께서도 세자 저하를 포기했습니까?"

"그동안 저하를 위해 부단하게 노력해 왔습니다. 더 이상 기대할 수가 없습니다. 왕손의 어미를 죽인 세자가 아닙니까?"

"저하가 너무 측은합니다."

"왜 아니 그렇습니까? 그러나 이제는 마음을 접어야 합니다."

세자빈 홍씨가 어깨를 가늘게 떨기 시작했다.

"저하는 무엇을 하고 계십니까?"

홍봉한이 홍씨를 물끄러미 응시하다가 물었다.

"화완옹주를 불러 대조의 노여움을 풀어달라고 요구하고 있습니다."

"대죄를 하고 있지 않습니까?"

"대죄를 하다가 동궁전으로 돌아오셨습니다."

"큰일이군요. 지난번에 나경언을 친국하여 문제를 일으키더니…."

홍봉한이 눈살을 찌푸리고 혀를 찼다. 세자는 나경언의 흉서 사건이 터지자 금천교에서 대죄를 청했으나 갑자기 포도청에 지시하여 나경언의 처자를 잡아다가 국문하라는 영을 내렸다. 포도청이 즉시 나경언의 처자를 잡아다가 신문했다.

"안성저安城邸에서 사주하였습니다."

나경언의 처가 공초를 바쳤다. 안성저는 우의정 윤동도의 집이다. 포도청은 안성저 사람들을 잡아다가 신문했다.

"윤광유입니다."

안성저의 하인들이 대답했다.

'아버지가 나를 죽이려고 하는구나.'

세자 이선은 허망했다. 영조는 대죄를 청하고 있던 세자가 포도청을 통해 나경언의 가족을 국문한다고 하자 대노했다.

'포도청은 세자의 영을 따르지 마라.'

영조가 단호하게 영을 내렸다. 노론의 대신들은 윤광유가 우의정 윤동도의 아들이었기 때문에 바짝 긴장했다. 그러나 윤광유는 조사를 받지 않았다.

"안성저 하인들의 공초는 거짓이었습니다."

포도청에서 세자에게 아뢰었다. 처음의 보고와 달라진 것이다.

우의정 윤동도는 자신의 아들 이름이 포도청 공초에서 나오자 죄를 청했다. 조선의 관리들은 죄인들의 공초에 이름이 거론되기만 해도 업무에서 물러나 죄를 청하는데 이를 피혐避嫌이라고 했다.

"들건대 우의정이 피혐하고 있다 하기에 필선弼善 이만회를 보내 구두로 유시해 의심하지 않는다고 했다."

홍봉한이 알현하자 세자 이선이 말했다. 영조가 대노하고 있으니 나경언의 가족을 조사할 수 없었다.

"저하의 처분이 좋습니다."

홍봉한은 달리 할 말이 없어서 세자 이선에게 그렇게 말했다. 이선은 쓸쓸한 표정을 짓고 하늘을 쳐다보고 있었다. 이선은 영조가 질책을 하면 자신이 한 일이 아니라도 잘못했다고 말한다. 술을 먹지 않았어도 술을 먹었느냐고 물으면 먹었다고 말하는 것이다.

홍봉한은 금천교에서 대죄하는 세자를 생각하고 이제 어찌할 수 없다고 생각했다. 세자빈 홍씨는 슬픈 표정을 짓고 있었다.

"영빈 마마는 어찌하고 계십니까?"

홍봉한은 저절로 한숨이 나왔다.

"눈물만 흘리고 계십니다."

"이제는 어찌할 수가 없군요. 대처분이 있을 테니 마음을 단단히 가지세요."

홍봉한은 딸의 손을 꼭 잡았다. 세자가 처형을 당하면 세자빈도 무사할 수 없고 홍봉한의 집도 곤욕을 당하게 될 것이다.

"아버님, 우리 세손은 어떻게 합니까?"

세자빈 홍씨가 눈물이 글썽하여 물었다. 영조에게는 세자 외에 아들이 없다. 세자를 폐위시킨다고 해도 세손까지 버리지는 않을 것이다.

"세손은 걱정하지 마세요."

홍봉한은 세자빈을 위로하고 처소를 물러나왔다. 대궐은 깊은 어둠에 둘러싸여 있었다.

나는 후대가 가장 두렵다

역사는 밤에 이루어진다. 임금은 낮에 정사를 보고 밤에 쉰다. 이는 조선의 관리들도 마찬가지지만 임금은 왕비나 후궁 같은 비빈들과 지내게 된다. 구중궁궐은 암투가 치열하여 밤에 후궁들이 임금에게 속삭이는 말로 나라를 뒤흔들 사건이 벌어지기도 한다. 장희빈이 사약을 받게 되는 일도 밤에 이루어졌다. 숙빈 최씨는 장희빈이 무당을 이용하여 인현왕후를 저주하는 것을 알게 되자 이를 밤에 숙종에게 밀고했다.

숙빈 최씨가 평상시에 왕비가 베푼 은혜를 추모하여 통곡하는 마음을 이기지 못하고 임금에게 몰래 고하였다.

『숙종실록』의 기록이다. 장희빈의 몰락은 그녀를 지지하던 남인의 몰락을 가져왔고 경종을 지나 영조, 정조 때까지도 복원되지 않았다. 연산군이 피바람을 불러온 갑자사화를 일으킨 것도 폐비 윤씨의 친정어머니 신씨가 대궐에 들어와 연산군을 몰래 만나면서 비롯되었다.

전교하기를,

"안양군安陽君 이항과 봉안군鳳安君 이봉을 목에 칼을 씌워 옥에 가두라."

하고, 또 전교하기를,

"숙직 승지 두 사람이 당직청에 가서 항과 봉을 장 80대씩 때려 외방에 부처付處하라. 또 의금부 낭청 1명은 옥졸 10인을 거느리고 금호문 밖에 대령하라."

하고, 또 전교하기를,

"항과 봉을 창경궁으로 잡아오라."

하고, 항과 봉이 궁으로 들어온 지 얼마 뒤에 전교하기를,

"모두 다 내보내라."

하였다. 항과 봉이 나오니 밤이 벌써 3경이었다.

항과 봉은 정씨의 소생이다. 왕이, 모비母妃 윤씨가 폐위되고 죽은 것이 엄 씨와 정씨의 참소 때문이라 하여, 밤에 엄 씨·정씨를 대궐 뜰에 결박하여 놓고, 손수 마구 치고 짓밟다가, 항과 봉을 불러 엄씨와 정씨를 가리키며 '이 죄인을 치라'하니 항은 어두서 누군지 모르고 치고, 봉은 마음속에 어머니임을 알고 차마 장을 대지 못하니, 왕이 불쾌하게 여겨 사람을 시켜 마구 치되 갖은 참혹한 짓을 하여 마침내 죽였다.

왕이 손에 장검을 들고 자순 왕대비慈順王大妃 침전 밖에 서서 큰 소리로 연달아 외치되 '빨리 뜰 아래로 나오라'하기를 매우 급박하게 하니, 시녀들이 모두 흩어져 달아났고, 대비는 나오지 않았다. 그런데, 왕비 신씨가 뒤쫓아 가 힘껏 구원하여 위태롭지 않게 되었다.

왕이 항과 봉의 머리털을 움켜잡고 인수 대비 침전으로 가 방문을 열고 욕하기를 '이것은 대비의 사랑하는 손자가 드리는 술잔이니 한 번 맛보시오'하며, 항을 독촉하여 잔을 드리게 하니, 대비가 부득이하여 허락하였다. 왕이 또 말하기를, '사랑하는 손자에게 하사하는 것이 없습니까?'하니, 대비가 놀라 창졸간에 베 2필을 가져다주었다. 왕이 말하기를 '대비는 어찌하여 우리 어머니를 죽였습니까?'하며, 불손한 말이 많았다. 뒤에 내수사를 시켜 엄씨와 정씨의 시신을 가져다 찢어 젓을 담가 산과 들에 흩어버렸다.

연산군 10년 3월 20일의 일이다. 연산군이 신씨를 만난 일은 기록되

지 않았는데 이는 대내에서 비밀리에 만났기 때문이다. 이런 일은 흔하게 벌어져 조광조가 죽음을 당한 것도 구중궁궐에서 후궁들이 모함을 했기 때문이다.

해시亥時가 가까워지고 있다. 영조는 문을 열어 놓고 밖을 내다보고 있다. 비가 그치자 가뭄이 계속되어 대궐 뜰에 우뚝 서 있는 수목의 무성한 잎사귀들이 미동도 하지 않고 있다. 바람 한 점 없는 날씨다. 여염에서는 이 시간에 무엇을 하고 있을까. 가족들이 둘러 앉아 오순도순 이야기를 나눌 것이다. 그런데 임금의 하루가 끝나는 밤이 너무나 조용하고 적막하다.

'이 자들이 탄핵을 하지 않을 생각인가?'

나상언에게 지시하여 세자를 탄핵하게 했는데 홍계희와 김한구가 움직이지 않고 있다. 이 자들이 임금의 명도 듣지 않는 것인가. 세자를 탄핵했다가 훗날에 보복을 당할 것이 두려워 망설이고 있는 것이다. 영조는 손으로 부채질을 했다.

날이 갈수록 날씨가 더워지고 있다. 며칠 전에 비가 내렸는데 농사를 짓기에는 부족한 비라고 했다.

"전하, 동교東郊와 서교西郊에 비가 내리고 있다고 하옵니다."

며칠 전 선전관이 들어와 아뢰었다.

"이는 오로지 전하의 정성으로 말미암은 것이니, 마음으로 비를 오게 했다고 할 수 있습니다."

홍봉한이 아뢰었다. 영조는 기뻐하면서 건명문建明門에 작은 천막을 설치하게 하고 비를 빌었다. 그러나 그가 간절하게 원했는데도 비는 몇 방울 뿌리다가 멈췄다.

"세자를 보았는가?"

영조는 홍봉한에게 물었다.

"보지 못하였습니다."

홍봉한이 긴장한 표정으로 대답했다. 홍봉한은 최근 들어 말을 더욱 아끼고 있다. 세자가 죽음을 당하면 홍봉한도 여론으로부터 비난을 면치 못할 것이다.

"경은 내 입장을 이해하는가?"

"소인은 드릴 말씀이 없습니다."

"경은 무엇이 두려운가?"

"모든 것이 두렵습니다."

"나도 그렇다."

영조는 우두커니 허공을 바라보고 있었다.

"나는 후대가 가장 두렵다."

영조가 혼잣말을 하듯이 중얼거렸다. 영조는 후대의 평가가 두렵다고 말하고 있는 것이다.

내가 이미
경의 마음을 알고 있다

홍봉한은 영조의 침전에서 물러나오자 시민당에서 대명하고 있는 세자를 찾아갔다. 그는 금천교에서 대죄를 하고 있었으나 영조가 대죄하지 말라는 영을 내리자 시민당에서 명을 기다리고 있었다. 세자가 시민당

월랑月廊에서 홍봉한을 인견했다.

"문후 어떠하십니까?"

홍봉한이 세자에게 물었다. 세자는 잠을 이루지 못했는지 눈이 우묵하게 들어가 있었다.

"황공하게 죄를 기다리는 중인데 문후를 묻는 것인가?"

세자가 입언저리에 조소를 매달았다. 홍봉한을 비웃고 있는 것 같았다.

"부디 언행에 조심하고 학문에 정진하소서."

"그렇게 하면 내가 살 수 있겠는가?"

"어찌 그런 불길한 말씀을 하십니까?

홍봉한은 놀라서 세자의 얼굴을 쳐다보았다. 이 사람이 대궐을 발칵 뒤집어놓은 광인이란 말인가. 눈은 밝은 광채를 띠고 있고 언행은 더없이 신중하다.

"영상의 말을 마땅히 명심하고 깊이 유념하겠다."

세자가 우울한 표정으로 내뱉었다. 더 이상 이야기를 하지 않겠다는 표정이었다. 그때 우의정 윤동도가 휘청대는 걸음으로 들어왔다.

"저하께서 신을 다시 부르니 감읍합니다."

윤동도가 머리를 조아리면서 아뢰었다. 나경언의 가족을 국문할 때 배후에 안성저가 있다고 자백했으나 사실이 아니라고 포도청에서 다시 고해 올렸다. 포도청은 무슨 이유로 나경언 가족의 자백을 사실이 아니라고 뒤집어서 고한 것일까. 누군가 포도청에 그런 지시를 내린 것이 분명했다. 윤동도가 죄를 청하자 마음에 두지 말라고 세자가 위로하여 그에 감사하고 있는 것이다.

'나경언을 사주한 것이 그대가 아니란 말인가?'

세자는 실눈을 뜨고 윤동도를 쏘아보고 있었다. 윤동도는 당황한 기색으로 다시 같은 말을 반복하여 아뢰었다.

"내가 이미 경의 마음을 알고 있다. 물러가라"

세자가 손을 내저으면서 명을 내렸다.

경의 마음을 알고 있다는 것은 무엇인가. 윤동도는 소름이 끼치는 듯한 기분이 들었다.

윤동도와는 이야기를 하고 싶지 않다는 표정이 역력했다. 윤동도가 절을 하고 물러갔다. 홍봉한은 윤동도와 함께 물러가려다가 세자의 눈을 보았다. 어쩌면 이것이 마지막이 될지 모른다.

"어찌 물러가지 않는 것인가?"

"저하께서 신에게 하실 말씀이 있지 않습니까?"

"내가? 경이 나에게 할 말이 있는 것이 아닌가?"

세자의 말에 홍봉한은 가슴이 찌르르 울리는 것을 느꼈다. 세자의 말이 비수처럼 날카롭게 그의 가슴으로 파고드는 것 같았다.

"신은 드릴 말씀이 없습니다."

"무정한 인사로군. 사위와 장인이 피 한 방울 섞이지 않은 것이 맞군."

세자의 말에 홍봉한은 가슴이 철렁했다. 세자는 자신이 위기에 처했는데도 홍봉한이 도와주지 않는다고 비난하고 있었다.

"세손과 빈궁을 잘 보호하겠다는 말도 할 수 없는 것인가?"

세자의 말은 온화했으나 매서웠다. 홍봉한은 대답을 하지 못했다.

"그러면 제 일신만 지키려는 자군."

세자는 자신의 죽음이 얼마 남지 않았다는 사실을 눈치 채고 있다. 아아, 어찌 이럴 수가 있는가. 홍봉한은 전신을 부르르 떨었다.

"저하, 환후가 다 나으신 것입니까?"

"물러가라."

세자가 단호하게 말했다. 홍봉한은 감히 그의 얼굴을 쳐다보지 못하고 시민당에서 물러나왔다.

내가 너무 귀엽게 키웠다

나경언의 흉서 사건이 터진 것은 윤 5월 2일의 일이었다. 그러나 영조는 윤 5월 13일이 될 때까지 특별한 처분을 내리지 않는다. 나경언 흉서 사건은 사도세자의 죽음에 큰 영향을 미치지 못한 것이다. 영조는 자신의 아들에 대한 처분을 놓고 마음이 흔들리고 있었다. 세자는 온전하게 명령만을 기다리고 있지 않았다. 그는 윤 5월 2일부터 13일까지 대명을 하면서 틈틈이 대신들을 만났다. 이는 온전한 석고대죄가 아니었다. 영조는 그런 세자에게 더욱 실망했고, 대신들에게 짜증을 부렸다.

"병조의 순감군巡監軍 단자單子에 낙점을 하지 않고 황첨黃籤을 붙여 내리셨습니다. 이 일은 중요한데 어찌 이렇게 하십니까?"

영의정 홍봉한이 경현당에서 아뢰었다.

"내가 어찌 국사에 관여하겠는가? 마땅히 원량에게 수점受點하라."

영조가 노기를 띠고 말했다.

"군국의 일은 성상께서 직접 처결해야 합니다."

판부사 신만이 아뢰었다. 영조는 대답하지 않았다.

"정홍순을 비국備局의 유사有司로 삼기를 청합니다."

홍봉한이 아뢰었다.

"지금 이후부터는 국사를 보지 않을 것이니, 비국 당상을 내가 어찌 알겠는가?"

영조가 버럭 소리를 질렀다.

"중관의 무리들조차도 공을 세워 후일에 잘 보이려고 하여 모두 승전색을 모면하고, 이목의 관원은 오로지 머뭇거리며 법을 위반하면서 제 몸 지키는 것만 능사로 삼고 있다. 근일에 승지가 언사소言事疏를 받지 않고 있는데, 전의 영상이 나에게 말하기를, '언사소를 받아들이는 것이 전하께서는 좋다고 여기십니까, 좋지 않다고 생각하십니까?' 하였는데, 이 역시 의심하여 머뭇거리는 신하이다."

영조가 말한 것은 전 영의정 김상로를 말하는 것이다. 영조는 국사를 보지 않겠다고 하고 세자는 대명을 하고 있으니 조정이 마비되었다. 대신들이 영조에게 만나줄 것을 청했다.

영조는 건명문의 작은 천막에 나가 홍봉한과 윤동도를 소견했다. 비가 부족하여 영조가 건명문 앞의 천막에서 비를 빌고 있는데 빗방울이 뿌리기 시작하여 기분이 좋았던 것이다.

"신들이 동궁에 나아가 구대求對하였더니, 동궁이 승전색을 통해 하령하기를, '이럴 때의 차대는 아주 도리가 아니다. 하교하신 후에 거행하지 않은 것도 매우 송구스러운데, 대신과 여러 신하의 뜻은 어떤가?'라고 하였습니다. 소신이 우상과 함께 먼저 접대하기를 청했더니, 하령하기를, '바야흐로 대죄 중이니, 차대는 결코 할 수 없다'라고 하였습니다. 신들이 말하기를, '여러 신하가 이미 모였으니, 비록 차대는 하지 않더라도 소견하시는 것이 좋겠습니다'라고 하였습니다."

영의정 홍봉한이 아뢰었다.

"어느 곳에서 대죄하고 있는가?"

영조가 홍봉한을 노려보면서 말했다.

"시민당 월랑月廊(문간방)에서 대죄하고 있습니다."

"동궁의 관원들 역시 알고 있는가?"

"날마다 새벽에 일제히 모여 문한門限에 이르러서 나가고 있습니다."

홍봉한의 말은 동궁전 관리들이 아침에 모여서 세자가 대명하고 있는 곳으로 간다는 뜻이다.

"이목의 관원이 참으로 개탄스럽구나. 나는 원량이 대죄를 청하고 있는지 몰랐다."

영조의 말은 이해할 수 없다. 세자의 대죄는 실록에 기록되었으니 영조가 몰랐다는 사실은 의아한 일이다. 그러나 영조는 비가 내리기 시작하여 크게 기뻐하고 있었다.

"오늘 오는 비는 나를 살리고자 하는 것이니, 내 마음이 반은 이미 돌아왔다. 수표교에 만약 물이 한 자만 넘으면 삼대三對(소대·야대·차대)를 하고자 한다."

"만약 물이 한 자가 넘으면 도리어 수재水災가 있게 되니, 청컨대 삼강三講(조강·주강·석강)이란 말 위에다 삼대라는 말을 첨가해 쓰는 것이 좋습니다."

홍봉한과 윤동도가 웃으면서 아뢰었다. 비 때문에 돌처럼 단단하게 굳어져 있던 영조의 마음이 풀어지고 있었다.

"지난번 세자가 죄인과 면질하기를 청한 것이 어찌 한심하지 않은가?"

영조가 홍봉한에게 말했다.

"이는 그때 분하고 절박한 나머지 한 말입니다. 성상께서 만약 조용히 꾸짖어 가르치시면 어찌 이 지경에 이르겠습니까?"

승지 윤동승이 아뢰었다.

"요즈음은 소조께서 매우 뉘우치고 있습니다."

편차인編次人 구윤명具允明이 아뢰었다.

"말도 말라, 말도 말라."

영조가 손을 내저었다.

"작년에 공묵합에서 입시를 명했더니, 발병을 핑계하므로 전의 영의정이 깨우쳐 입시하게 했는데 걸음걸이가 정상이었다. 그의 자질과 성품이 성인에 가깝기 때문에 내가 처음에 매우 사랑하자, 늙은 내시가 익애溺愛하는 것을 간하였는데, 당시 내 생각은 지나치다고 여겼었다. 지금에 이르러 생각해 보니, 그 말을 따르지 않아서 그런 버릇을 키운 것이 후회된다. 옛날 선조 때의 명재상 이항복은 어렸을 때는 오활하였으나 마침내 현명한 재상이 되었지만 원량은 희망이 전혀 없다."

영조는 세자에 대해 근심했다. 세자가 훌륭한 인물이 될 가능성이 전혀 없다는 것이다.

"비는 신령께서 내리신 것이니 내가 선조들의 위패에 감사를 드리겠다."

영조는 종묘에 가서 절을 올리겠다고 했다. 임금이 출타를 하면 세자가 지영祗迎(백관을 거느리고 임금을 맞이하는 일)을 해야 한다. 영조는 대명하고 있는 세자에게 지영할 필요가 없다고 지시했다. 세자는 영조의 지시에 따라 지영을 하지 않았다.

"내가 비록 지영하지 말라고 명을 내렸으나 이렇게 가까운 곳에 있으면서 지영하지 않으니 이것이 무슨 도리인가? 또 내가 이곳에 와 앉아 있으니 원량이 반드시 겁을 먹은 것이다."

영조는 예를 행한 뒤에 창덕궁의 진선문進善門으로 나가 종묘에 가서 절을 올렸다.

"소자가 이곳에 머물고자 하나 원량이 반드시 겁을 먹을 것이기 때문에 이제 돌아가겠습니다."

영조는 숙종에게 하소연을 하듯이 말했다. 어쩌면 영조는 결단을 내리기 전에 정신적 지주인 숙종에게 심경을 고했는지 모를 일이었다. 영조는 돌아오다가 혜정교惠政橋에서 연輦을 멈추고, 형조의 죄수를 석방하라고 명을 내렸다.

사도세자의 운명을 바꾼 밤

비가 그치자 더위가 다시 시작되었다. 영조는 눈을 부릅뜨고 허공을 쏘아보았다. 지난밤 영빈 이씨가 대처분을 내려달라고 청했다. 영빈 이씨의 말을 들은 영조는 대노했다. 이제는 더 이상 결단을 미루어서는 안 된다고 생각했다.

영빈 이씨는 어떤 내용을 영조에게 고했을까. 실록에는 영빈 이씨가 밀고했다는 단 한 줄의 짧은 기록 밖에 없다. 나경언의 상서는 사실상 사도세자의 죽음에 큰 영향을 미치지 못했다. 나경언의 흉서를 처음 보앗을 때 영조는 이미 서명응 등의 상소를 통해 알고 있는 내용이라고 일축했다. 그런데도 세자를 질책한 것은 영조가 이미 그를 어떤 형태로든지 내치려고 결심을 하고 있었고 그러한 계획을 실천하고 있었기 때문으로 보인다.

나경언의 흉서가 처음 보고되었을 때 영조의 마음은 어느 정도 풀어져 있었다. 금천교에서 죄를 기다리는 세자에게 시민당에 돌아가 명을 기다리고 있으라고까지 했다. 그는 며칠이 지나자 세자가 석고대죄를 하고 있다는 사실을 알리지 않았다고 질책을 하기도 했다. 영빈 이씨의 밀고가 아니었다면 사도세자는 죽지 않았을 수도 있다. 그러나 영빈 이씨의 밀고로 영조는 대노하여 대처분을 내린다.

영조의 심경을 바꾼 영빈 이씨의 밀고는 어떤 것일까.

노론 음모설을 제기한 사람들은 영빈 이씨의 밀고에 대해서는 그다지 설명이 없다. 그들은 혜경궁 홍씨와 홍봉한이 노론의 당론을 따라 사도세자를 죽음으로 몰고 간 것으로 보고 있다. 그러나 영빈 이씨는 어디에도 소속되어 있지 않다. 그렇다면 그녀는 무엇 때문에 영조에게 사도세자의 대처분을 청했는가. 이는 구중궁궐에서 일어난 일이기 때문에 기록이 남아 있지 않다.

영빈 이씨는 사도세자가 죽은 지 2년 만에 죽는다. 그녀의 죽음도 짤막한 기록밖에 남아 있지 않아 역사의 의혹으로 남았다.

영조는 지난 밤 영빈 이씨가 대처분을 청하자 결국 결단을 내리기로 결정했다. 영빈 이씨가 누구인가. 세자의 생모이자 자식을 여섯이나 낳은 여인이었다. 천하에 어떤 여인이 자신의 자식을 죽여 달라고 말하겠는가.

'내가 너무 익애했다.'

영조는 세자가 그 많은 죄를 지었는데 용서해 온 것이 화를 키웠다고 말했다. 그러나 영조의 말과 세자 이선이 느낀 것은 달랐다. 이선은 영조를 항상 두려워했다. 그날 밤 구중궁궐 깊은 곳에서 일어난 영빈 이씨의 밀고는 무엇일까.

세자 이선은 조울증을 앓고 있었다. 그는 급하게 화를 냈다가 우울해하곤 했다. 동궁전 소주방 뒤채에서 혼자 보내는 것을 좋아한 이유는 우울증이다. 급하게 화를 내거나 궁녀와 내시들을 함부로 죽인 이유는 조증이다. 조증이 발작하게 되면 가장 가까이 있는 사람을 괴롭히게 된다. 가족들이나 부인, 부모에게도 폭력을 휘두른다.

세자 이선은 자신의 친동생인 옹주를 칼로 죽이겠다고 협박한 일도 있고 자신의 아들을 낳은 빙애를 때려죽이기도 했다. 이날 밤 세자 이선은 누구에게 분노를 폭발시킨 것일까. 정황상 화완옹주를 죽이려고 했을 가능성이 가장 높다. 화완옹주는 영조가 가장 총애했으니 영조에 대한 불만이 화완옹주에게 폭발했을 것이다.

화완옹주는 사도세자가 죽은 뒤에 그의 아들 세손 이산을 미워했다. 그녀의 아들인 양자 정후겸과 함께 이산이 보위에 오르지 못하도록 온갖 음모를 꾸몄다.

여자들은 대부분 친정 오빠의 자식들을 미워하지 않는다. 화완옹주가 세손 이산을 미워한 것은 이러한 원한 관계로 비롯되었을 가능성이 가장 높다.

사도세자와 화완옹주는 영빈 이씨의 자식들이다.

영빈 이씨는 아들이 딸을 죽이려고 하자 영조에게 울면서 호소한 것이다.

"동생을 죽이려고 하다니 미치광이다."

영조는 세자 이선을 용서하려다가 생각을 바꾸었다.

아버지를 살려주십시오

대신들은 이와 같은 사실을 전혀 몰랐다. 그들은 나경언의 흉서에도 불구하고 영조가 세자 이선을 용서하는 것이라고 생각했다. 영의정 홍봉한과 우의정 윤동도는 세자의 대죄를 풀어달라고 청했다. 영조는 이들을 파직하고, 신만을 영의정에 임명했다.

"기강이 문란하니, 나라가 되겠는가? 단지 강개한 마음으로 전배는 하였지만 뜻은 역시 깊다. 행차를 명할 때에 마땅히 대명했어야 하는데, 오늘 정오가 지나서야 비로소 들렸으니 어찌 그리 늦었는가? 두 재상의 나라를 위하는 마음을 내가 깊이 아는데, 이는 마음이 타 녹아서 그런 것인가? 한 가닥의 기강이라도 남아 있어서 벌을 주어야 한다면 대신을 버려두고 누구이겠는가?"

영조는 홍봉한과 윤동도를 신랄하게 비난했다. 옥당 김종정, 박사해, 남현로, 홍지해, 이득배가 함께 연명으로 차자를 올려 나경언에게 노적의 율로 시행하기를 청하고, 헌납 이시건 역시 차자를 올려 나경언에게 빨리 노적의 율을 시행하라고 청했다.

영조는 크게 노하여 이들의 차자를 받아들인 승지 및 여러 승지를 파직한 후 영남 지방의 먼 바닷가로 유배를 보내라는 명을 내리고, 남소南

所의 위장衛將 유장兪將을 가승지假承旨로 삼아 그 차자를 돌려주게 하였다. 이어 영의정 신만과 약방제조를 사현합思賢閤으로 입시하라고 명을 내렸다.

"나경언이 어찌 역적이겠는가? 조정 신하들의 치우친 논의가 도리어 부당父黨과 자당子黨이 되었으니, 조정의 신하가 모두 역적이다."

영조는 이선을 구명하는 대신들을 혹독하게 질책했다. 그는 정승들에 이어 승지들까지 파직하고 유배를 보내 정국을 얼어붙게 만들었다.

"너도 곧바로 쓰지 않으면 역시 역적이다."

영조가 기록을 하는 사관에게 명을 내렸다. 사관이 쩔쩔매면서 머리를 조아렸다. 영조는 답답하다는 듯이 가슴을 세차게 주먹으로 두드렸다.

영조는 이선을 폐하려고 결심했으나 차마 말을 꺼내지 못하고 있었다. 생모인 이씨마저 결단을 내렸는데 그가 결단을 내리지 못하고 있었다. 영조는 창덕궁에 나아가 선원전璿源殿(역대 조선 임금의 어진을 모신 곳)에 가서 절을 올렸다.

"세자의 대명을 풀라고 전하라. 세자는 휘령전徽寧殿에 들어와 예를 올려라."

영조가 비장하게 영을 내렸다. 휘령전은 정성왕후의 위패를 모셔 놓은 사당이었다. 이선은 영빈 이씨가 낳았으나 정비인 정성왕후의 아들로 되어 있기 때문에 그녀가 어머니였다. 승지가 황급히 이선에게 달려갔다.

"내가 병 때문에 대조의 명을 받들지 못하겠노라."

이선이 승지에게 말했다. 승지가 이선에게 간곡하게 권했으나 그는 무슨 낌새를 눈치 챘는지 완강하게 거절했다.

"도승지는 들으라. 속히 세자에게 가서 휘령전으로 오라고 하라."

영조가 도승지 조영진을 특파하여 다시 이선에게 휘령전에 와서 행례하기를 재촉했다. 이선은 그래도 오지 않았다. 영조는 불 같이 노했다. 이선이 오지 않자 휘령전으로 향했다. 대신들이 황망한 걸음으로 영조의 뒤를 따랐다. 영조는 휘령전으로 가면서 세자궁을 지날 때 차비관을 시켜 살피게 했으나 죽은 듯이 조용했다. 이선은 도승지 조영진이 재촉하자 공포에 떨면서 집영문集英門 밖에서 꿇어 엎드려 있었다.

'어리석은 놈, 어쩌다가 이런 꼴이 되었다는 말이냐?'

영조는 집영문 밖에 엎드려 있는 이선을 보고 가슴이 터질 것 같았다. 애써 이선을 외면하고 휘령전으로 들어가 절을 올렸다. 이선이 휘령전 안으로 따라 들어왔다.

"너는 사배를 올려라."

영조가 이선에게 명을 내렸다. 이선은 뜰 가운데에 나가서 조심스럽게 네 번 절을 올렸다.

"여러 신하들도 귀신의 말을 들었는가? 정성왕후께서 정녕하게 나에게 이르기를, '변란이 호흡 사이에 달려 있다'고 하였다."

영조가 갑자기 손뼉을 치면서 소리를 질렀다. 영조의 고성에 휘령전까지 호종했던 대신들이 경악했다. 그의 목소리가 휘령전을 쩌렁쩌렁 울렸다.

"협련군挾輦軍(왕의 호위군)은 들으라. 지금 전문殿門을 4, 5겹으로 굳게 막도록 하고, 또 총관 등으로 하여금 배열하여 시위하게 하면서 궁의 담 쪽을 향하여 칼을 뽑아들라. 궁성문을 막고 각角을 불어 군사를 모아 호위하고, 사람의 출입을 금지하라."

영조가 벼락을 치듯이 영을 내렸다. 협련군 별장이 깜짝 놀라 영조를
쳐다보았다.

"별장은 들었느냐?"

영조의 영은 무시무시했다.

"예."

별장이 놀라서 머리를 조아렸다.

"속히 거행하라."

영조가 눈을 부릅뜨고 영을 내렸다. 협련군 별장이 그때서야 명을 받
들어 군사들을 지휘하기 시작했다. 대궐에 금위영 군사들까지 들이닥
치자 긴장감이 감돌기 시작했다.

"대신들을 문안에 들이지 말라."

영조는 잇달아 영을 내렸다. 이내 금위영 군사들과 협련군이 휘령전
을 삼엄하게 에워쌌다.

이선은 땅바닥에 꿇어 엎드렸다. 관을 벗고 머리를 조아렸다. 그의 얼
굴이 하얗게 변하고 전신을 부들부들 떨었다.

"세자는 들으라. 너는 수차에 걸쳐 궁인과 환시들을 죽였다. 내가 그때
마다 꾸짖고 타일렀는데 조금도 반성하지 않았다. 이제 네 어미에게 고
하니 죽이느만 못하다고 하였다. 허나 아비인 내가 어찌 자식을 죽이겠
느냐? 스스로 자결하라."

영조가 불을 뿜을 듯이 이선을 노려보면서 소리를 질렀다. 정성왕후
영전에 고하니 귀신이 죽이라고 했다는 것이다.

"아바마마, 소자가 잘못하였습니다."

창경궁 문정전. 영조 때는
휘령전으로 불리면서 왕
비나 대비의 혼전으로 사
용되던 곳이다. 혼전은 왕
이나 왕비들이 죽었을 때
신위를 잠시 모시는 곳이
다. 사도세자가 휘령전 앞
에서 뒤주에 갇혀 죽음을
당했다.

이선이 울면서 아뢰었다.

"자결하라. 네가 자결하는 것만이 이 나라 조선과 사
직을 위하는 일이다."

"소자가 어찌 자결을 합니까?"

"무서우냐?"

"무섭습니다."

"네가 죽는 것은 무서워하면서도 다른 사람을 죽이는 것은 무서운 일
이라고 생각하지 않았느냐? 왕손의 어미를 때려죽일 때 그 어미가 얼마
나 무서워했는지 생각이나 해보았느냐?"

"아바마마."

이선은 땅바닥에 머리를 짓찧으면서 용서를 빌었다. 이선의 이마에서 피가 흥건하게 흘러내렸다.

"죽어라."

"소자는 죽지 못하옵니다. 소자는 억울하옵니다."

그때 영의정 신만과 좌의정 홍봉한, 판부사 정휘량, 도승지 이이장, 승지 한광조 등이 들어왔으나 미처 진언陳言을 하지 못했다. 홍봉한은 파직되었다가 다시 좌의정에 임명되어 있었다.

"누가 들어오라고 하였느냐? 왕명을 어긴 저 자들을 파직하라."

영조가 길길이 날뛰자 신만과 홍봉한 등은 입조차 열지 못하고 물러 갔다.

"할바마마."

그때 세손 이산이 휘령전으로 달려 들어와 이선의 뒤에 꿇어 엎드렸다. 이산이 관과 포를 벗고 이선의 뒤에 엎드려 울음을 터트리는 것을 보고 영조는 경악했다.

"네가 여기는 어떻게 왔느냐?"

영조는 가슴이 철렁했다.

"할바마마, 아바마마를 용서해 주십시오."

세손 이산은 몸부림을 치면서 울부짖기 시작했다.

"어서 나가라."

"할바마마."

이산이 울음을 터트리자 영조는 가슴이 찢어질 듯이 아팠다. 영조는 휘령전에서 맨발로 달려 내려와 세손 이산을 번쩍 안았다.

"할바마마."

이산은 몸부림을 치면서 울었다. 영조는 휘령전을 달려 나갔다. 휘령전 밖에서 대기하고 있던 금위영 대장 김성응이 머리를 조아렸다.

"세손을 시강원으로 보내라."

영조가 김성응에게 영을 내렸다. 김성응이 세손을 받아 안아 시강원으로 달려갔다. 이산은 김성응에게 안겨서도 몸부림을 치고 울었다.

"들었느냐? 네 아들은 살려달라고 울부짖지만 나는 그럴 수가 없다. 그러니 죽어라."

영조가 칼을 들고 명을 내렸다.

"못합니다."

이선이 반항을 하듯이 말했다.

"무서우냐? 칼이 무서운 것이냐?"

영조가 이선을 비웃었다.

"무섭지 않습니다. 아바마마께서 원하시면 소자가 자진하겠습니다."

"오냐. 어서 죽어라."

이선이 영조에게 칼을 받아 자진하려고 했다. 그러자 이선과 함께 무릎을 꿇고 있던 동궁의 관리들이 일제히 만류했다. 이때 신만과 홍봉한, 정휘량이 다시 휘령전으로 들어왔다. 그러나 그들은 영조의 분노한 얼굴을 보고는 감히 만류하지 못하고, 다른 신하들도 들어왔으나 역시 입을 열지 못했다.

한 여자의 말로
세자를 죽일 수 없다

영조가 시위하는 군사들을 시켜 동궁의 관리들을 내쫓았다.

"신은 저하를 떠날 수 없습니다."

한림 임덕제 만이 굳게 엎드려서 떠나려고 하지 않았다.

"세자를 폐하였는데, 어찌 사관이 있겠는가?"

영조는 군사들을 시켜 임덕제를 끌어내게 했다.

"너 역시 나가버리면 나는 장차 누구를 의지하란 말이냐?"

세자가 임덕제의 옷자락을 붙잡고 통곡을 하면서 따라 나왔다. 그는 전문 밖까지 나와 동궁의 여러 관리들에게 어떻게 해야 좋은가를 물었다.

"일이 마땅히 다시 전정殿庭으로 들어가 처분을 기다릴 수밖에 없습니다."

사서 임성이 말했다. 이선은 울면서 다시 휘령전으로 들어가 땅에 엎드려 개과천선하겠다고 애원했다.

"영빈은 너의 생모다. 너의 어미조차 네가 살아 있는 것을 바라지 않는다. 네가 대궐에서 죽인 자가 얼마나 되느냐? 네가 임금이 되면 폭군 걸주보다 더 심한 자가 될 것이다."

영조는 모질게 이선을 질책했다.

"전하께서 깊은 궁궐에 있는 한 여자의 말로 인해서 국본을 흔들려 하십니까?"

도승지 이이장이 말했다. 영조는 나경언의 흉서가 올라온 뒤에 걸핏하면 승지들을 교체하여 하루에도 여러 번 승지들이 바뀌었다.

"한 여자의 말이라고 했느냐? 네가 감히 그런 말을 할 수 있느냐?"

영조는 이이장을 유배 보내라는 명을 내렸다가 거두었다.

"어서 죽으라고 하지 않았느냐?"

"아바마마, 소자를 살려주십시오."

이선은 처절하게 울부짖었다.

"네가 정령 자진하지 못하겠느냐? 그러면 방법이 있다. 군사들은 소주방에 가서 쌀뒤주를 가져오라."

영조가 협련군에게 명을 내렸다. 협련군 군사들이 소주방으로 달려가 커다란 쌀뒤주를 가지고 왔다. 대신들과 군사들은 세자 이선이 잘못을 빌고 영조가 용서를 할 것이라고 생각했다. 그러나 세자 이선의 입에서 나온 말은 청천벽력과 같았다.

아버지
나를 죽여주십시오

이선은 자신의 앞에 놓여 있는 뒤주를 차갑게 응시했다. 나보고 여기에 들어가라고? 이것이 아버지가 아들에게 내린 명인가? 들어가라면 내가 못 들어가겠는가. 소주방에서 사용하는 뒤주는 여염집이 사용하는 뒤주보다 훨씬 컸다.

"전하, 소자를 죽여주십시오."

영조가 펄펄 뛰면서 뒤주로 들어가라고 소리를 지르자 세자 이선이 몸을 떨면서 내뱉었다. 이선의 눈에서 광기가 번들거리고 있었다.

"뭣이?"

영조는 자신의 귀를 의심했다. 살려달라고 애원을 해야 할 아들놈이 오히려 눈을 부릅뜨고 반발하고 있었다.

"아버지는 나를 미워하시니 죽이십시오. 이렇게 사느니 아버지 손에 죽겠습니다."

"네 이놈!"

"저는 이제 살고 싶지 않습니다. 불효한 놈이니 죽이십시오."

"오냐! 내 어찌 너를 가련하게 여기겠느냐? 뒤주에 들어가라."

영조가 명을 내렸으나 이선은 뒤주에 들어가지 않았다. 영조는 군사들에게 명을 내려 이선을 강제로 뒤주에 가두고 못질을 했다.

'아아, 전하께서 어찌하시려는 것인가?'

대신들은 몸을 떨었다. 영조가 세자를 죽이려는 결심을 했어도 차마 실행하지는 않을 것이라고 생각했다. 그런데 영조가 세자를 뒤주에 가두어버린 것이다. 영조는 세자 이선을 폐하여 서인으로 삼는다는 명을 내렸다.

"전하, 세자 저하를 용서해 주십시오."

이때 세자빈 홍씨와 세손 이산이 휘령전 밖에 와서 울부짖었다.

영조는 세자빈과 세손 및 여러 왕손을 좌의정 홍봉한의 집으로 보내라고 명을 내렸다. 밤은 이미 자정이 지나 있었다. 영조는 전교를 내려 세자를 폐한다는 명을 내렸으나 사관이 꺼려하여 감히 쓰지 못했다.

"아버지, 나를 죽이세요!"

이선이 뒤주 안에서 절규하듯이 울부짖었다.

"누구도 뒤주에 접근하지 마라. 뒤주에 가까이 가는 자 반드시 죽일

뒤주. 쌀을 넣어 두는 전통적인 한국의 뒤주. 영조가 왜 사도세자를 뒤주에 들어가 죽게 만들었는지는 밝혀지지 않고 있다. 뒤주는 소주방에서 가져온 것으로 밝혀졌다. ©들꽃

것이다."

영조가 무시무시한 영을 내렸다. 이선은 뒤주 안에서 발버둥을 치면서 울부짖기 시작했다. 이선의 울음소리가 짐승이 울부짖는 것처럼 처절했다. 그러나 영조의 엄중한 왕명이 내렸기 때문에 아무도 접근하지 못했다.

이선은 한 시간 남짓 울부짖다가 기운이 탈진하여 멈췄다. 뒤주 안은 캄캄했고, 밖은 고요했다. 이선은 뒤주 안에서 몸을 바짝 웅크리고 있었다. 소주방의 뒤주가 크다고 해도 팔다리를 펼 수가 없었다. 그래도 너무나 지쳤기 때문에 잠깐 동안 잠이 들었다. 그러나 일각도 되지 않아 눈이 떠졌고, 눈이 떠지면 고통스러웠다. 영조에 대한 원망, 자신을 구해 주지 않는 생모 영빈 이씨와 세자빈 홍씨에 대한 원망이 구름처럼 일

어났다.

'내가 잘못한 것인가?'

이선은 자신이 잘못한 점을 되짚어 보기도 했다. 그동안 약방의 진맥을 수년 동안 받았으나 조금도 나아지지 않고 오히려 병이 점점 깊어갔다. 밤에는 잠을 이루지 못하고 누군가 자신을 죽이려고 하는 망상에 시달렸다. 벽이 수군거리고 쥐들이 돌아다니면서 찍찍거렸다. 내시와 궁녀들은 뒤에서 그를 비난했다. 그가 나타나면 황급히 입을 다물고 눈치를 살폈다. 천장과 벽에도 자신을 감시하고 해치려는 사람이 숨어 있는 것 같았다.

영조에게 책을 잡히지 않으려면 의관을 단정하게 해야 했으나 궁녀와 내시들이 이상하게 옷을 만들어 대령했다.

"네가 감히 이따위 옷을 대령하느냐?"

이선은 의대를 담당하는 내시와 궁녀들의 목을 베었다. 사람들은 그런 그를 의대병에 걸렸다고 말했다.

'내가 정말 의대병에 걸린 것일까? 의대를 담당한 내시를 죽이지 않아도 되는 것이 아닐까?'

이선은 때때로 자신의 행동이 지나쳤다고 생각했다. 빙애를 때려 죽였다. 빙애는 그의 아들을 낳은 여인이었다. 그러나 자신을 무시하고 경멸하는 것 같았다.

'빙애…'

이선은 빙애를 생각하자 눈물이 주르르 흘러내렸다.

대의멸친을 실천한 영조

세손 이산은 공포와 두려움에 휩싸여 있었다. 아버지인 세자가 뒤주에 갇혀 죽어가고 있었다. 사람들이 쉬쉬하면서도 아버지의 이야기를 했다. 이산은 어머니와 함께 외할아버지인 홍봉한의 집에 와 있었다. 외가의 분위기는 침통하게 가라앉아 있었다. 어머니의 얼굴은 전에 없이 창백했다. 아버지가 대처분을 받은 뒤에 어머니는 거의 곡기를 끊고 있었다. 누구도 입을 열지 않았다.

이산은 아버지가 무서웠다. 걸핏하면 화를 내고 사람들을 때렸다. 그러나 할아버지인 영조가 대처분을 내리면서 아버지는 뒤주 안에서 죽어가고 있었다.

"차라리 자진을 하셨더라면 이처럼 고통스럽지는 않았을 텐데…"

어머니가 눈물을 흘리면서 말했다. 캄캄한 뒤주 안에서 물 한 모금 마시지 않고 견디고 있는 세자였다.

'아버지가 죽어 가고 있다.'

이산은 그렇게 생각하자 두려웠다. 아직까지 죽음이 무엇인지는 몰랐다. 그러나 아버지가 죽는다고 생각하자 덜컥 겁이 났다. 아버지를 다시는 만나지 못할 것이었다.

"세손께서 어디 계십니까?"

그때 임덕제가 홍봉한의 집으로 뛰어 들어오면서 큰소리로 외쳤다. 이산은 사랑의 툇마루에 앉아 있다가 벌떡 일어났다.

"무슨 일이오?"

이산의 시중을 들고 있는 내시가 물었다.

"소조께서 위태로우시니 세손을 모시고 대조께 가서 사죄하겠습니다."

임덕제의 말에 홍봉한의 집에 있던 사람들이 일제히 웅성거렸다. 그때 홍봉한을 비롯하여 여러 사람들이 몰려 나왔다. 임덕제가 다시 큰 소리로 세손을 모시고 가겠다고 강개한 목소리로 소리를 질렀다. 이산은 임덕제 앞으로 갔다.

"저하."

임덕제가 이산을 향해 절을 올렸다. 그의 눈에서 눈물이 비 오듯 흘러내리고 있었다.

"그리하라."

홍봉한이 허락했다. 임덕제는 재빨리 이산을 업고 대궐로 달려갔다.

"네가 누구냐?"

이산은 임덕제의 등에 업혀 물었다. 멀리서 세손을 호위하는 군사들과 내시와 궁녀들이 황급히 따라오고 있었다.

"소인 춘방의 한림 임덕제입니다."

임덕제가 울음 섞인 목소리로 말했다.

"나를 어찌 대궐로 데려 가는 것이냐?"

"소조께서는 세손 저하의 아버님입니다. 아버님의 죄를 함께 사죄해야 합니다."

임덕제는 빠르게 달려서 휘령전에 이르렀다. 이산이 휘령전 안으로 들어가려고 하자 삼엄하게 경비를 서고 있던 군사들이 막았다.

"막지 마라."

임덕제가 소리를 질렀다.

"전하의 엄명이다."

금위대장 김성응이 이산의 앞을 막았다.

"할바마마."

이산은 휘령전 앞에서 무릎을 꿇고 통곡하기 시작했다. 그 뒤에 임덕제가 꿇어 엎드리고 세손을 시종하는 궁녀와 내시들이 꿇어 엎드렸다.

"할바마마, 아바마마를 살려주세요."

이산이 애절하게 울부짖기 시작했다.

8장

피 묻은 적삼이여,
피 묻은 적삼이여

아들의 죽음을 슬퍼한 아버지

왕의 하루는 자시면 끝이 난다. 공적인 일이든 사적인 일이든 자시가 되면 끝이 난다. 유시가 지나면서부터 왕의 하루는 대내大內에서 이루어지고, 늦어도 자시가 되면 내일을 위하여 잠자리에 드는 것이다. 여름이든 겨울이든 오늘날과 같은 전기 시설이 없기 때문에 대궐도 어둠이 서리서리 내려 활동을 할 수 없다. 이 칠흑 같은 어둠 속에서는 임금도 아무것도 할 수 없게 되는 것이다.

영조는 침전에 앉아서 무겁게 한숨을 내쉬었다. 비가 장하게 내리고 있었다. 영조는 잠을 이루지 못하고 있었다. 세손 이산이 아비를 살려달라고 울부짖는 소리가 귓전을 쟁쟁하게 울렸다.

"세손이 아직도 밖에 있느냐?"

영조가 침울한 목소리로 물었다. 빗속에서 어린 손자가 아비의 목숨을 애걸하고 있다. 뒤주 속에 있는 아들은 얼마나 고통스러울 것인가. 빗소리를 들으면서 얼마나 아비를 원망할 것인가. 그는 주먹으로 가슴을 두드렸다.

"그러하옵니다."

금군별장 김성응이 대답했다.

"세손을 홍봉한의 집으로 보내라."

영조는 이산을 홍봉한의 집으로 보냈다. 지난밤의 일이었다. 아들은 어린 자식이 울부짖는 소리를 들었을까. 뒤주의 틈에 유약을 발랐으므로 듣지 못했을 것이다.

'뒤주에서 죽게 한 것은 시체를 온전하게 보존하기 위해서다. 사람들이 내 마음을 알고 있을까?'

영조는 그렇지 않을 것이라고 생각했다. 세자 이선에게 대처분을 내리자 많은 사람들이 고통스러워했다. 영빈 이씨는 머리를 싸매고 드러누웠고 숙의 문녀는 안절부절못했다. 세자 이선의 부인인 혜경궁 홍씨는 사가에서 대죄하고 있었다. 남편인 세자 이선이 대처분을 받고 있으니 그녀에게도 죄가 있는 것이다.

아들 이선을 뒤주에 가둔 지 하루가 지나고 이틀이 지났다. 영조는 이선이 뒤주 속에 있다는 사실을 생각할 때마다 가슴이 타들어가는 것 같았다. 아들이 처음 태어났을 때 얼마나 기뻐했던가. 아들은 어릴 때 너무나 총명했고 귀여웠다. 글자 하나를 가르치면 둘을 알았고 눈은 샛별처럼 빛났다. 그러나 10여 세가 되면서 성정이 포악해졌다. 무엇이 아들을 이렇게 만든 것인가. 영조는 뒤주에 갇혀 신음하는 아들 때문에 괴로웠으나 겉으로는 태연하게 정사를 보았다.

'누가 내 마음을 알 것인가?'

영조는 밤이 되자 혼자 울었다. 세상에 아들을 죽이려는 아버지는 없다. 그러나 아들은 인성이 사라진 짐승이나 다를 바 없었다. 그를 죽이지 않으면 중국의 주왕이나 걸왕보다 더욱 지독한 폭군이 될 것이다.

'그래. 내가 왜 아들을 죽였는지 기록을 남겨야 돼.'

영조는 깊은 밤 비밀리에 글을 쓰기 시작했다. 아들 이선이 태어났을 때부터 혼례를 올리고 세손을 낳았을 때를 회상하면서 천천히 기록하기 시작했다. 아들과 즐거운 한때를 보내던 생각을 하면서 붓을 놀리기 시작하자 가슴 깊은 곳에서 슬픔이 목울대를 타고 올라왔다. 아들을 뒤주에서 꺼내주고 싶었다. 그러나 아들을 꺼내주면 제 어미조차 죽이려고 달려들 것이다.

내 아들은 병자다. 병자이기에 대처분을 내리는 것이니 이는 사직과 백성을 위한 것이다. 너희 낮고 높은 신하들과 백성들은 이 일로 공연한 풍파를 일으키지 말라. 내가 이 기록을 남기는 것은 아들의 죽음으로 훗날 피비린내 나는 암투가 일어날까 저어하기 때문이다. 세자 이선은 오로지 나의 명령에 의해 죽는 것이고, 그가 죄를 지었기 때문이 아니라 몹쓸 병에 걸렸기 때문이다. 이 병은 약방이 온갖 치료를 다했으나 고칠 수가 없고 병이 심해지면 부모도 모르고 자식도 모르게 된다. 이미 왕손의 어미를 때려죽인 일도 있다. 고칠 수 없는 병을 고쳐지기를 바라면서 포학한 짓이 멈춰지기를 기다릴 수 없다. 세상에 어느 아버지가 아들을 사랑하지 않을 것인가. 나는 피눈물을 흘리면서 아들을 죽이는 대처분을 내린다. 내 원통한 심정은 하늘이 알고 땅이 알 것이다.

영조는 비망기를 쓰면서 입술을 깨물었다. 죽는 자가 원통한 것이 아니라 죽이는 자가 더욱 원통하다. 아들은 자신이 왜 죽어야하는지 조차 모를 것이다.

아들은 사흘째가 되었는데도 숨이 끊어지지 않았다. 정조는 평일과 다름없이 정사를 보았다. 대신들로부터 조참을 받고 삼복으로 재판을 하고 경연을 열었다. 대신들은 약속이나 한 듯이 이선의 일에 대해서 입을 다물었다. 궁녀와 내시들도 세자가 갇혀 있는 뒤주 쪽을 바라보지 않았다. 영조는 시간이 있을 때마다 비망기를 썼다. 그는 이선이 뒤주에 갇혀 있는 동안 정순왕후의 침전에도 들지 않고 후궁들의 침전도 찾지 않았다.

"무엇을 하고 있느냐?"

영조는 때때로 내시에게 영빈 이씨의 동정을 묻고는 했다.

"하루 종일 누워 계십니다."

내시가 머리를 조아리고 대답했다. 그녀가 누워 있다는 말에 가슴이 쿵하고 내려앉는 것 같았다.

"수라는 들고 있느냐?"

"송구하옵니다. 곡기를 끊고 계시옵니다."

영빈 이씨는 하늘이 무너져 내리는 것 같았을 것이다.

"왕명이다. 영빈 이씨에게 음식을 들라고 하라."

영조는 내시에게 영을 내리면서 가슴이 무거웠다. 자신의 자식을 죽여 달라고 청한 이씨였다. 막상 아들이 죽어가자 비통하여 음식을 먹지 못하고 있는 것이다.

영조는 잠도 오지 않았다. 닷새째가 되던 날 영조는 배가 몹시 아팠다. 창자가 끊어지는 것처럼 고통스러웠으나 어의를 부르지 않았다. 그는 식은땀을 흘리면서 정사를 보았다.

"전하, 미령하시옵니까?

도승지 채제공이 물었다.

"아니다."

"용안이 창백하옵니다. 어의를 부르시는 것이…."

"말하지 말라."

영조는 일찍 경연을 파했다. 이레째 되는 날 창자가 끊어질 것 같던 복통이 조금 나아졌다. 하지만 영빈 이씨는 계속 곡기를 끊고 있다고 내시가 보고해 왔다.

'아아, 어찌하여 목숨이 이리 질긴 것일까?'

영조는 하늘을 우러러보고 탄식했다. 밤에 빗방울이 조금 날렸다. 영조는 잠이 오지 않아 뜬 눈으로 밤을 새웠다. 날이 점점 밝아오기 시작하고 숲에서 새들이 지저귀기 시작했다. 영조는 이상하게 마음이 평화로워졌다. 아침 수라를 죽으로 대신했다. 그는 조참도 받지 않고 경연도 열지 않았다. 때가 오기를 기다리고 있었다. 한낮이 조금 지났을 때 내금위장 김성응이 총총 걸음으로 달려왔다.

"저하께서 숨을 거두셨습니다."

김성응이 보고를 올리자 영조는 숨이 컥 막히는 것 같았다.

'야속한 놈, 어찌 그리 오래 살았다는 말이냐?'

영조는 눈물이 왈칵 쏟아졌다. 아들은 쌀뒤주 안에 갇힌 지 8일 만에 죽었다. 영조는 그 8일이 바늘방석 같았으나 마침내 죽었다는 보고를 받은 것이다.

"모두 물러가라."

융릉. 비운의 사도세자와
혜경궁 홍씨의 합장릉이
다. 아버지에 의해 죽임을
당한 사도세자, 그의 울부
짖는 소리가 빗속에서 들
리는 듯하다. 저자 촬영.

김성응을 물러가게 한 뒤 땅을 치고 통곡하면서 울었
다. 그렇게 한바탕 울고 나자 영조는 그동안 가슴이 꽉
막혀 있던 것이 저절로 시원하게 뚫리는 것 같았다. 그
와 함께 눈물이 주르르 흘러내렸다. 아들이 운명한 것은 언제였을까. 아
들은 빗줄기가 심하게 쏟아지고 있을 때 죽었을 것이다.

'편한 곳으로 가라.'

영조는 아들이 죽었다는 보고를 받자 그렇게 중얼거렸다. 편한 곳으
로 가라. 아비는 그만 미워하라. 영조는 울면서 아들을 위로했다. 영빈
이씨의 처소로 가자 그녀가 소복을 입고 누워 있다가 일어났다. 그녀의
얼굴은 창백했다.

"전하….."

영빈 이씨가 머리를 조아리며 예를 올렸다.

"세자는 갔소."

영조가 영빈 이씨의 손을 잡고 울음 섞인 목소리로 말했다.

"아들아."

영빈 이씨가 울음을 터트리면서 주저앉았다.

"울지 마오. 편한 곳으로 갔을 것이오."

영조는 생모인 영빈 이씨와 함께 손을 잡고 울었다. 영빈 이씨는 대처분을 내린 뒤에 비통하여 음식도 들지 않고 있었다.

영조는 세자 이선이 죽자 후속조치를 내렸다.

"어찌 30년에 가까운 부자간의 은의恩義를 생각하지 않겠는가? 세손의 마음을 생각하고 대신의 뜻을 헤아려 단지 그 호號를 회복하고, 겸하여 시호를 사도세자思悼世子라고 한다. 복제服制의 개월 수가 비록 있으나 성복成服은 제하고 오모烏帽, 참포黲袍로 하며 백관은 천담복淺淡服으로 한 달에 마치라. 세손은 비록 3년을 마쳐야 하나 진현進見할 때와 장례 후에는 담복淡服으로 하라."

영조는 세자에게 '생각하면서 슬퍼한다'는 뜻으로 사도라는 호를 내렸다.

"세자빈은 빈궁이라는 인印을 사용해서는 안 된다. 혜빈惠嬪이라는 호를 내리니 그렇게 옥인玉印을 내리라."

세자빈 홍씨는 혜빈이 되었다.

"이것은 내가 쓴 비망기다. 네가 잘 간직하라. 누구도 보아서는 아니 된다."

영조는 도승지 채제공을 불러서 비망기를 주었다.

영조는 사도세자가 죽자 박필수와 여승 가선을 참수하게 했다. 박필

수는 사도세자를 따라 돌아다니면서 악한 일을 많이 하게 한 내시였고, 여승 가선은 안암동의 비구니였는데 머리를 기르고 동궁전에 입궁해 있었다.

'네가 좋아하는 계집들도 함께 저승으로 보낸다. 그들로부터 시중을 받으라.'

영조는 평양의 기생 다섯 명도 참수하라는 명을 내렸다. 평양의 기생 다섯 명은 억울하게 죽음을 당했다.

세자를 받들던 임덕제는 강진으로 유배를 보냈다. 동궁의 잡물雜物을 선인문 밖에서 불태우라 명하였는데 기괴한 물건이 많았다.

"이러고도 나라가 망하지 않겠는가?"

영조는 동궁에서 나온 기괴한 물건들을 보고 혀를 찼다. 세자를 처형했다는 사실을 알리기 위해 교지를 반포했다.

반교문에는 영조가 다시 복정復政을 맡은 이유도 첨가했다. 복정은 영조가 사도세자를 폐하고 정사에 복귀한 것을 말한다. 그런데 이익원이 교지를 읽으면서 소리 내어 울었다.

"이익원을 유배 보내라."

영조는 대노하여 이익원을 유배 보냈다. 세자의 비행을 조사하자 내시들이 여럿 살해되었다는 사실을 알 수 있었다.

"참혹하다. 내가 일찍이 차마 미물을 밟지 못하여 개미같이 하찮은 것역시 밟지 않았었고, 밤 등불에 나방이 날아들면 손으로 휘저었다."

영조는 사도세자에게 살해된 내시들에게 휼전恤典을 거행하도록 명을 내렸다.

이산은 사도세자가 죽은 뒤에 영조에게 문안 서찰을 올렸다. 그런데 며칠 동안 답변이 없다가 사흘 만에 답변이 내려왔다.

"처분한 후에 답이 없었으니 네 마음이 어떠하였겠느냐? 이제 남아 있는 것은 나와 너뿐이니 인사를 닦아 너를 돕겠다는 자를 물리치고 네 할아버지를 생각하여 마음을 편히 해 잘 조처하라."

영조가 이산에게 영을 내렸다. 영조는 세손 이산에게 아부하는 자들을 경계하고 네 할아버지도 고통스러우니 마음을 편히 가지라고 위로했다.

"이번의 일로 말하면 전하가 아니셨으면 어떻게 처분하였겠습니까? 외간에서는 전하께서 결단을 내리지 못하실까 염려하였는데, 필경에는 결단을 내려 혈기가 장성할 때와 다름이 없었으니, 신은 흠앙하여 마지 않았습니다."

좌의정 홍봉한이 아뢰었다. 홍봉한의 이 말에는 많은 의미가 포함되어 있다. 사도세자의 죽음을 명령한 것을 처분, 또는 대처분이라고 부르는데 그의 말에서 조정 대신들이 대처분에 대해서 알고 있었다는 사실을 알 수 있다. 조정 대신들은 영조의 결단을 기다리고 있었던 것이다.

영조는 사도세자의 장례 때 묘에 거둥했다. 영조는 정자각丁字閣에 들어가 곡을 했다. 아들을 죽게 했으나 자식을 잃은 아버지의 마음이 여실히 드러나고 있다.

"상묘上墓는 언제인가?"

영조가 좌의정 홍봉한에게 물었다.

"미시에 상묘하고 현실玄室을 내리는 것은 신시申時 초 일각입니다."

홍봉한이 대답했다.

"13일의 일은 종사에 관계된 것이다. 그때에 비로소 아버지라 부르는 소리를 들었으니, 오늘은 아버지를 부르는 마음에 보답하려 한다. 하나는 내가 20년 부자지은父子之恩을 마치러 온 것이고 하나는 내가 친히 제주題主하고자 하는 것이다. 만약 내가 친히 제주하면 다른 날에 반드시 신주를 묻어버리자는 논의가 없을 것이다. 뒷일은 비록 경들이라 해도 어찌 알 수 있겠는가? 내가 계빈전啓殯奠에 참여하고자 하니, 대축大祝은 옥당玉堂에서 하고 봉작奉爵은 승지가 하도록 하라."

영조가 영을 내렸다. 축문을 읽는 것은 홍문관에서 하고 술을 따라 올리는 것은 승지가 하라는 지시였다.

"신들도 또한 곡하는 예에 참여해야 합니까?"

홍봉한이 아뢰었다.

"참여하라. 또한 백관도 참여하라."

영조가 영을 내렸다. 영조는 모든 백관들에게 절을 하게 하여 사도세자를 죽인 뒤에 그가 자식을 미워하지 않았다는 사실을 보여주고자 했다.

사도세자를 죽게 했다는 모함을 받은 정순왕후

정순왕후는 절을 올리는 세손 이산을 천천히 살폈다. 사도세자가 죽고 장례를 마친 뒤에 처음으로 대궐에 들어와 문안을 올리는 세손이었다. 아버지가 비참하게 죽었기 때문인가. 어린 세손의 눈가에 그늘이 드리워져 있었다.

"세손은 공부에 전념하여 할바마마를 기쁘게 하십시오."

정순왕후는 조용히 무릎을 꿇고 앉아 있는 세손에게 덕담을 건넸다.

"명심하겠습니다."

세손이 또렷한 목소리로 대답했다.

"세손께서 장성을 하셨으니 가례를 올려야 할 것입니다. 가례를 올리면 가정을 이끄는 것이니 더욱 분발해야지요."

정순왕후가 잔잔하게 웃었다. 세손의 나이 열한 살, 그녀의 나이 열아홉 살이었다. 세손은 손자라기보다 동생 같았다.

"할마마마의 말씀을 명심하여 뼈에 새기겠습니다."

세손의 할마마마라는 말이 어쩐지 귀에 간지러웠다.

"공부를 하셔야 하니 그만 물러가시지요. 이제 할미에게 자주 들리실 테니…."

"소손 물러가옵니다."

세손이 기다렸다는 듯이 머리를 조아려 보이고 물러갔다. 정순왕후는 세손이 물러간 뒤에도 움직이지 않았다. 문득 아버지 김한구의 말이 이명처럼 귓전을 울렸다.

"세손이 보위에 오르면 아비는 살아남기 어려울 것입니다."

김한구는 며칠 전 정순왕후를 찾아와서 탄식했다. 그의 얼굴에 근심이 가득했다.

"아버님, 세손이 어찌 아버님을 해친다는 말씀입니까?"

정순왕후가 놀라서 물었다.

"세자는 전하께서 처형하신 것입니다. 허나 노론이 정권을 담당하고 있으니 세자의 죽음을 막아야 할 책임이 있는 것입니다."

"그럼 왜 막지 않았습니까?"

"세자는 광인이었습니다."

"궁궐에 나경언을 사주한 사람이 우의정이라는 말이 나돌고 있습니다."

"나경언을 사주한 배후는 전하이십니다."

"예?"

"전하께서 노론의 대신들에게 영을 내리신 것입니다. 그래서 걱정을 하는 것입니다."

"아버님, 저는 이 나라의 국모입니다. 세손이 보위에 오를 때쯤이면 제가 가장 배분이 높을 것입니다."

"그렇지요."

"세손이 아버님을 해치려고 하면 목숨을 걸고 막겠습니다."

"고맙습니다. 내가 딸을 잘 키운 것 같습니다."

김한구는 비로소 근심이 사라진다는 듯이 유쾌하게 웃고 돌아갔다. 세자는 광증이 있었다. 그 세자가 죽었는데도 어두운 그림자가 대궐을 둘러싸고 있는 기분이었다. 정순왕후는 자신의 앞날도 순탄치 않을 것이라고 생각했다.

사도세자는 누가 죽였는가

사도세자의 죽음은 조선왕조에 가장 큰 비극이었다. 아버지가 아들을 살해했기 때문에 각종 설이 난무했다. 이는 영조 당대에도 마찬가지여서 무수한 억측이 난무하더니 급기야 청주의 유생인 한유韓鍮가 상소를 올렸다.

영조 46년 3월 21일의 일로 사도세자가 죽은 지 8년이 지났을 때였다. 한유는 청주에 살고 있는 사람으로 도끼를 들고 대궐문 앞에 엎드려 한 통의 상소를 올렸는데, 내용은 '간신 홍봉한을 참斬하소서…'라는 것이었다. 승정원에서 경악하여 상소를 물리치고 받아들이지 않았으나 한나절 동안이나 엎드린 채 상소를 받아달라고 통곡했다. 홍봉한이 그 사실을 알고 부랴부랴 의금부 앞에서 죄를 청했다.

"시골 유생의 상소 내용은 아주 놀랍다."

홍봉한은 자신이 대명하는 이유를 승정원에 전했다. 영조는 홍봉한이 대명을 하면서 한 말이 이상하다고 생각하여 승정원에 지시하여 무슨 일인지 하문했다. 그러자 승정원에서 한유가 도끼를 등에 지고 상소를 올렸다는 사실을 보고했다. 영조는 한유에게 입시하라는 명을 내렸으나 날은 어두워지고, 한유는 이미 물러나서 있는 곳을 알 수가 없었다. 초경에 영조가 건명문에 나아가 한유를 체포하라는 명을 내렸다. 의금부에서 이튿날 한유를 체포하여 오자 영조가 친국했다.

"네가 올린 것은 무슨 상소인가?"

영조가 한유를 쏘아보면서 물었다.

"영신佞臣(간신)을 탄핵한 상소입니다."

한유가 아뢰었다. 영조가 승지에게 그 상소를 읽으라고 명을 내렸다. 한유의 상소는 첫째로 나라를 위하여 목숨을 바칠 것을 팔뚝에 새기고 도끼를 짊어지고서 죽음을 맹세했다면서, 주운朱雲(한나라 성제 때 직언을 올린 신하)을 자신에게 비교했다. 두 번째는 홍봉한, 홍인한 형제와 그의 자식들이 차례로 과거의 급제를 차지하여 모두 요로要路를 점거하고 권력을 마음대로 휘둘러 나라를 그르친 죄를 극언極言하면서, 홍봉한의 아들 홍낙인은 교활하고 광패하며 그 아우 홍인한은 전라도에서 탐학하여 사람들이 그 고기를 뜯어 먹으려고 한다고 주장했다.

"망국동亡國洞의 망정승亡政丞은 이미 동요童謠를 이루었습니다."

망국동은 홍봉한이 안국동에 살기 때문에 빗댄 말이었다. 영조는 한유의 말을 듣고 부들부들 떨었다.

"산림山林의 선비가 죄를 입고, 언관이 토죄討罪를 청하며, 앞뒤에 상소한 유생을 찬배竄配하고 과거를 정지시킨 것은 모두 홍봉한으로 말미암았습니다. 이 상소를 올리려 한 지 오래 되었으나 홍봉한이 포도청으로 하여금 축출하게 하였고, 병조에서 금지하였습니다. 먼저 신을 능지처참하고 뒤에 홍봉한을 능지처참하십시오."

승지가 읽은 내용은 너무나 놀라운 것이었다.

"만고에 없는 일이다."

영조가 혀를 차면서 말했다.

"어찌 이와 같이 어이없는 글이 있겠습니까?"

영의정 김치인과 우의정 김상철이 아뢰었다.

"옛사람의 말에, '사람이 요순이 아닌데 어찌 일마다 모두 잘할 수 있겠는가?'라고 하였다. 일에 따라 논함에 있어 혹은 권간權奸이라고 말하는 것은 좋으나, 어찌 이와 같이 심할 수 있겠는가? 반드시 뼈에 맺힌 원한이 있는 것이다."

영조가 한유에게 말했다.

"국가의 존망에 관계되므로 가만히 앉아서 볼 수가 없었던 것인데 어찌 티끌만한 원한이라도 있겠습니까? 전하께서 그에게 하문하시면 알수 있을 것입니다."

한유가 대답했다.

"상소 중에 주운을 일컬은 것은 네가 조선朝鮮에서 한 '직直'자를 얻으려고 한 것인가?"

한유가 스스로를 주운에게 견준 것은 직언을 한 신하라는 명성을 얻고 싶은 것이 아니냐는 비난이었다.

"오로지 나라를 위한 데에서 나왔습니다. 비록 몸이 곧 반쪽이 난다하더라도 성교聖敎의 온당함을 모르겠습니다."

"장전帳殿(임금 앞) 가까이에서 감히 하교가 온당치 못하다고 하였으니, 이것이 어찌 신하의 도리이겠는가? 저 자를 국문하라."

이에 한유는 처절한 국문을 당했다.

"네 상소 중에 유생을 유배시키고 과거를 정지시켰다고 한 것은 모두 임금을 겨냥한 것이다. 영부사가 무슨 관계가 있는가?"

"대신이 되어 바로잡지 못하였기 때문에 한 말입니다."

"40년 고심에 다만 영부사 한 사람이 나를 협찬協贊하였다. 그러므로 너희들이 마음에 달갑게 앙갚음하려는 것은 곧 당인들의 사주로 말미암은 것이다."

영조는 한유가 당파 싸움으로 홍봉한을 모함하고 있다고 말했다.

"홍봉한이 한 일은 군주를 협찬한 것이 아니라 모두 나라를 망치는 짓이었습니다. 만약 남의 사주를 받았다면 어찌 먼저 신을 처참하라는 말이 있었겠습니까?"

한유는 뜻밖에 강경했다.

"인심과 세도가 어찌 이 지경에 이르렀단 말인가? 작년에 한집韓鏶이 있었고, 금년에는 한유가 있다. 그들을 10촌간이라 말하지 말라. 당인을 유배한 것은 모두 임금으로부터 말미암았는데, 감히 임금에게는 분풀이를 못하고 그때의 정승에게 앙갚음하려 하는 것이 분명하다. 이는 길 가는 사람도 아는 바이다."

영조는 한유의 이름을 유적儒籍에서 삭제하고 흑산도로 유배를 보내되 사흘 길을 하루에 걸어 압송하라고 명을 내리고 상소는 불태우라고 지시했다.

영조는 1년이 가까워지자 한유를 석방하게 했다. 그러자 한유가 다시 상소를 올렸다.

"지금 듣건대, 한유라는 자가 와서 한 소장을 바쳤다고 하는데, 원소原疏는 비록 미처 보지 못하였으나, 대체로 줄거리는 전에 청했던 바를 거듭 고한 것으로서, 역적 홍봉한의 머리를 참하고자 한다는 것이었다고 합니다."

승지 홍검이 아뢰었다. 영조가 건명문에 나아가 원소를 가지고 들어오되, 그 사람은 입궐시키지 말고 구류하도록 명을 내렸다. 소장이 들어오자 영조는 몸을 떨면서 읽었다.

"한유를 석방한 것은 나의 잘못이다. 이번에는 도끼를 가지고 오지 않았는가?"

영조가 한유를 잡아들이라는 명을 내렸다.

"일물一勿(뒤주)은 무슨 물건인가?"

영조가 한유에게 물었다.

"목기木器입니다."

한유가 대답했다.

"목기를 말한 것은 참혹하다. 네가 그것을 어찌 아는가? 누가 너에게 말하던가?"

"초야의 한미한 선비입니다."

"저 자의 입을 치라."

영조가 한유의 말이 미처 끝나기도 전에 군졸에게 입을 때리게 했다.

"그 당시에 비록 혹 들었다 하나, 이를 전한 사람을 지금 어떻게 기억할 수 있겠습니까? 원컨대 한마디 말을 하고 죽겠습니다."

한유가 큰소리로 말했다. 영조는 대노하여 다시 한유의 입을 때리게 하고 홍화문 밖에서 대령하게 했다.

"한유가 감히 이와 같이 한 것은 몹시 참담한 일이다. 그래서 곧바로 처분하고자 하였으나, 소장 가운데 무슨 말인지 알지 못하여 먼저 대강 줄거리를 물었던 것인데, 지난번에 없던 두 자는 극히 헤아릴 수 없는 데 관계된다. 이미 두 자를 일컬었으니 결단코 곧바로 처분할 수가 없었다. 그래서 원소를 가져다 읽도록 명했던 것인데, 그 가운데 '일물 一物' 두 자는 나도 모르게 뱃속이 서늘해진다. 저도 또한 조선의 신자라면 어떻게 감히 이러한 말을 할 수 있겠는가? 일각이라도 하늘 아래 내버려 둘 수가 없고 도성에서 사형을 시키는 것도 또한 누추하다 할 것이니, 그 소장과 대강의 줄거리를 굳게 봉해 한유와 더불어 전라도 감영으로 내려 보내되, 크게 위의威儀를 베풀어 효시한 후 보고하도록 하라. 관계되는 바가 중대하니, 포교로 하여금 이틀 길을 하루에 걸어 압송하게 하고, 그 소장은 뜯지 말고 도신으로 하여금 불태우게 하라."

영조가 영을 내렸다.

영조는 한유의 상소가 올라온 뒤부터 번뇌하여 탄식했다.

"우리 아이들은 어진데, 신하가 잘못을 바로잡지 못하여 이 지경에 이르게 되었다. 비록 홍봉한이 바친 물건이라고 말하였으나 이미 바친 후에 이 물건을 쓴 사람은 내가 아니었던가? 천하 후세에서 장차 나를 어떻게 생각하겠는가?"

영조는 사도세자를 죽일 때 사용한 뒤주를 홍봉한이 바쳤다고 해도 자신이 명을 내렸으니 자신의 책임이라고 말했다.

이 문제는 정조가 즉위한 뒤에 다시 불거졌다. 동부승지 정이환이 상소하여 홍봉한의 죄상을 탄핵했다.

"아! 임오년에 선대왕께서 내리신 처분은 곧 성인께서 변變에 처하여 권도權道에 통달된 것이니, 신하 된 사람으로서는 오직 마땅히 애통하고 피눈물을 흘리며 공손하게 임금이 하시는 대로 따라야 할 뿐이었습니다. 이른바 '일물一物'에 이르러서는 이는 곧 이전의 사첩에서도 들어 보지 못하던 것인데, 홍봉한이 창졸간에 멋대로 올렸습니다. 그러하지 않았다면 선대왕께서 어떻게 그 일물이 있었던 곳을 아셨겠습니까?"

정이환은 홍봉한이 뒤주를 바쳤다고 주장했다.

"예전에 영조대왕께서 우시며 나에게 말하기를, '앞날에 조정의 신하 가운데 '일물'이라는 두 글자를 들어 너에게 진달하는 사람은 단지 나에게만 충성스럽지 못한 것이 아니라 또한 너의 순정純正한 신하도 아닐 것이다. 내가 한유와 심의지를 조처하게 된 것도 곧 두 글자의 일 때문이었고 홍봉한을 위한 것이 아니었다. 소주방의 물건이 홍봉한을 대명待命하지 말도록 하기 전에 먼저 이르게 되어, 바깥의 알지 못하는 자들이 홍봉한이 나를 도운 것으로 여기겠지만 사실은 그렇지 않았다.'라고 손을 잡으시며 간곡하게 말씀을 하여 나에게 알고 있도록 명하셨다."

정조는 정이환을 불러서 간곡하게 타일렀다. 정이환은 굴하지 않고 계속 홍봉한을 처벌해야 한다고 주장했으나 정조는 끝까지 그를 설득했다.

사도세자를 죽음으로 이끈 것은 나경언의 흉서가 아니었다. 영조는 흉서를 본 뒤에 준절하게 책망했으나 처벌하지 않았다. 그는 자식의 광증 때문에 오랫동안 고뇌하고 망설였다. 세자는 석고대죄를 하면서 나경언을 친국하려고 했으나 실패했다. 흉서 사건 이후 사도세자의 광증은 더욱 심해졌고 이에 영빈 이씨가 영조의 결단을 촉구한 것이다.

영조는 세자를 죽일 수밖에 없다는 사실을 알고 있었다. 그리고 그 일을 노론을 비롯하여 세자의 장인인 홍봉한과 상의했다. 어쩌면 노론에게 그 일을 주도하라고 영을 내렸을 수도 있다. 그러나 노론 대신들이 움직이지 않아 스스로 결단한 것이다.

이번의 일로 말하면 전하가 아니셨으면 어찌 처치하였겠습니까? 외간에서는 전하께서 결단을 내리지 못하실까 두려워하였는데, 필경에는 결단을 내려 혈기가 왕성할 때와 다름이 없었으니 신은 흠앙하여 마지않습니다.

홍봉한의 이 말에는 문제가 많고 시사하는 바도 크다. 외간에서 결단을 내리지 못할까봐 두려워하고 있다는 말에는 이미 조정 대신들이 결단을 기다리고 있었다는 사실이 내포되어 있다. 홍봉한은 사람들이 결단을 내리지 못할까봐 걱정을 했는데 영조가 시원하게 결단을 내려 준

경을 한다고 했다. 이는 세자를 죽인 영조의 결단을 칭송한 것이니 신하로서 할 말이 아니다. 그런데도 영조는 홍봉한을 처벌하지 않고 있다.

나는 사도세자의 아들이다

사도세자는 죽었으나 영조는 그를 세자로 복위시키고 장례를 치르면서 손수 축문을 읽었다. 이는 그가 말한 것처럼 사도세자가 역모를 일으키려고 했기 때문에 죽인 것이 아니라 병 때문에 부득이하여 죽였다는 사실을 증명하는 것이다.

사도세자는 노론과 대립했다는 이유로, 노론에 의해 죽었다는 음모론이 널리 퍼지게 되었다. 영조는 사도세자가 죽자 세손 이산을 효장세자의 양자로 입적시켰다.

세손이 자라면서 영조가 사도세자를 죽일 때 본의든 타의든 관계했던 노론 대신들은 긴장했다. 그들은 세손 이산이 보위에 오를까봐 전전긍긍했고, 그가 보위에 오르지 못하게 노골적으로 반대했다. 영조의 계비 정순왕후, 화완옹주와 그의 양자 정후겸, 사도세자의 장인인 홍봉한의 아우 홍인한 등이 필사적으로 정조의 즉위를 방해했다.

소문이 날로 심해져 나를 핍박할 뿐만 아니라, 아무 궁관이 입대하여 어떤 말을 하였고, 아무 궁관이 입대하여 어떤 일을 논하였다고까지 한다. 이른바 어떤 일, 어떤 말은 모두 시사時事를 의논하고 대신을 평론하였다는 것이고, 또 내가 저 무리들을 마음으로 매우 미워한다

일성록. 정조가 세손으로 있을 때 쓴 「존현각일기」에서 출발하여, 그 뒤로는 정부의 업무로서 계속 편찬되었다.

는 것이다. 먼저 스스로 의심하고 두려워하여 앞 다투어 부언을 지어내어 화의 기틀이 점점 긴박해지니, 내 몸을 위태롭게 만들려고 모의하는 흉도들은 모두 먼저 궁료를 제거하여 위태롭게 핍박하려는 것이다.

정조가 『존현각일기』에 쓴 글이다. 정조는 한편으로는 감시를 받고 한편으로는 위협을 받으면서 『존현각일기』를 썼다. 눈이 오는 겨울에는 자고 일어나면 아침에 발자국이 찍혀 있기도 했다.

궁녀와 내시들이 밤이면 몸을 감춘 채 나오지 않고 낮이면 서로 말을 전하여 궁 안에 와전되어, 자객이 궁중에 들었다 하여 혹은 철갑鐵甲을 입었더라 하고, 혹은 장검을 들었더라고 하여 분분했다.

"근래 들으니, 장지항이 자객을 궁중에 들여보냈는데 주전鑄錢할 때 남은 만금을 주고 구해 얻었다고 한다."

장지항이 자객을 매수했다는 말이 대궐에 파다하게 나돌기도 했다.

"장지항이 자객을 들여보냈다는 말이 이처럼 분분하니, 밤에는 반드시 문을 잠그고 주무시고 왕래하실 때에도 반드시 종인從人을 많이 거느리시는 것이 좋을 것입니다."

화완옹주가 이산에게 말했다.

"자객이 어찌 궁중에 들어올 리가 있겠습니까? 몰래 들어오려고 해도 순라가 엄하고 담장이 견고하니, 필시 궁인과 중관 무리의 거짓말일 것입니다."

이산은 화완옹주의 말을 믿지 않았다.

"말루하(동궁)께서는 장지항의 본심을 어찌 아시고 이처럼 장담을 하시는 것입니까?"

"모두가 헛소문입니다."

"근래 이른바 장지항이 동궁에게 뇌물을 썼다는 말이 과연 헛된 말이 아닌가 봅니다."

화완옹주는 영조의 총애를 받은 장붕익의 손자 장지항을 모함하다가 새침하여 돌아갔다.

영조는 나이가 들어 몸을 움직일 수 없게 되자 세손 이산에게 대리청정을 하게 하려고 했다.

"오늘 문을 나서보니 내 몸을 내가 잘 가누지 못하겠다. 어린 것이 좀 숙성하여 이러한 때 기무를 대신 처리하는 솜씨를 직접 내게 보여주면 그 아니 빛나는 일이겠느냐."

영조가 대리청정의 뜻을 내비치자 홍인한을 비롯하여 정후겸은 경악했다. 그들은 어떻게 하던지 세손 이산의 등극을 막고 싶었다. 이산이 보위에 오르면 사도세자의 복수를 할까봐 전전긍긍했다. 이산은 자라면서 은밀하게 남인들과 손을 잡고 노론을 배척하고 있었다.

"요즘 들어 정신도 기운도 더욱 쇠하여 정무를 볼 수가 없는데 나라일을 생각하면 밤에도 잠을 이룰 수가 없구나. 그 어린 것이 조론朝論(정치)을 아는지? 국사國事를 아는지? 이판吏判, 병판兵判은 누가누가 되어야 한다는 것을 아는지? 옛날에 우리 황형皇兄(경종)께서는 '세제世弟가 좋을까, 좌우左右가 좋을까?' 하신 하교가 있었지만 지금으로 말하면 사정이 황형 시기와는 현격하게 다르지 않은가. 더구나 청정제도는 국조에서 예로부터 있어왔던 일 아닌가."

영조는 대신들의 반대에도 불구하고 이산에게 대리청정을 시키겠다고 강력하게 선언했다.

"동궁은 조론을 알 필요가 없고 전관銓官(관리의 인사)도 알 필요가 없으며 국사에 있어서는 더더구나 알 필요가 없습니다."

홍인한이 필사적으로 반대했다. 소위 삼불론이라고 하여 홍인한은 이산이 대리청정을 하는 것을 극력으로 방해했다.

"경들이 내 뜻을 모르는구나. 차라리 내 손자로 하여금 내 마음을 알아차리게 하는 편이 더 낫겠다."

영조는 홍인한 등을 물러가게 하고 병권을 이산에게 넘겼다. 대보를 이산에게 주고 왕명을 내렸으나 홍인한이 중간에서 필사적으로 방해했다. 이때 서명선이 상소를 올려 홍인한을 탄핵했다. 영조는 서명선의 상소가 올라오자 대노하여 협련군을 동원하여 대궐을 포위했다. 이산의 대리청정을 반대하면 모조리 죽이겠다는 무시무시한 영조의 위협에 대신들은 벌벌 떨었다. 영조는 이산을 반대하는 자들을 대대적으로 숙청하고 대리청정을 하게 했다.

해가 바뀌자 이산은 중요한 상소를 올렸다.

임오년(사도세자가 죽은 해)에 내리신 처분에 대해 신으로서는 그것을 사시四時처럼 믿고 금석같이 지킬 것입니다. 가령 귀신같은 못된 무리들이 감히 넘보는 마음을 먹고 추숭追崇의 논의를 내놓았을 때 신이 만약 그들의 종용을 받아 의리를 바꾸어놓는다고 하면 그는 천하에 대한 죄인이 되는 것은 물론 장차 종묘사직에 대한 죄인이 될 것이며 동시에 만고의 죄인이 될 것입니다. 다만『승정원일기』에 그 당시 사실들이 모두 기록되어 있어 그를 보고 전하는 자가 있는가 하면 듣고 논의하는 자들도 있어 그 소문이 온 세상에 유포되어 사람들 귀와 눈이 그 이외는 듣도 보도 못하게 하고 있으니 신 개인으로서의 애통한 마음을 금할 길이 없습니다. 만약 신이 애통해 하는 것이 전하께서 하신 처분과 혹시 상치되는 점이 있다고 여긴다면 그는 그렇지가 않습니다. 전하가 하신 처분은 바로 공정한 천리天理에 의하여 하신 것이요 신이 애통해 하는 것 역시 어쩔 수 없는 인정인 것으로 이른바 아울러 행하여도 서로 방해가 되지 않는다는 것입니다. 아, 일기를 그대로 두고 안 두고는 오직 전하의 처분 여하에 달려있는 것이지만 말을 여기까지 하고 나니 저도 모르게 창자가 끊기고 심장이 찢어지는 듯하여 하늘에 호소할 길조차도 없습니다.

이산은 사도세자와 관련된 기록을 삭제하자고 영조에게 청한 것이다. 이는 영조의 마음을 달래고 불안해하는 노론을 진정시키기 위한 것이었다. 정조는 영조가 사도세자를 죽인 일도 어쩔 수 없는 일이고 자신이 사도세자의 죽음에 가슴 아파 하는 것도 어쩔 수 없는 일이라고 말했다. 비명에 죽은 사도세자에 대한 정조의 피 끓는 심정을 알 수 있는 대목이다.

"이 상소 내용을 들으니 슬프고 측은하게 느껴지는 내 마음을 무어라 말할 수가 없구나."

영조는 이산의 상소를 보고 울었다. 영조는 이산의 뜻에 따라 차일암遮日巖에 가서 사도세자의 죽음을 기록한 사초를 세초洗草하도록 명하였다. 사도세자의 죽음에 대한 기록이 사라진 것이다. 그 바람에 사도세자의 죽음이 제대로 밝혀지지 않아 구구한 억측이 난무하고 후대의 역사가들마저 다양한 해석을 내놓고 있다.

영조는 3월에 승하했다.

이산은 간신히 즉위하여 정조가 되었다. 정조는 홍국영 등이 돕고 영조가 병권을 넘기면서 가까스로 등극할 수 있었다.

'아아, 내가 마침내 보위에 올랐구나.'

정조는 보위에 오르자 피눈물을 흘렸다. 그는 영조의 계비 정순왕후를 왕대비로 혜빈을 혜경궁惠慶宮으로 높이고 세자빈을 왕비로 책봉하고 윤음을 내렸다.

아, 과인은 사도세자의 아들이다. 선왕이 종통을 중히 여겨 나로 하여금 효장세자 뒤를 잇도록 명했던 것인데, 예禮를 비록 엄밀히 지키지 않으면 안 되지만 정情 역시 풀지 않고는 안 되는 것이다.

정조의 이 말은 비통하기 짝이 없다. 그는 효장세자가 양부이기 때문에 예를 다하여 모시지만 생부인 사도세자는 정을 무시할 수 없으니 효로서 받들겠다고 선언한 것이다. 정조의 이 선언에 정순왕후를 비롯하여 노론 대신들은 할 말이 없었다. 숨을 죽이고 사태의 추이를 주시했다.

피 끓는 사부곡, 화성가는 길

정조는 비명에 죽은 사도세자를 그리워하고 안타까워했다. 그러나 정조는 사도세자의 죽음을 이해했다. 연산군이 폐비 윤씨의 죽음에 분개하여 피바람을 불러 일으켰으나 정조는 사도세자의 죽음을 가슴에 묻고 수원에 현릉원을 짓고 화성을 건축했다. 사도세자의 죽음에 일말의 책임이 있는 노론에 대해 대대적인 숙청을 하지 않았고 나경언 등을 부관참시하지도 않았다. 정후겸과 홍인한을 숙청했으나 김한구, 홍계희, 김상로 등에 대해서는 오랜 시간이 지난 뒤에야 유배를 보내는 가벼운 처벌을 했다.

정조는 노론을 견제하고 남인을 발탁하는 데 전력을 기울이고 조선을 개혁하는 데 앞장섰다. 규장각을 설치하여 이른바 북학파의 일원인 박제가, 이덕무와 같은 인물을 우대하고 많은 책을 편찬하여 조선에 찬란한 문화를 꽃피웠다.

정조는 아버지 사도세자에 대한 효심이 남달랐다. 그는 수원에 화성 행궁을 짓고 남양주에 있던 사도세자의 묘를 이장하려는 계획을 세웠다.

화성 축성의 건설을 채제공에게 맡기고 정약용에게 돕도록 했다. 정약용은 거중기를 이용한 축성법을 개발하여 축성 비용을 절감하는 등 화성 축성에 많은 공을 세웠다.

그런데 수원 화성의 천도 계획은 기록이 없다. 화성 축성이 정조가 수원으로 도읍을 옮기기 위한 것이라는 설이 기정사실처럼 알려져 있으나 화성 행궁의 규모는 왕궁으로서는 너무 작다. 화성 또한 도성의 규모로는 지나치게 작다. 종묘도 건축되지 않았고, 도성을 옮기기 위해서는 풍수지리가가 동원되어야 하는데 그런 기록도 없다. 이는 명성황후의 이름이 민자영이라고 알려진 것과 같다. 명성황후 민씨는 그냥 민씨라고만 알려져 있는데 김동인이 『운현궁의 봄』이라는 소설에서 처음으로 그 이름을 쓰고 후에 많은 소설과 드라마에서 그 이름을 쓰면서 민자영이라는 이름이 명성황후의 이름처럼 되어버렸다. 그 이름이 너무나 널리 알려져 있어서 작가들은 다른 이름을 쓸 수 없었다. 이와 마찬가지로 화성 천도설도 너무나 널리 알려져 있어서 근거 없는 설이 사실로 인식되고 있는 것이다.

정조가 공을 들인 것은 수원 화성 천도가 아니라 장용영을 설치하여 군권을 장악하는 일이었다. 개혁에 방해가 되는 대신들을 억압하고 외침을 방어하기 위해 장용영은 정조의 야심작으로 근대적인 군사 훈련까지 실시했다.

정조는 보위에 있는 동안 몇 차례 수원 화성에 행차했다. 임금이 지방으로 행차하는 것은 온천에 가거나 사냥을 나가고, 선왕의 능에 제사를 지내러 가는 것이 고작이었다.

정조의 화성행
렬도. 화성은
정조에게 이상
향이었고 아버
지에 대한 그리
움이었다.

정조는 아버지 사도세자의 능을 옮기고 제사를 지내면서, 장용영의 군사 훈련을 살피기 위해 화성 행궁을 방문한 것이다. 혜경궁 홍씨를 모시고 가는 행렬이었기 때문에 행차는 장엄했다. 대규모의 인원을 거느리고 한강을 건너는 것은 막대한 비용과 인력이 필요한 일이었다. 정조는 한강에 배다리를 건설하도록 지시하고 자신이 직접 설계까지 했다. 한강에서 실질적으로 배다리를 건설한 인물은 정약용이었다.

배다리는 연산군도 건설한 일이 있었다. 연산군은 5만 명의 군사를 거느리고 청계산으로 사냥을 나가면서 한강과 서해안의 배들을 강제로 동원하여 백성들의 원성을 샀다. 그러나 정조는 최소의 배를 동원하고 임금을 지불했다.

1796년 1월 정조는 수원 화성을 방문하고 오언율시 한 편을 남겼다.

새벽이 올 때까지 그리움 다할 길 없어 오늘 또 현륭원에 오니
  겨울비는 묘소에 부슬부슬 내리고 내 마음은 묘역을 끝없이 배회
하네.
  어찌하여 사흘 밤을 잤던가? 아버님 영령이 가까이 있기 때문이네
  더디고 더딘 행차에 고개 들어 바라보니 오운이 저 멀리서 일어나
누나.

晨昏不盡慕, 此日又華城
霡霂寢園雨, 徘徊齋殿情
若爲三夜宿, 猶有七分成
矯首遲遲路, 梧雲望裏生

정조의 시에는 아버지 사도세자에 대한 애절한 마음이 표현되어 있다. 이후 정조는 해마다 화성에 행차했다.

1800년 1월, 정조는 마지막으로 화성에 행차했다. 그는 현륭원에 가서 두루 돌아보고는 엎드려 땅을 치면서 흐느꼈다. 대신들이 모두 정조를 위로하면서 진정할 것을 청했다.

"금년의 경례가 나에게 있어 그 얼마나 큰일인가. 경사를 당하여 선대를 추모하는 중에 크나큰 아픔이 북받쳐 올라서 그러는데, 어찌 차마 나더러 진정을 하란 말인가."

정조는 계속 비통하게 울었다. 어쩌면 정조는 자신의 병 때문에 다시는 화성에 오지 못할 거라 생각했을 것이다.

"성상께서 경사를 만나 추모하는 마음이 일어나는 것을 신들 또한 어찌 모르겠으며, 전하의 지극한 효성으로 또한 어찌 마음을 진정시키지 못하겠습니까."

정민시가 아뢰었다. 이때 반열에 있던 여러 시위하는 신하들이 허겁지겁 원릉으로 올라왔다.

"경사를 고하는 오늘을 당하였으니, 성대히 하늘을 오르내리는 선왕의 영혼도 반드시 기뻐하실 것입니다. 그러니 전하께서 하늘을 오르내리는 선왕의 마음을 전하의 마음으로 삼으신다면 어찌 상심하실 수 있겠습니까."

화성 유수 서유린이 아뢰었다.

"어느 해, 어느 날인들 추모하지 않았으랴마는, 금년의 경우는 나의 심정이 더욱 다른 바가 있는데, 내가 어떻게 스스로 억제하겠는가."

정조는 땅을 치면서 울었다. 이때 대신과 각신은 좌우에서 정조를 부축하고, 약방제조는 차를 올리며 마시기를 청했다.

"내 심기가 조금 가라앉은 다음에야 차를 마실 수 있을 것이다."

"아침 기후가 차갑고 땅 기운도 매우 냉한지라, 신들의 마음은 참으로 어찌할 바를 모르겠습니다."

심환지가 아뢰었다. 심환지와 이시수가 정조의 좌우에서 겨드랑이를 부축하여 일어나기를 번갈아 청했다.

"조금 쉬었다가 곧 내려가겠다."

"전하께서 어찌하여 차마 들을 수 없는 하교를 하십니까. 마음 졸이며 어찌할 바를 모르는 신들에 대해서는 아예 말할 겨를도 없거니와, 유독 선왕의 영혼께 걱정 끼쳐드림은 생각지 않으십니까."

심환지가 울면서 아뢰었다. 정조는 겨우 일어나 한두 발자국을 가서는 또 울며 엎드려 흐느꼈다. 그 후로도 같은 행동을 수차례 되풀이했다.

"전하께서 비록 조금 쉬었다가 내려가겠다고 하교하셨지만, 이 자리에서는 추모하는 마음이 계속 일어나 더욱 마음을 억제하시기 어려우니, 삼가 바라건대 잠시 재실로 돌아가소서."

이시수가 아뢰었다. 정조는 이렇게 하기를 또 한참 지나서야 비로소 일어났다. 그러자 제신들이 또 앞으로 나아가 정조를 부축하고 내려온 다음 작은 가마를 타고 재실로 돌아왔다.

정조는 이 해 7월 14일에 죽었다.

지은이 **이수광**

1954년 충북 제천에서 태어났다. 1983년 《중앙일보》 신춘문예에 「바람이여 넋이여」가 당선되어 문단에 나왔다. 제14회 삼성문학상 소설 부문, 제2회 한국미스터리클럽 독자상, 제10회 한국추리문학 대상을 수상했다. 오랫동안 방대한 자료를 섭렵하고 수많은 인터뷰를 하면서 우리에게 필요한 역사의 지혜를 보여주는 저술가로 유명하다. 우리나라에서 팩션형 역사서를 개척했다는 평가를 받는 베스트셀러 작가로, 추리소설과 역사서를 넘나드는 자유로운 글쓰기와 상상력으로 자신만의 독특한 대중 역사서를 창조해왔다.

『사도세자 비밀의 서』는 영조와 정조시대의 이야기를 대중역사서와 소설 속에서 여러 차례 다룬 저자가 '금등지사', 영조가 남긴 비밀의 책이 나오기까지의 과정을 오늘의 시각으로 치열하게 다룬 작품이다. 훌륭한 아들이 되기를 바라는 아버지 영조, 그런 아버지에게 주눅이 들어 정신질환을 앓는 아들 사도세자, 정신질환을 앓는 아들을 죽일 수밖에 없는 비통한 아버지 영조, 뒤주에 갇혀 죽어가는 아버지 사도세자를 바라보는 또 다른 아들 정조 이산의 비통한 심정을 유려한 문장으로 그려내고 있다.

지은 책으로는 단편에 「바람이여 넋이여」 「어떤 얼굴」 「그 밤은 길었다」 「버섯구름」 등이 있고, 장편에 『나는 조선의 국모다』 『조선을 뒤흔든 16가지 연애사건』 『조선을 뒤흔든 16가지 살인사건』 『공부에 미친 16인의 조선 선비들』 『정도전』 『조선 명탐정 정약용』 『소현세자 독살사건』 『우리도 몰랐던 한국사 비밀 32가지』 등이 있다.

비운의 왕세자, 죽음의 비밀이 담긴 금등지사

사도세자 비밀의 서

2014년 9월 19일 초판 1쇄 찍음 | 2014년 9월 26일 초판 1쇄 펴냄

지은이 이수광 | **펴낸이** 김재범 | **편집** 정수인, 김형욱, 이은혜, 윤단비 | **관리** 박신영

인쇄 한영문화사 | **종이** 한솔PNS | **디자인** 글빛

펴낸곳 (주)아시아 | **출판등록** 2006년 1월 27일 | **등록번호** 제406-2006-000004호

전화 02-821-5055 | **팩스** 02-821-5057

주소 서울시 동작구 서달로 161-1 3층(흑석동 100-16)

이메일 bookasia@hanmail.net | **홈페이지** www.bookasia.org

페이스북 www.facebook.com/asiapublishers

ISBN 979-11-5662-042-6 03900

*값은 뒤표지에 표시되어 있습니다.

이 도서의 국립중앙도서관 출판시도서목록(CIP)은 서지정보유통지원시스템 홈페이지(http://seoji.nl.go.kr)와 국가자료공동목록시스템(http://www.nl.go.kr/kolisnet)에서 이용하실 수 있습니다.(CIP제어번호: CIP2014024846)